LEBEN
entdecken

2

Sekundarstufe I

Herausgegeben von Anna Eifert, Stephan Körnig und Klaus Mulzer

Bearbeitet von Anna Eifert, Stephan Körnig, Klaus Mulzer,
Hannelore Piehler, Anna Priemer und Monika Rhein

C.C.BUCHNER

Leben entdecken – Sekundarstufe I
Unterrichtswerk für Realschulen und Gesamtschulen
Herausgegeben von Anna Eifert, Stephan Körnig und Klaus Mulzer

Leben entdecken 2
Bearbeitet von Anna Eifert, Stephan Körnig, Klaus Mulzer, Hannelore Piehler, Anna Priemer und Monika Rhein
Für die Jahrgangsstufen 7/8

Zu diesem Lehrwerk sind erhältlich:
· Digitales Lehrermaterial click & teach Einzellizenz, WEB-Bestell-Nr. 200961
· Digitales Lehrermaterial click & teach Box (Karte mit Freischaltcode), ISBN 978-3-661-20096-5
Weitere Lizenzformen (Einzellizenz flex, Kollegiumslizenz) und Materialien unter www.ccbuchner.de.

Dieser Titel ist auch als digitale Ausgabe click & study unter www.ccbuchner.de erhältlich.

1. Auflage, 1. Druck 2023
Alle Drucke dieser Auflage sind, weil untereinander unverändert, nebeneinander benutzbar.

Dieses Werk folgt der reformierten Rechtschreibung und Zeichensetzung. Ausnahmen bilden Texte, bei denen künstlerische, philologische oder lizenzrechtliche Gründe einer Änderung entgegenstehen.

Layout und Satz: mgo360 GmbH & Co. KG, Bamberg
Illustrationen: Bettina Kumpe, Braunschweig
Umschlag: mgo360 GmbH & Co. KG, Bamberg
Druck und Bindung: mgo360 GmbH & Co. KG, Bamberg

www.ccbuchner.de

ISBN 978-3-661-**20086**-6

Das **erste Kapitel** beschäftigt sich mit **Kompetenzen**. Das sind besondere **Fähigkeiten**, die du einüben und verbessern kannst. Im Unterricht und mit Hilfe der Aufgaben in diesem Schulbuch kannst du deine Fähigkeit trainieren,

- genauer hinzuschauen und besser verstehen, was du siehst (Wahrnehmen und Deuten),
- Begriffe, Texte oder Bilder gründlich zu untersuchen und Zusammenhänge zu erkennen (Analysieren und Reflektieren),
- bei kniffligen Fragen einen eigenen Standpunkt zu finden und diesen zu begründen (Argumentieren und Urteilen),
- die Gedanken anderer nachzuvollziehen und deine eigenen Gedanken nachvollziehbar darzustellen (Interagieren und Sich-Mitteilen),
- in schwierigen Situationen Lösungen dafür zu finden, wie man handeln soll (Sich-Orientieren und Handeln).

In den folgenden Kapiteln setzt du dich mit Themen auseinander, die für das Leben und das Zusammenleben der Menschen wichtig sind.

Die **Auftaktseite** bereitet dich mit **Fragen** auf das Thema des Kapitels vor. Dort findest du auch eine „**Werkstattaufgabe**" als zusätzliches Angebot. Das ist ein kleines Projekt, das du gemeinsam mit anderen durchführen kannst. Dabei wendest du an, was du bei den Aufgaben des Kapitels gelernt hast.

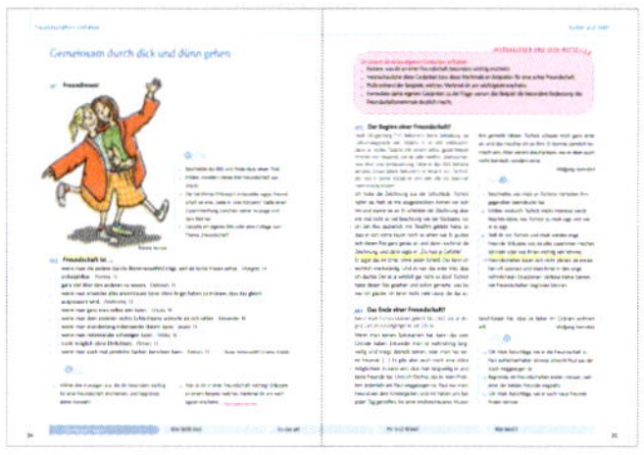

Jedes Kapitelthema erkundest du mit Hilfe von fünf **Fragestellungen**, die du am unteren Seitenrand findest: Wie erlebe ich das? – Was heißt das? – Ist das so? – Für und Wider! – Was noch?

Jede dieser Fragen untersuchst du auf einer **Doppelseite**. Dabei gehst du **in vier Schritten** vor: Zuerst arbeitest du das Problem heraus, um das es auf der Doppelseite geht (**M1**). Im nächsten Schritt findest du heraus, was deine eigene Sicht zu diesem Problem ist (**M2**). Danach erforschst du, was andere Leute dazu sagen (**M3**). Schließlich kannst du das, was du vorher erarbeitet hast, in Frage stellen, mit anderen Ideen vergleichen oder auf neue Situationen anwenden (**M4**). M4 ist dabei ein Material, das nicht alle bearbeiten müssen. Auch bei den Aufgaben zu M4 kann ausgewählt werden. Die Zahnrädchen bei den Aufgabenstellungen zeigen jeweils an, welchen der vier Schritte du gerade bearbeitest.
Auf jeder Doppelseite gibt es eine besondere **Kompetenz-Aufgabe**, die du am Hinweis **> Kompetenzbox** erkennst. Mit ihrer Hilfe trainierst du eine der fünf Kompetenzen, die oben beschrieben wurden. In der farbigen Kompetenzbox findest du eine Schritt-für-Schritt-Anleitung zur Unterstützung. Die grau gedruckten Aufgaben sind Aufgaben, die du nach Interesse auswählen und bearbeiten kannst.

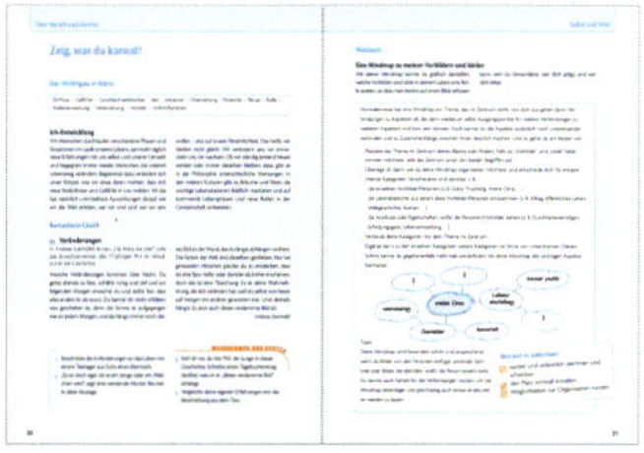

Auf der **Abschlussseite** des Kapitels (**Zeig, was du kannst!**) gibt es Aufgaben für einen **Kompetenz-Check**, mit dem du überprüfen kannst, was du gelernt hast. Außerdem findest du hier eine **Anleitung** zur Durchführung der Werkstattaufgabe.

Kompetenzbereiche

Wahrnehmen und Deuten 8
Analysieren und Reflektieren 10
Argumentieren und Urteilen 12
Interagieren und Sich-Mitteilen 14
Sich-Orientieren und Handeln 16

Selbst und Welt

Über das Ich nachdenken
Achterbahn der Gefühle 20
Vorbildlich!? 22
Typisch Jungs, typisch Mädchen? 24
Wächst mein Ich mit mir? 26
Erwachsen werden 28
Zeig, was du kannst! 30

Schwerpunktkompetenz:
Wahrnehmen und Deuten

Freundschaften schließen
Gemeinsam durch dick und dünn gehen 34
Kumpel, Clique, Freundschaft … 36
Zusammen allein 38
Nichts geht über echte Freundschaft – stimmt das? 40
Tierische Freundschaften 42
Zeig, was du kannst! 44

Schwerpunktkompetenz:
Interagieren und Sich-Mitteilen

Sich selbst wahrnehmen
Mein Körper – meine Hülle 48
Der Spiegel, das sind die anderen 50
#Körperkult 52
Körper und Seele 54
Schönheitsideale im Vergleich 56
Zeig, was du kannst! 58

Schwerpunktkompetenz:
Analysieren und Reflektieren

Gewissen und Verantwortung

Dem Gewissen folgen

Das Gewissen spüren 62
Das Gewissen als innere Stimme 64
Dem schlechten Gewissen auf der Spur 66
Ist der Mensch gut oder böse? 68
Faszination und Schrecken des Bösen 70
Zeig, was du kannst! 72

Schwerpunktkompetenz:
Argumentieren und Urteilen

Verantwortlich handeln

Geht mich das etwas an? 76
Für etwas einstehen 78
Verantwortung – hier und anderswo 80
Macht und Verantwortung 82
Engagement zeigen 84
Zeig, was du kannst! 86

Schwerpunktkompetenz:
Sich-Orientieren und Handeln

Recht und Gerechtigkeit

Mit Konflikten umgehen

Außer Kontrolle? 90
Konflikte verstehen 92
Konflikte deuten – mit Streit umgehen 94
Mit dem Gesetz in Konflikt 96
Mut zur Aussöhnung 98
Zeig, was du kannst! 100

Schwerpunktkompetenz:
Analysieren und Reflektieren

Gemeinschaft gestalten

Wer hat hier das Sagen? 104
Was ist Gerechtigkeit? 106
Geschlechtergerechtigkeit 108
Beteiligungsgerechtigkeit 110
Demokratie leben und lernen! 112
Zeig, was du kannst! 114

Schwerpunktkompetenz:
Argumentieren und Urteilen

Mensch, Natur und Technik

Die vernetzte Welt

Der vernetzte Mensch 118
Kontakte knüpfen 120
Wenn Netze zerreißen 122
Total vernetzt – Risiken und Nebenwirkungen 124
Verständigung – nicht nur bei Menschen 126
Zeig, was du kannst! 128

Schwerpunktkompetenz:
Sich-Orientieren und Handeln

Tiere achten

Woher kommt mein Burger? 132
Haben Tiere Rechte? 134
Ein Leben ohne Supermarkt? 136
Unser Verhältnis zu Tieren 138
Tierisch heilig 140
Zeig, was du kannst! 142

Schwerpunktkompetenz:
Argumentieren und Urteilen

Freiheit und Würde

Freiheiten wahrnehmen

Auf Freiheiten freiwillig verzichten? 146
Frei ist nicht gleich frei 148
Sucht – der Zwang zur Lust 150
Ohne Grenzen keine Freiheit! 152
Freiheit – ein Produktversprechen? 154
Zeig, was du kannst! 156

Schwerpunktkompetenz:
Sich-Orientieren und Handeln

Kindern Recht geben

Arm oder reich? 160
Brauchen Kinder eigene Rechte? 162
Wenn Kinder arbeiten (müssen)... 164
Der Mensch hat eine Würde! 166
Wie Kindern geholfen wird 168
Zeig, was du kannst! 170

Schwerpunktkompetenz:
Interagieren und Sich-Mitteilen

Religionen, Weltbilder und Kulturen

Einem Gott folgen

Spuren der Religionen in meinem Alltag 174
An den einen Gott glauben 176
Von Botschaften und Gesandten 178
Die heiligen Schriften 180
Religion in der Kunst 182
Zeig, was du kannst! 184

Schwerpunktkompetenz:
Wahrnehmen und Deuten

Mit Ritualen leben

Vorschriften für den religiösen Alltag 188
Wozu Rituale? 190
Tradition heute 192
Warum so viele? – Konkurrenz von Religionen 194
Heilige Orte und Pilgerreisen 196
Zeig, was du kannst! 198

Schwerpunktkompetenz:
Interagieren und Sich-Mitteilen

Wahrheit und Wirklichkeit

Vorurteile hinterfragen

Vorsicht: Vorurteil! 202
Ablehnen, abwerten, ausgrenzen 204
Vorteile von Vorurteilen? 206
Anderssein akzeptieren 208
Schluss mit lustig!? 210
Zeig, was du kannst! 212

Schwerpunktkompetenz:
Analysieren und Reflektieren

Digitale Welten

„Always on“ – rund um die Uhr im Netz 216
Fälschern auf der Spur 218
Höhlen und Filterblasen 220
Do you „like“ me? 222
Serious Games 224
Zeig, was du kannst! 226

Schwerpunktkompetenz:
Wahrnehmen und Deuten

Methodenübersicht 228
Textnachweise 232
Bildnachweise

Wahrnehmen und Deuten

M1 Der erste Eindruck

Der erste Eindruck kann täuschen. Wenn du immer wieder neu hinschaust und, wenn nötig, auch mal deine Einschätzung überdenkst, kannst du Vorurteile und Missverständnisse eher vermeiden.

1 Betrachte das Bild und formuliere deinen ersten Eindruck. Ordne die Schrift zu.
2 Lies den Text. Überprüfe den ersten Eindruck.
3 Deute die Aussage des Kunstwerkes.
4 Fasse zusammen, warum es wichtig ist, sich nicht auf den ersten Eindruck zu verlassen.

M2 Andere Sichtweisen nachvollziehen

Eine Aktion der Fachorganisation Pro Infirmis am Internationalen Tag der Behinderung stand unter dem Motto „Wer ist schon perfekt?". Die Körper von fünf prominenten Personen mit Behinderung wurden dabei maßstabsgetreu als Schaufensterpuppen nachgebildet und in der Züricher Innenstadt in das Schaufenster eines Modehauses gestellt.

5 Beschreibe mögliche Situationen, in denen Menschen mit Behinderung das Gefühl haben, nicht wirklich beachtet zu werden.
6 Finde Gründe, warum kritisiert wird, dass Bilder von Models mit perfektem Körper in der Öffentlichkeit überwiegen.
7 Beschreibe ähnliche Situationen, in denen du überzogene oder falsche Erwartungen mit dem Spruch „Wer ist schon perfekt?" kritisieren würdest.
8 Beurteile die Aktion und ihre Ziele.

Du erlebst manche Situation ganz anders als andere Menschen. Wenn du dich in die Lage anderer hineinversetzt, kannst du ihre Sicht der Dinge besser verstehen und ihre Handlungen leichter nachvollziehen.

M3 Erfahrungen anderer nachvollziehen

Wenn du anderen gegenüber aufmerksam bist, ihnen zuhörst und ihre Stimmung wahrnimmst, kannst du ihre Gefühle und Bedürfnisse besser erkennen. Weil du Ähnliches schon selbst erlebt hast, kannst du ihre Situation nachvollziehen und durch dein Verhalten Verständnis für ihre Gefühlslage zeigen.

9 Beschreibe das Bild.

10 Deute die dargestellte Situation. Was symbolisieren die Regenwolke und der Regenschirm?

11 Finde ähnliche Beispiele aus dem Alltag. Beschreibe die Stimmung und wie du gehandelt hast.

12 Formuliere einen möglichen Dialog zwischen den beiden Figuren.

M4 Kulturen verstehen und beachten

Sebastian ist in seine ägyptische Mitschülerin Amira verliebt. Er hat sie für Samstag zu einer Grillparty eingeladen und sie hat zugesagt. Doch eine halbe Stunde, bevor er sie abholen will, ruft Amira an und sagt ab.

Sebastian: Amira hatte bloß keine Lust mit mir auf die Grillparty zu gehen, sie interessiert sich kein bisschen für mich. Aber dann soll sie wenigstens so ehrlich sein und mir das sagen. Auf so eine kann ich gut verzichten.

Amira: Ich bin schon seit Ewigkeiten in Sebastian verliebt und war so glücklich, als er mich endlich eingeladen hat. Ich konnte nur ja sagen! Dabei wusste ich genau, dass das nicht klappt ... Meine Eltern sind Muslime und sehr streng, sie würden mir niemals erlauben auszugehen, schon gar nicht in Begleitung eines unbekannten Jungen. Deshalb musste ich diese Notlüge erfinden.

Das Zusammenleben von Menschen unterschiedlichster Herkunft und Religion kann dann gut gelingen, wenn wir mehr übereinander erfahren und uns austauschen. So können wir unsere Verhaltensweisen jeweils besser verstehen.

13 Erkläre Sebastians Enttäuschung.

14 Begründe, warum Amira sich unverstanden fühlt.

15 Finde Beispiele dafür, wie Missverständnisse durch kulturelle Unterschiede entstehen.

16 Formuliere Lösungsvorschläge für Amira und Sebastian.

Analysieren und Reflektieren

M1 Hattest du schon mal einen Geistesblitz?

1 Stell dir vor, du musst ein Referat vorbereiten, doch du verlierst den Durchblick. Plötzlich hast du einen Geistesblitz. Berichte von ähnlichen Erfahrungen.

2 Formuliere Tipps, wie du neue unbekannte Begriffe (z. B. „Geistesblitz") anderen verständlich erklären kannst.

Bei all den (neuen) Informationen, die auf dich einströmen, fällt es manchmal schwer, den Überblick zu behalten. Wichtig ist dann, dass dir klar ist, welche Fragen dich interessieren. So verlierst du nicht so leicht den Faden.

M2 Informationen auswerten

In der Bibel gelten Blitz und Donner als Zeichen für den Zorn Gottes. Und die Germanen hatten sogar einen Donnergott. Den nannten sie Donar oder Thor. Und sie dachten, wenn es blitzt, hätte Thor seinen Hammer zur Erde geschleudert.

Heute weiß man [...]: Die Regentropfen in einer Gewitterwolke sind elektrisch geladen. Im oberen Teil der Wolke sind sie positiv und im unteren negativ. Dieser Ladungsunterschied führt zu einer elektrischen Spannung. Und wenn die sehr hoch ist, entlädt sie sich in einem Blitz. [...] Wenn es blitzt, wird die Luft um den Blitzkanal schlagartig bis auf 30.000 Grad erhitzt. Durch diese gewaltige Hitze dehnt sich die Luft um den Blitzkanal explosionsartig aus. Diese plötzliche Ausdehnung führt wiederum zu einem lauten Krachen, das wir als Donner bezeichnen. Donner entsteht also durch Blitze. *Ohne Blitz – kein Donner!*

nach Michaela Bold/Olga-Louise Dommel

3 Richte verschiedene Fragen an den Text und formuliere Antworten.

4 Vergleiche, wie Religion und Naturwissenschaft Blitze erklären.

Es reicht nicht aus, verschiedene Informationen zu einem Thema zu sammeln. Du musst sie auch auswerten, also ihren Wert für deine Fragestellung beurteilen.

M3 Kenntnisse aus verschiedenen Fachgebieten verknüpfen

„Mehr Sonne, mehr Hitze, mehr Regen, mehr Blitze – wie sehr der Klimawandel den Sport verändern wird und wie wir darauf reagieren können" – so lautet der Titel und gleichzeitig das Ergebnis eines Forschungsberichts der Universität Heidelberg aus dem Jahr 2022.

5 Untersuche, welche Auswirkungen die Zunahme von Blitzen auf verschiedene Sportarten (z. B. Fußball, Wassersport) haben kann.

6 Entwickle Vorschläge, wie man im Sport auf häufigere Unwetter reagieren sollte. Beziehe dabei unterschiedliche Fachrichtungen ein, z. B. Wetter- und Klimaforschung, Medizin, Sportwissenschaft.

Du kannst eine Sache von vielen Seiten beleuchten. Unterschiedliche Fachrichtungen können dir einen neuen Blick darauf verschaffen. So machst du dir ein genaueres Bild.

M4 Über ethische Konsequenzen nachdenken

Uwe Schickedanz vom Deutschen Wetterdienst betont, dass heftige Gewitter eine Folge des Klimawandels sind und damit auch von uns Menschen mitverursacht.

„Gewitter leben von Hitze unten und Kälte oben, weil die Temperaturunterschiede sehr groß sind", erklärte Schickedanz. Die Gefahr extrem heftiger Gewitter nehme daher mit steigenden Temperaturen laufend zu, solange es zudem auch feucht sei. „Je mehr Wärme ich habe, umso heftigere Gewitter habe ich. Mehr Wärme entsteht auch durch die Erwärmung des Klimas", sagte Schickedanz.

dpa

7 Formuliere ein ethisches Problem, auf das der Text hinweist.

8 Entwickle eigene Überlegungen, wie du mit diesem Problem umgehen willst.

Wenn du dich mit einem Thema auseinandersetzt, geht es nicht nur darum, Informationen aufzunehmen und wiederzugeben. Viele Themen, sogar Blitze, sind mit ethischen Problemen verbunden, die uns alle angehen. Denke über deine Haltung dazu nach!

Argumentieren und Urteilen

M1 Kennst du das?

1 Berichte von Erfahrungen mit solchen Mutproben oder von Beispielen aus Filmen oder Büchern.

2 Diskutiere, ob es gute Gründe gibt, bei einer Mutprobe wie bei der im Freibad mitzumachen.

Gerade wenn du dich entscheiden musst, ob du bei etwas mitmachen sollst oder nicht, ist es erst einmal wichtig, dir selbst klarzumachen, welche Argumente dafür oder dagegen sprechen. Dann kannst du deine Entscheidung auch anderen gegenüber besser vertreten.

M2 Einen Standpunkt überprüfen

Als Jugendlicher beobachtete der Autor, wie manche am Sprungturm im Freibad scheiterten.

Viele trauten sich nicht, zu springen, doch das wurde ihnen erst vollends klar, als sie schon oben standen. Sie machten an der Kante kehrt, versuchten es noch einmal und dann noch einmal, doch die Wahrscheinlichkeit, dass sie es doch noch wagen würden, sank und sank, und schließlich wären sie nicht einmal mehr gesprungen, wenn der Turm ein brennendes Hochhaus und das Becken ein Rettungstuch gewesen wäre. Ich hatte selbst einige wieder die Leiter herunter kriechen sehen, unter dem höhnischen Applaus des Publikums, sie weinten nach innen, und eine mir rätselhafte Würde war ihnen zueigen. Heute weiß ich, was ich damals nur ahnte: dass sie wohl die Mutigsten von allen waren.

Dirk Gieselmann

3 Der Autor meint, dass die Jugendlichen, die umkehrten, die mutigsten waren. Formuliere Argumente für und gegen diese Ansicht.

4 Gewichte die Argumente. Entscheide, welches das stärkste, zweitstärkste usw. ist.

5 Fälle dein eigenes Urteil.

Wenn du über eine Sache kein vorschnelles, schlecht begründetes Urteil fällen willst, lohnt es sich, das Ganze nochmal aus einem anderen Blickwinkel zu betrachten und zu überlegen, ob dein erster Eindruck vielleicht falsch war.

M3 Abwägen, was wichtiger ist

In dem Film „Kick it like Beckham" (2003) spielt die 18-jährige Jess Fußball, auch gegen den Willen ihrer Eltern.

Fußball ist das Größte für Jess Bhamra. Sie lebt in einem Vorort von London und träumt davon, für die englische Nationalmannschaft zu spielen. Ihre aus Indien stammenden Eltern wollen davon nichts wissen: Jess soll nicht halbnackt Ball spielen, sondern ein komplettes indisches Menü kochen können, ein Jurastudium absolvieren und dann den richtigen, einen indischen Mann heiraten. Aber Jess trainiert eifrig im Park mit ein paar indischen Jungen, die sie beim Spiel locker abhängt. Das beobachtet Jules Paxton, die sich beim lokalen Fußballverein [...] für die Gründung einer Mädchenmannschaft engagiert hat. Sie überredet Jess dazu, bei der Mannschaft mitzuspielen auch gegen den elterlichen Willen. [...] Heimlich schleicht sich Jess zum Training und wird dabei immer wieder von ihren Eltern ertappt. Sie will weder ihre Eltern verletzen noch ihre Mannschaft hängen lassen. *Karin Theresa Schaeffer*

6 Versetze dich in die Lage von Jess und sammle Argumente dafür und dagegen, auch ohne Erlaubnis der Eltern Fußball zu spielen.

7 Fälle ein abschließendes Urteil.

Moralvorstellungen, das heißt Auffassungen darüber, wie man handeln soll, können von einer Gruppe zur anderen (Freunde, Familie, Verein, Religionsgemeinschaft usw.) stark abweichen. Freiwillig folgst du einer moralischen Regel erst, wenn du zu dem Schluss gekommen bist, dass sie richtig und wichtig ist. Wäge also ab: Sprechen bessere Argumente dafür oder dagegen?

M4 Zu einem ethischen Problem Stellung beziehen

Für Ferdinands Freunde sind materielle Dinge sehr wichtig: die neuesten Handys, die angesagtesten Computerspiele und hippe Klamotten. Manche aus seiner Clique haben nicht das Geld dafür, deshalb klauen sie ab und zu. Ferdinand wurde schon ausgelacht, weil er dabei nicht mitmachen wollte. Inzwischen glaubt er, keine andere Wahl mehr zu haben, als auch zu stehlen. Er will unbedingt zeigen, dass er dazugehört. *frei nach Rainer Erlinger*

8 Beurteile, ob Ferdinand wirklich keine andere Möglichkeit hat, als beim Diebstahl mitzumachen.

9 Ferdinands Onkel meint dagegen, man habe eigentlich immer eine andere Wahl. Beziehe Stellung zu dieser Meinung. Hat er recht?

Bei schwierigen Entscheidungen im Alltag stößt man oft auf ethische Fragen wie z. B. „Was ist wahrer Mut?" oder „Wie groß ist meine Freiheit?". Nur diejenigen Antworten werden dich überzeugen, die schlüssig begründet sind.

Interagieren und Sich-Mitteilen

M1 Kennst du solche Situationen?

1 Stelle Vermutungen an, worum es hier geht.
2 Wenn man beim Briefe-Schreiben im Unterricht erwischt wird, kann es unangenehm werden. Berichte von solchen Beispielen oder Erfahrungen, gegebenenfalls auch aus Filmen oder Büchern.
3 Tausche dich mit anderen darüber aus, was alles für dich privat ist und bleiben soll. Beispiele: *dein Handy, dein Zimmer, deine Gefühle, …*

Wenn du nach einer Lösung für ein Problem suchst, gelingt das oft besser gemeinsam. Willst du dir über eine ethische Frage Klarheit verschaffen, hilft es, sich mit anderen auszutauschen. Denn du kannst von ihren Ideen profitieren.

M2 Eigene und fremde Gedanken vergleichen

Zur Frage, wie wir im Internet und in den sozialen Medien miteinander umgehen sollen, haben Studierende der Hochschule der Medien Stuttgart „Die Zehn Gebote der Digitalen Ethik" formuliert. Zwei davon lauten:

Erzähle und zeige möglichst wenig von dir.

Akzeptiere nicht, dass du beobachtet wirst und deine Daten gesammelt werden.

Institut für Digitale Ethik (IDE), Hochschule der Medien Stuttgart

Durch den Austausch in der Gruppe kannst du lernen, deine Meinung vor anderen zu vertreten, sie genauer zu formulieren und zu begründen. Bei der Teamarbeit geht es auch darum, anderen aufmerksam zuzuhören, ihre Gedanken genau zu verstehen und gemeinsam Ergebnisse festzuhalten.

4 Finde gemeinsam mit anderen für beide Gebote Beispiele, die zeigen, warum sie wichtig sind.
5 Tausche dich in der Gruppe darüber aus, welches der beiden Gebote das wichtigere ist. Notiere anschließend die Ergebnisse der Diskussion.

M3 Meinungsverschiedenheiten zulassen

„My Friend Cayla", eine blonde Puppe mit blauen Augen, wurde 2017 von der Bundesnetzagentur in Deutschland verboten, weil sie als „versteckte, sendefähige Anlage" einzustufen ist, von der man nicht weiß, ob und wohin sie die Gespräche des Kindes übermittelt. Cayla verfügt über ein Mikrofon und verbindet sich über Bluetooth mit ihrer App. So kann sie Gespräche und Fragen des Kindes aufnehmen und beantworten. Die Kinderstimmen werden wiederum auf einem US-Server [also auf einem Rechner in den USA, der Daten speichert] erfasst und können zu Werbezwecken ausgewertet werden. Zudem könnten auch Unbefugte mangels Sicherheitscode auf das Mikrofon zugreifen.

Petra Grimm

6 Diskutiere in der Gruppe über die Entscheidung, „Cayla" zu verbieten. Bsprich dabei auch, ob das Verbot auf andere digitale Sprachassistenten ausgedehnt werden sollte.

7 Privatsphäre ist nicht für alle Menschen gleich wichtig. Manche sagen: „Ich habe nichts zu verbergen, es ist mir egal, ob meine Daten gesammelt werden." Beurteile diese Aussage und tausche dich anschließend darüber aus.

Eine gegensätzliche Meinung kann man eher tolerieren, wenn sie mit vernünftigen Argumenten vorgetragen wird. Achte deshalb darauf, dass du deine Meinung nicht einfach so stehen lässt, sondern gut begründest.

M4 Konflikte mit Argumenten austragen

Lukas und Ahmad finden auf der Heimfahrt aus der Schule kurz vor der Endhaltestelle unter dem Sitz des Busses ein kleines, schön eingebundenes Buch. Lukas schlägt es auf und entdeckt, dass es das Tagebuch ihrer sehr beliebten Mitschülerin Sahar ist, die zuvor auf dem Platz saß. Er beginnt sofort, interessiert darin zu blättern. Ahmad meint: „Komm lass das, das kann man doch nicht machen!" „Wieso denn, das ist doch nicht verboten, oder?", antwortet Lukas. „Aber man darf es trotzdem nicht!"

8 Setze das Gespräch zwischen Timo und Lukas fort. Entwickle mit einer Partnerin oder einem Partner einen Dialog zwischen beiden.

9 Diskutiere mit anderen darüber, ob die Inhalte in einem Handy oder Computer genauso vor dem Zugriff anderer geschützt werden müssen wie die Inhalte in einem Tagebuch.

Manchmal sind wir empört oder verärgert über das Verhalten anderer, auch bei unseren Freunden. In solchen Fällen darfst du nicht die Nerven verlieren, sonst gibt es einen hässlichen Streit. Besser ist, klar zu benennen, was du unfair oder gemein findest, und verständlich zu begründen, warum du dieses Verhalten ablehnst.

Sich-Orientieren und Handeln

M1 Kennst du das Problem?

Nun ist es passiert: du hast mit dem Ball eine Scheibe zerschlagen. Ob dich jemand gesehen hat, weißt du nicht …

1 Beschreibe die möglichen Folgen für den Fall, dass du einfach wegläufst.

2 Beschreibe die möglichen Folgen für den Fall, dass du da bleibst und dich um den Schaden kümmerst.

3 Entscheide dich, ob du bleiben oder wegrennen solltest. Begründe deine Entscheidung.

Du musst für deine Handlungen – auch wenn sie spontan sind – die Konsequenzen tragen. Es ist deshalb sinnvoll, bewusste Entscheidungen zu treffen und dabei von Anfang an die Folgen mit zu bedenken.

M2 Die Folgen des Handelns anderer beschreiben und bewerten

Eine Jugendliche beschreibt ihre Situation in einem eigenen Texteintrag auf der Internetseite einer Beratungsstelle wie folgt:

Jedes mal wenn ich nach hause komme überlege ich ob ich irgentwas falsch gemacht habe irgendwas verbrochen habe. Immer komme ich zu entschluss das alles gut ist, aber dann beim tür aufschließen höhre ich schon die stimme von meiner ma " lea wo warst du, lea räum deine wäsche weg, lea räum die spüle aus, lea lea lea". Immer werde ich einfach kritisiert, ohne erklärung wiso?! weshalb?! Jedes mal wenn ich vor der haus tür stehe überlege ich ob ich einfach weglaufen sollte?!

KuB (Kontakt- und Beratungsstelle) Berlin (Rechtschreibung nicht korrigiert)

4 Beschreibe Leas Situation und bestimme dann das Ziel, das sie durch das Weglaufen erreichen möchte.

5 Prüfe, welche positiven und negativen Folgen das Weglaufen haben würde.

6 Prüfe, welche Alternativen Lea hätte. Welche positiven und negativen Folgen hätten diese Alternativen?

7 Vergleiche die Folgen und gib Lea einen Ratschlag, was sie tun sollte.

Wenn du verschiedene Handlungsmöglichkeiten prüfst und bewertest, kannst du eine Situation besser einschätzen und beurteilen. Auf diese Weise kannst du unter Umständen auch anderen helfen.

M3 Einen Plan entwickeln und umsetzen

Nimm an, dir gefällt dein Zimmer nicht mehr – alles sieht schon etwas schäbig und verbraucht aus. Da deine Eltern wenig Zeit haben, willst du die Sache selbst in die Hand nehmen.

Wenn dir ein Vorhaben schwer und unübersichtlich erscheint, hilft es, dir einen Plan zu machen. Mit einem guten Plan kannst du nicht nur selbst besser einschätzen, was zu tun und was möglich ist, sondern auch andere von deinem Vorhaben leichter überzeugen.

8 Überlege dir, wie dein Zimmer aussehen sollte, damit es dir gut gefällt. Nenne die wichtigsten Merkmale.

9 Für die Renovierung deines Zimmers steht dir nur Geld für Materialien, aber nicht für neue Möbel zur Verfügung. Erläutere, was du mit wenig Geld durch eigenen Aufwand neu gestalten kannst.

10 Erstelle eine Liste für die Materialien und Werkzeuge, die du benötigst, und liste auch auf, welche Hilfe du durch andere in Anspruch nehmen kannst.

11 Bestimme die einzelnen Arbeitsschritte und ihren Zeitbedarf.

12 Erstelle einen Plan, mit dem du deine Eltern überzeugen willst, deiner Idee zuzustimmen. Gib dabei an, was dir besonders wichtig ist und was auch mit wenig Aufwand als Erstes umgesetzt werden kann.

M4 Kulturell geprägtes Verhalten verstehen und erklären

In Mexiko ist einer der wichtigsten Feiertage der Tag der Toten, der Día de los Muertos, wie er auf Spanisch heißt. Gefeiert wird am 1. und 2. November. Das entspricht den Feiertagen Allerheiligen und Allerseelen der katholischen Kirche.

Die Maya und die Azteken glaubten, dass die Toten einmal im Jahr auf die Erde zurückkehren würden. Dort würden sie mit den Lebenden zusammen ein großes Wiedersehensfest feiern. […] Der Tag der Toten ist aber kein Tag der Trauer, sondern ein fröhliches Volksfest. Im Glauben der Mexikaner kehren die Seelen der Verstorbenen an diesem Tag zurück zu ihren Verwandten. Ihrem Gedenken ist das Fest gewidmet. Dafür werden die Straßen, Wohnungen und Friedhöfe mit gelben und orangen Blumen geschmückt. Sie sollen den Toten helfen, den Weg vom Friedhof zur Wohnung zu finden. Überall sieht man außerdem Skelette und Schädel als Schmuck. *https://www.kinderweltreise.de/*

13 Finde im Text Gründe dafür, dass Fröhlichkeit das Totenfest in Mexiko bestimmt.

14 Vergleiche diese Feier mit dem bei uns üblichen Verhalten gegenüber den Verstorbenen.

15 Erkläre kurz, weshalb sich das mexikanische Fest von Gedenkfeiern für Verstorbene bei uns unterscheidet.

Fremdartiges Verhalten führt oft zu Missverständnissen. Wenn du die Hintergründe jedoch kennst, wird das „Fremde“ verständlich und es werden auch Gemeinsamkeiten erkennbar.

Bin ich so,
wie ich mich fühle?

Woran und an wem
orientiere ich mich?

Ist mein Ich immer
dasselbe?

Erwachsen sein –
nur eine Frage des
Alters?

Wie unterscheiden sich
Jungs und Mädchen?

Selbst und Welt

> Über das Ich nachdenken

WERKSTATT

Eine Mindmap zu meinen Vorbildern und Idolen

Im Leben eines Menschen spielen Vorbilder und Idole mitunter eine große Rolle: Sie beeindrucken und begeistern uns, inspirieren und motivieren uns, sie versetzen uns in angenehme Bewunderung und hinterlassen teils große Spuren in unserem Leben – und nicht selten wissen sie selbst gar nichts davon.

Sicherlich gibt es auch in deinem Leben Personen, auf die dies zutrifft. Erstelle eine Mindmap mit deinen Vorbildern und Idolen. Zeige damit, was sie für dich bedeuten und warum sie dir wichtig sind.

Achterbahn der Gefühle

M1 Gefühle benennen

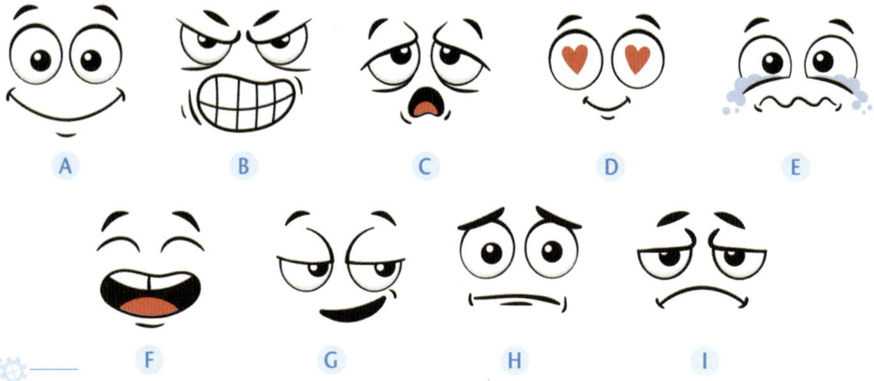

1 Finde passende Gefühls- und Stimmungswörter für die Gesichter.

2 Beurteile, ob Gesichter wie diese überhaupt ausreichen, um Gefühle zu beschreiben.

3 Erinnere dich an deinen gestrigen Tag. Zeichne passende Gesichter bzw. Emojis, um deinen Tagesablauf zu beschreiben. Wie viele unterschiedliche Gefühle hast du gestern erlebt?

M2 So sind Gefühle

dienen unserem Erkennen
führen zu Fehlurteilen

sind vernünftig
sind unvernünftig

schützen vor Gefahren
bringen uns in Gefahr

lassen uns sinnvoll handeln
bewirken Fehlhandlungen

lassen das Herz heftiger schlagen
beruhigen den Körper

Gefühle

blockieren das Denken
spornen das Denken an

machen das Leben schöner
machen das Leben schwerer

führen zu großartigen Leistungen
haben eine zerstörerische Wirkung

gelten als unmoralisch
gelten als moralisch

trennen Menschen
bringen Menschen zusammen

machen krank
lassen uns gesunden

4 Finde passende Beispiele zu fünf Zeilen.

5 Formuliere in zwei bis drei Sätzen, was das Gedicht über Gefühle aussagt.

6 Manchmal hat man gegenüber denselben Personen oder Dingen unterschiedliche Gefühle, z. B. dass man die Eltern liebt, sie aber dann auch mal nerven. Finde weitere Beispiele.

M3 Chaos im Kopf!

Mit dem Erwachsenwerden gehen körperliche Veränderungen einher – äußerlich wie innerlich. Ein Grund dafür sind die Hormone. Es passiert so einiges im Körper – und auch die Gefühle stehen Kopf.

Das Gehirn gleicht während der Pubertät einer großen Baustelle. Wenig genutzte Nervenverbindungen werden gekappt, wichtige Verbindungen zu „Informations-Autobahnen“ ausgebaut. So sortiert sich das Gehirn komplett neu, wird leistungsfähiger und schneller. [...] [Ein Ergebnis der „Umbauten“ ist], dass man während der Pubertät wegen jeder Kleinigkeit explodiert.
Andere brauchen den noch größeren Kick: fahren darum mit dem Fahrrad eine Treppe runter oder trinken so viel Bier, bis sie irgendwann doppelt sehen. Das Gehirn von Jungen und Mädchen nimmt während der Pubertät Gefühle und Erlebnisse nämlich nicht mehr so stark wahr wie noch in der Kindheit. Reichte damals der Sprung vom Drei-Meter-Brett aus, um sich mutig zu fühlen, werden jetzt die Ansprüche höher und auch die Bereitschaft, echte Risiken einzugehen. In keinem anderen Lebensabschnitt passieren daher mehr Unfälle als in der Pubertät. Aber manchmal geschieht auch das Gegenteil – und Mädchen und Jungen ziehen sich komplett zurück. Sie werden traurig, sind völlig überfordert von den vielen Veränderungen. Ganz gleich, wie man die Pubertät erlebt, dieses Niemandsland zwischen Kindheit und Erwachsensein – seltsam, komisch und ein bisschen schwierig ist es wohl irgendwie immer, für alle.

Simone Müller (in: GEOlino extra Nr. 28, Text gekürzt)

7 Jugendliche in der Pubertät explodieren schnell, ziehen sich häufig zurück oder suchen neue Risiken. Erkläre mit Hilfe des Textes, wie es dazu kommt.

8 Im Text wird die Pubertät als „Niemandsland zwischen Kindheit und Erwachsensein“ beschrieben. Erläutere, was damit gemeint sein könnte.

9 Vergleiche deine eigenen Erfahrungen mit den Beschreibungen aus dem Text. > Kompetenzbox

10 Sind wir den Hormonen vollständig ausgeliefert oder können wir unser Verhalten kontrollieren? Begründe deine Meinung zu dieser Frage.

11 Wähle Gesichter aus M1 aus, die besonders gut zu M3 passen, und begründe deine Wahl.

WAHRNEHMEN UND DEUTEN

So kannst du eigene und fremde Erfahrungen vergleichen

- Beschreibe deine eigenen Erfahrungen mit starken Gefühlen. Welche Gefühle waren das? Wann, wo und wie hast du sie erlebt? Notiere deine Ergebnisse.
- Vergleiche deine Notizen mit dem Text. Gibt es Aussagen, die zu deinen Erfahrungen passen?
- Nenne Ähnlichkeiten und Unterschiede.

M4 Gefühle verbergen?

Es ist schwerer,
Gefühle zu verbergen,
die man hat,
als die zu heucheln,
die man nicht hat.

François VI. Herzog de La Rochefoucauld

12 Formuliere die Aussage in deinen eigenen Worten und beurteile sie.

13 Schreibe eine Geschichte, die das Zitat veranschaulicht.

14 Überlege, welche Gefühle sich besonders schwer verbergen und welche sich besonders leicht heucheln lassen. Erstelle ein Ranking.

Vorbildlich!?

M1 Gib mir ein V!

Vorleben
Orientierung
Rolle
Bewunderung
Inspiration
Lernen
Du

1 Gehe die Wörter im Akrostichon von oben bis unten durch und beschreibe, was sie jeweils mit dem Begriff „Vorbild" zu tun zu haben.
2 Erkläre mit Hilfe von M1, was für dich ein Vorbild ist.
3 Finde weitere passende Wörter, die mit dem gleichen Buchstaben anfangen.

M2 Onkel Fritz aus Braunschweig

Viele Menschen wissen, was richtig ist. Aber nur, wer das Richtige tut, kann ein Vorbild sein.

Bei Vorbildern ist es unwichtig, ob es sich dabei um einen großen toten Dichter, um Mahatma Gandhi oder um Onkel Fritz aus Braunschweig handelt, wenn es nur ein Mensch ist, der im gegebenen Augenblick ohne Wimperzucken gesagt oder getan hat, wovor wir zögern.

Erich Kästner

4 Gib Erich Kästners Aussage in deinen eigenen Worten wieder.
5 Hat Kästner Recht? Finde Beispiele, die seine Aussage belegen.
6 Wenn Onkel Fritz ein Vorbild sein kann, dann bist du das vielleicht auch. Beschreibe, wie dich andere als Vorbild erleben können. > Kompetenzbox
7 Verfasse eine eigene Aussage mit folgendem Satzanfang: *Bei Vorbildern ist es unwichtig, ...*

WAHRNEHMEN UND DEUTEN

So kannst du die Sichtweise eines anderen einnehmen

- Notiere dir in einer Liste, worin du vorbildlich für andere sein könntest, also was du gut kannst, was positiv oder bewundernswert an dir ist, wie du andere ermutigen könntest etc.
- Notiere dir in einer zweiten Liste, wer dich im Alltag so erlebt. Wähle dann eine Person aus und beschreibe dich als Vorbild aus deren Sicht.
- Formuliere deine Ergebnisse in einem Text mit dem Titel „Ich als Vorbild".

M3 Nicht perfekt!

Bis heute gibt es noch immer viele falsche Vorstellungen von einem „Vorbild". Eine davon ist, dass Vorbilder perfekt sein müssten, keine Fehler und Schwächen haben dürften. Doch diese Vorstellung ist völlig falsch. Idole mögen fehlerlos erscheinen, solange wir nicht hinter die Fassade sehen, weil Medien uns ihre Fehler und Macken erst gar nicht zeigen! Wie es hinter den Kulissen aussieht, wenn die Kamera aus ist, bekommen wir nicht zu sehen.

Aber gute Vorbilder sind nicht vergleichbar mit diesen Idolen. Sie sind bodenständig und begegnen uns hautnah. Dabei dürfen wir nicht vergessen, dass Menschen oft nur in einem bestimmten Bereich oder durch eine ganz bestimmte Eigenschaft zu einem Vorbild für andere werden. Wenn einer z. B. ein Vorbild mit seinem Fleiß ist oder ein anderer im Umgang mit Menschen, wieder ein anderer klug und weise ist und dadurch ein Vorbild für seine Mitmenschen, so muss das nicht heißen, dass er in allen übrigen Lebenslagen auch ein Vorbild sein muss. Es kommt ja ohnehin nur äußerst selten vor, dass ein Mensch gleich mehrere Gaben und Vorbildfunktionen in sich vereint. Schön, wenn es so ist. Aber es ist, wie gesagt, selten.

Sarah Burkhardt

8 Erkläre mit Hilfe des Textes den Unterschied zwischen einem Vorbild und einem Idol.

9 Finde Beispiele für Vorbilder und Idole, die den Unterschied gut veranschaulichen.

10 Beschreibe, in welcher Weise Idole in deinem Leben eine Rolle spielen.

M4 (K)ein Vorbild sein

Du brauchst dir gar nicht vorzunehmen, ein Vorbild sein zu wollen. Du bist es ohnehin – entweder ein gutes oder auch ein schlechtes Vorbild. Zum Beispiel an der roten Ampel:

Marcus Gottfried

11 Erkläre mit Hilfe von weiteren Beispielen, was die Aussage des Cartoons für jeden Menschen bedeutet.

12 Das Wort „Vorbild" hat kein Gegenteil. Finde mögliche Wörter oder Ausdrücke, die dafür in Frage kämen. Begründe deine Vorschläge.

Typisch Jungs, typisch Mädchen?

M1 Eine knifflige Frage!

© Deutsches Kinderhilfswerk e.V. – Torsten Trantow

1 Erkläre, warum Lupes Antwort eher nicht „typisch“ ist.
2 Stell dir vor, du wärst in Lupes Situation im ersten Bild. Formuliere deine Antwort auf die Frage.
3 Lupe wird von Mitschülern für seine Hausaufgabe kritisiert. Formuliere, was er sagen könnte, um sein Ergebnis zu begründen.

M2 Männer im Bikini?

Stell dir vor, im nächsten Sommer würden alle Männer im Bikini schwimmen gehen. Oder alle Männer im Iran tragen plötzlich einen Schleier. Was gilt als normal in unserer Gesellschaft? Was meinen wir, wenn wir in „männlich“ und „weiblich“ unterscheiden? Geht es um biologische Unterschiede, um körperliche Geschlechtsmerkmale? Oder geht es darum, wie man sich verhält? *Jörg Bernardy*

4 Erkläre, warum es befremdlich wäre, wenn alle Männer im Bikini schwimmen gingen.
5 Formuliere in deinen eigenen Worten, auf welches Thema der Text hinweist. Welche Fragen stellen sich dabei?
6 Nimm dein eigenes Verhalten in den Blick und überprüfe, ob und aus welchen Gründen du dich in Situationen typisch männlich bzw. typisch weiblich – oder eben nicht – verhältst. > Kompetenzbox
7 Beurteile, welche Rolle biologische Merkmale, Erziehung und Gesellschaft bei einer Unterscheidung in zwei Geschlechter spielen.

WAHRNEHMEN UND DEUTEN

So kannst du deine Erfahrungen beschreiben und hinterfragen
- Notiere mindestens zwei Situationen, in denen du dich wie ein typischer Junge oder ein typisches Mädchen verhältst – oder auch eben nicht.
- Nenne jeweils Gründe für dein Verhalten.
- Überprüfe, wieviel deine Gründe mit den Erwartungen anderer an Jungs oder Mädchen zu tun haben. Wie stehst du selbst zu solchen Erwartungen?
- Fasse deine Notizen in einem kurzen Text zusammen.

M3 Erwartetes Verhalten

Wenn ein Kleinkind rosafarbene Hemdchen mit weißer Spitze trägt, handelt es sich unzweifelhaft um ein Mädchen. Wenn ein C-Jugend-Kind rabiat alle Gegner beim Fußball umrempelt und den Ball ins Tor knallt, ist es mit Sicherheit ein Junge. Es sei denn, das Baby wurde vor 100 Jahren geboren, als Rosa noch als die Farbe für kleine Jungs galt; oder das Kind, das wir um die Jahrtausendwende auf dem Fußballrasen beobachten, heißt Birgit Prinz und wird gleich dreimal in Folge Weltfußballerin des Jahres werden. **Geschlechterklischees** begegnen uns überall, doch auf den Einzelfall treffen sie offensichtlich nur sehr bedingt zu. Im 19. Jahrhundert vertraten selbst anerkannte Fachleute die (natürlich wissenschaftlich belegte) Meinung, Mädchen seien von Natur aus unfähig, einen höheren Bildungsweg einzuschlagen – und heute verlassen mehr junge Frauen (2014: 36,8 %) mit dem Abitur in der Tasche die allgemeinbildende Schule als Jungs (2014: 29,3 %). Dass Mädchen vor 150 Jahren dümmer auf die Welt gekommen sind als heute, ist unwahrscheinlich; dass Jungs plötzlich an Intelligenz verlieren aber auch. Welche Leistungen ein Kind zeigt, ist nur sehr bedingt biologisch vorbestimmt. Es gibt zwar Unterschiede im Hormonhaushalt und der Gehirnentwicklung zwischen Jungen und Mädchen, die Einflüsse hierdurch sind aber im Vergleich zur Wirkung von **Rollenerwartungen** gering […]. Wie sich Menschen entwickeln und wie sie sich verhalten, wird in hohem Maße davon bestimmt, was die Gesellschaft von ihnen erwartet, was ihr Umfeld ihnen zutraut, was sie sich selbst zutrauen und welche tiefsitzenden Assoziationen [Gedankenketten] sie mit Rollen verbinden. Es reicht z.B., wie der amerikanische Kommunikationspsychologe Matthew McGlone feststellt, Studentinnen vor einem Mathetest ankreuzen zu lassen, dass sie weiblich sind, und schon schneiden sie schlechter ab.

B. Sukrow

8 Erläutere die hervorgehobenen Begriffe mit Hilfe des Textes.

9 Der Text nennt drei Instanzen, die Rollenerwartungen an einen richten: die Gesellschaft, das Umfeld, man selbst. Finde passende Beispiele.

10 Beschreibe die Wirkung von Rollenerwartungen in deinen eigenen Worten.

11 Beschreibe und überprüfe eigene Erfahrungen mit Rollenerwartungen. Inwiefern können feste Rollenerwartungen an die Geschlechter problematisch sein?

M4 Untypisch

Der Verein klische*esc, der sich für die Gleichberechtigung von Männern und Frauen einsetzt, macht unter anderem folgende Vorschläge:

Mach' einem Mädchen nie Komplimente, die du nicht auch einem Jungen machen würdest.

Verwende das Wort „Mädchen“ nie als Beleidigung oder Drohung.

*klische*esc e.V.*

12 Beurteile die beiden Vorschläge.

13 Schlage eigene Ideen vor. Die Vorschläge sollten auch Menschen miteinbeziehen, die sich weder als „typisch männlich“ noch als „typisch weiblich“ betrachten.

Wächst mein Ich mit mir?

M1 Eine Person oder viele?

1 Die einzelnen Bilder stehen für verschiedene Lebensphasen ein und derselben Person. Beschreibe die Bilder vergleichend: Was verändert sich und was bleibt gleich?

2 Stell dir vor, die, die weiter rechts stehen, könnten denen, die weiter links stehen, Ratschläge geben. Formuliere Beispiele für solche Ratschläge und begründe sie.

M2 Soundso warst du schon immer!

Sie wissen genau wer du bist
Du bist uns so einer
Sie sagen es so wie es ist
So gut kennt dich keiner
Und zwar bist du vom Wesen soundso
Soundso so irgendwie
Verstehen sie dich, das macht sie froh
So einer ändert sich nie
[ ]
Soundso warst du schon immer
Genauso, nur kleiner
Im Alter wird sowas nur schlimmer
Genauso, nur alleiner
Wie gut wenn man geliebt wird, wie man ist [...]
So wie du warst, so wie du bist
Bist das du, musst du das sein?

Wir sind Helden

3 Beschreibe die Situation des lyrischen Ichs des Liedtextes.

4 Überprüfe, welche der folgenden Aussagen auf das Lied zutreffen. Begründe deine Entscheidung.
a) Das lyrische Ich fühlt sich von anderen falsch gesehen.
b) Das lyrische Ich meint, dass man sich ändern kann.
c) Das lyrische Ich fühlt sich geliebt.

5 Kennst du das auch? Vergleiche die Situation des lyrischen Ichs mit deiner eigenen.
> Kompetenzbox

6 Offenbar könnte es dem lyrischen Ich besser gehen. Formuliere einen aufmunternden Ratschlag.

WAHRNEHMEN UND DEUTEN

So kannst du eigene und fremde Erfahrungen vergleichen

- Betrachte deine Ergebnisse aus Aufgabe 3 und Aufgabe 4 und beschreibe, welche dieser Erfahrungen du selbst schon gemacht hast. Welche dieser Gefühle kennst du? Wann und wo hast du sie erlebt? Notiere deine Ergebnisse.
- Vergleiche deine Notizen mit dem Text: Gibt es Aussagen, die zu deinen Erfahrungen passen?
- Nenne Ähnlichkeiten und Unterschiede.

M3 Bleiben wir stets dieselben?

Der Philosoph David Hume (1711-1776) sagt Nein:

[Laut] Hume sind wir nur ein „Bündel verschiedener Wahrnehmungen, die einander mit großer Geschwindigkeit folgen." Aus bloßer Gewohnheit verknüpfen wir diese Wahrnehmungen miteinander und verlieren dabei schließlich das Bewusstsein für die Unterbrechung von einer Wahrnehmung zur nächsten. Der Vorgang entspricht jenem im Kino, wo [...] Einzelbilder in so schneller Abfolge gezeigt werden, dass die Illusion einer kontinuierlichen Bewegung entsteht. [...] Kein Grund zur Sorge also, wenn wir im Alter nicht mehr dieselben sind: Das waren wir ohnehin noch nie.

Der Philosoph René Descartes (1596-1650) sagt Ja:

Es spielt keine Rolle, dass mein Haar schütter wird, dass ich zusehends schwächer werde und nur noch mühsam aus dem Sessel komme: All das sind Nebensächlichkeiten, die nur meinen Körper betreffen. So lautet die Ansicht René Descartes'. Für [ihn] hängt die Kontinuität einer Person nicht von ihrem Körper, sondern von ihrer Seele ab [...]. [Dieser] Dualismus garantiert also einen stabilen Kern, der dem Zahn der Zeit widersteht. Bei allem körperlichen Verfall bleibt unser Geist doch derselbe, meint Descartes, da er „seiner Natur nach unsterblich" ist.

Jack Fereday

7 Ordne den Positionen passende Aussagen zu und begründe die Zuordnung mit Hilfe von Textstellen:
a) Das Ich befindet sich in einem andauernden Entwicklungsprozess.
b) Es gibt kein dauerhaftes Ich; es gibt mehrere Ichs, die aufeinander folgen.
c) Das Ich ist der Wesenskern des Menschen; dieser bleibt unverändert.

8 Wähle eine der Positionen aus und gib sie in deinen Worten wieder.

9 Beschreibe, welche der Darstellungen am ehesten mit deiner Wahrnehmung übereinstimmt, und begründe.

M4 Ganz verändert?

10 Erkläre, was die Raupe meint.

11 Antworte aus Sicht des Schmetterlings. Nutze Erkenntnisse, die du in M3 gewonnen hast. Beginne so: *Das kann man so nicht sagen ....*

Bettina Kumpe

Erwachsen werden

M1 Erwachsen ist man, wenn ...

Als juristisch erwachsen gilt man in Deutschland mit 18, wenn man volljährig ist.

Psychologen sagen, dass man mit etwa 25 Jahren erwachsen ist.

Biologisch erwachsen ist man mit der Geschlechtsreife.

1 Vervollständige den Satzanfang aus deiner Sicht: *Erwachsen ist man, wenn ...*
2 Vergleiche deinen Satz mit den Definitionen.
3 Beschreibe, welches Erwachsensein gemeint ist, wenn jemand zu einem anderen sagt „Werde erwachsen!"

M2 Erwachsen werden bei den Maasai und den Apachen

Maasai

Die Maasai in Tansania und Kenia haben verschiedene Bräuche, die zeigen, wie ein Junge zum Mann wird. Jungen zwischen 10 und 20 Jahren kommen zusammen, um gemeinsam als neue „Kriegerklasse" des Stammes gefeiert und willkommen geheißen zu werden. [...] Die Nacht vor der eigentlichen Zeremonie schlafen die Jungen draußen in der Steppe. Im Morgengrauen kommen sie wieder und singen, tanzen und feiern ausgelassen mit dem Rest des Stammes. [...] Nach der Feier werden sie beschnitten, um die offizielle Wandlung vom Kind zum Erwachsenen, zum Krieger und zum Beschützer anzuzeigen. Wie bei vielen anderen Riten, ist es den Jungen untersagt zu zucken oder einen Laut von sich zu geben, denn das würde Schande über sie und die ganze Familie bringen. Die kommenden 10 Jahre verbringen die jungen Männer als Krieger. In dieser Zeit lernen sie viele verschiedene Fertigkeiten. Nach einer weiteren Feier am Ende der langen Zeit haben sie das Recht, eine Frau ihrer Wahl zu heiraten.

Apachen

Schüchternheit ist während dieser Feier des Apachenstammes in Amerika fehl am Platz. [F]olgt man der Tradition, müssen alle Mädchen in dem Sommer, nachdem sie zum ersten Mal ihre Periode hatten, an der Sonnenaufgangs-Feier teilnehmen. Bei der Zeremonie, die offiziell als Na'ii'ees-Feier bekannt ist, feiert man, dass die Mädchen in die Pubertät gekommen sind. Die Zeremonie dauert ganze vier Tage. Während der Zeit müssen die Mädchen bestimmten Regeln und Gesetzen folgen, dürfen sich zum Beispiel nicht waschen oder ihre Haut berühren oder von einem anderen Gefäß außer ihrem eigenen trinken. Außerdem müssen die Mädchen den „Apache-Origin"-Mythos aufführen. Damit sollen sie sich der ersten Frau des Ureinwohnerstamms – Esdzanadehe – näher verbunden fühlen. Während sie den Mythos durchspielen, sollen die Mädchen fühlen, wie die Kraft der ersten Frau durch ihre Körper fließt.

Christina Nuñez/Leticia Pfeffer

4 Beschreibe, wie die Riten zum Erwachsenwerden auf dich wirken.
5 Stell dir vor, du wärst ein jugendlicher Maasai oder eine junge Apachin. Schreibe einen Tagebucheintrag vom Abend bevor das Ritual beginnt.
> Kompetenzbox

WAHRNEHMEN UND DEUTEN

So kannst du die Sichtweise eines anderen einnehmen

- Notiere dir die einzelnen Elemente des Rituals sowie Erwartungen von außen.
- Notiere zu jedem Element und jeder Erwartung, was daran herausfordernd, beängstigend und erfreulich ist. Stell dir dabei vor, du selbst müsstest da durch.
- Formuliere deine Ergebnisse in Form eines Tagebucheintrages. Verwende dabei die Ich-Perspektive.

M3 Initiation ins Erwachsensein

Ein Initiationsritus ist ein festgelegter Ablauf von Handlungen, in dem der Übergang eines Individuums vom Kind bzw. Jugendlichen zum Erwachsenen, die Aufnahme von jemandem in eine Gruppe oder auch die Einweihung in ein Geheimnis begangen wird, die Initiation. Eine Initiation bezeichnet also die Einführung eines Außenstehenden (Anwärters) in eine soziale Gemeinschaft oder seinen Aufstieg in einen anderen Seinszustand wie eben vom Kind zum Erwachsenen [...]. Der Hauptfall der Initiation ist die Pubertäts- und Stammesinitiation der Stammesgesellschaften [...]. Der Schritt ins Erwachsenenleben ist für einen Äthiopier z. B. ein Sprung über eine Reihe von Rindern. [...] Dass es solche Riten in allen Kulturen gibt, sagt nichts über deren Notwendigkeit, doch kann man vermuten, dass Menschen solche Riten benötigen, damit sie [...] nicht mehr oder weniger lange Zeit in für sie ungewissen Zwischenwelten leben.

Werner Stangl

6 Beschreibe in deinen eigenen Worten, was eine Initiation ist.

7 In jeder Kultur, auch in unserer, gibt es ähnliche symbolische oder feierliche Akte, die das Erwachsenwerden kennzeichnen. Nenne und beschreibe Bräuche, mit denen man das Erwachsenwerden begleitet.

8 Vergleiche einen der beiden Initiationsriten aus M2 mit den Beschreibungen aus Aufgabe 7.

M4 Freiwillig zum Zahnarzt!

Wer erwachsen sein will, muss auch mal Dinge tun,
auf die er keinen Bock hat,
von denen er aber weiß, dass sie sein müssen.
Also zum Beispiel einen freiwilligen Zahnarzttermin machen.

Eugen Epp

9 Erkläre, was an der Aussage von Eugen Epp erwachsen ist.

10 Erstelle eine Mindmap und finde eigene Beispiele für Verhaltensweisen, die „erwachsen" sind.

11 Beurteile vor dem Hintergrund der Informationen dieser Doppelseite, ob du es sinnvoll findest, Erwachsensein an bestimmten Ereignissen festzumachen.

Zeig, was du kannst!

Das Wichtigste in Kürze

Einfluss – Gefühle – Geschlechterklischee – Idol – Initiation – Orientierung – Pubertät – Ritual – Rolle – Rollenerwartung – Veränderung – Vorbild – Vorbildfunktion

Ich-Entwicklung

Wir Menschen durchlaufen verschiedene Phasen und Situationen im Laufe unseres Lebens, sammeln täglich neue Erfahrungen mit uns selbst und unserer Umwelt und begegnen immer wieder Menschen, die unseren Lebensweg verändern. Begleitend dazu verändert sich unser Körper, was wir etwa daran merken, dass sich neue Bedürfnisse und Gefühle in uns melden. All das hat natürlich unmittelbare Auswirkungen darauf, wie wir die Welt erleben, wer wir sind und wer wir sein wollen – also auf unsere Persönlichkeit. Das heißt, wir bleiben nicht gleich. Wir verändern uns, wir entwickeln uns, wir wachsen. Ob wir ständig jemand Neues werden oder immer dieselben bleiben, dazu gibt es in der Philosophie unterschiedliche Meinungen. In den meisten Kulturen gibt es Bräuche und Riten, die wichtige Lebensstationen feierlich markieren und auf kommende Lebensphasen und neue Rollen in der Gemeinschaft vorbereiten.

Kompetenz-Check

M Veränderungen

In Andreas Steinhöfels Roman „Die Mitte der Welt" steht das Erwachsenwerden des 17-jährigen Phil im Mittelpunkt der Geschichte.

Manche Veränderungen kommen über Nacht. Du gehst abends zu Bett, schläfst ruhig und tief und am folgenden Morgen erwachst du und stellst fest, dass alles anders ist als zuvor. Du kannst dir nicht erklären, was geschehen ist, denn die Sonne ist aufgegangen wie an jedem Morgen, und da hängt immer noch dieses Bild an der Wand, das du längst abhängen wolltest. Die Farben der Welt sind dieselben geblieben. Nur bei genauerem Hinsehen glaubst du zu entdecken, dass sie eine Spur heller oder dunkler als bisher erscheinen, doch das ist eine Täuschung: Es ist deine Wahrnehmung, die sich verändert hat, weil du selbst von heute auf morgen ein anderer geworden bist. Und deshalb hängst du jetzt auch dieses verdammte Bild ab.

Andreas Steinhöfel

WAHRNEHMEN UND DEUTEN

1 Beschreibe die Anforderungen an das Leben mit einem Teenager aus Sicht eines Elternteils.

2 „Es ist doch egal, ob es ein Junge oder ein Mädchen wird", sagt eine werdende Mutter. Beurteile diese Aussage.

3 Stell dir vor, du bist Phil, der Junge in dieser Geschichte. Schreibe einen Tagebucheintrag darüber, warum er „dieses verdammte Bild" abhängt.

4 Vergleiche deine eigenen Erfahrungen mit der Beschreibung aus dem Text.

Werkstatt

Eine Mindmap zu meinen Vorbildern und Idolen

Mit deiner Mindmap kannst du grafisch darstellen, welche Vorbilder und Idole in deinem Leben eine Rolle spielen, so dass man bereits auf einen Blick erfassen kann, wen du bewunderst, wer dich prägt und wer dich leitet.

Normalerweise hat eine Mindmap ein Thema, das im Zentrum steht; von dort aus gehen dann Verbindungen zu Aspekten ab, die dann wiederum selbst Ausgangspunkte für weitere Verbindungen zu weiteren Aspekten sind bzw. sein können. Auch kannst du die Aspekte zusätzlich noch untereinander verbinden und so Zusammenhänge zwischen ihnen deutlich machen. Und so gehst du am besten vor:

- Platziere das Thema im Zentrum deines Blattes oder Posters. Falls du „Vorbilder" und „Idole" lieber trennen möchtest, teile das Zentrum unter den beiden Begriffen auf.
- Überlege dir dann, wie du deine Mindmap organisieren möchtest, und entscheide dich für entsprechende Kategorien. Verschiedene sind denkbar, z. B.:
  - die einzelnen Vorbilder/Personen (z. B. Greta Thunberg, meine Oma, …)
  - die Lebensbereiche, aus denen diese Vorbilder/Personen entstammen (z. B. Alltag, öffentliches Leben, Weltgeschichte, Roman, …)
  - die Attribute oder Eigenschaften, wofür die Personen/Vorbilder stehen (z. B. Durchhaltevermögen, Erfindungsgeist, Lebenseinstellung, …)
- Verbinde deine Kategorien mit dem Thema im Zentrum.
- Ergänze dann zu den einzelnen Kategorien weitere Kategorien im Sinne von Unterthemen. Diesen Schritt kannst du gegebenenfalls mehrmals wiederholen, bis deine Mindmap alle wichtigen Aspekte beinhaltet.

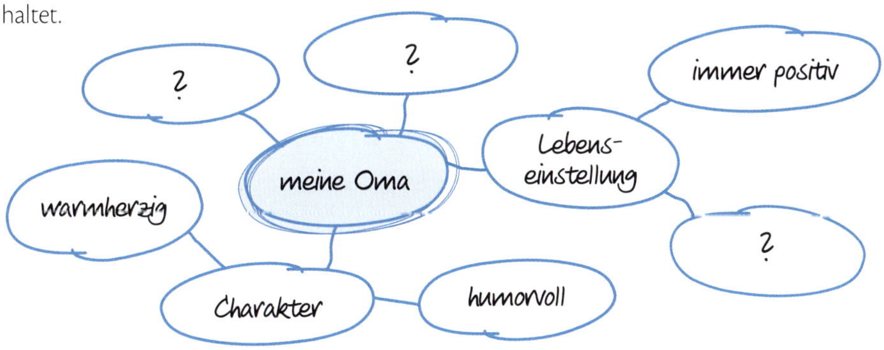

Tipps:
Deine Mindmap wird besonders schön und ansprechend, wenn du Bilder von den Personen einfügst und/oder Symbole oder Bilder, die abbilden, wofür die Person jeweils steht. Du kannst auch Farben für die Verbindungen nutzen, um die Mindmap lebendiger und gleichzeitig auch etwas strukturierter werden zu lassen.

Worauf es ankommt
- ☑ sauber und ordentlich zeichnen und schreiben
- ☑ den Platz sinnvoll einteilen
- ☑ Möglichkeiten zur Organisation nutzen

Sepp Buchegger

Wie erlebe ich Freundschaft?

Echte oder unechte Freundinnen und Freunde?

Welche Arten von Freundschaften gibt es?

Können Tiere Freunde sein?

Woran zerbrechen Freundschaften?

Selbst und Welt

> Freundschaften schließen

WERKSTATT

Freundschaften in Film und Literatur – ein Freundschafts-Check

Freundschaft ist seit jeher ein wichtiges Thema in Filmen, Büchern oder auch Serien. Asterix und Obelix, Winnetou und Old Shatterhand, Harry Potter und seine Freunde Ron und Hermine oder auch Greg und sein bester Freund Rupert: Bestimmt fallen dir zahlreiche Freundespaare oder -cliquen ein. Wähle ein Beispiel aus, das du besonders magst oder das dich besonders interessiert, und mache einen Freundschafts-Check: Wie sind die Figuren, die du ausgewählt hast, Freundinnen und Freunde geworden? Was machen sie zusammen? Und was macht ihre Freundschaft aus? Worin unterscheidet sich diese Freundschaft von anderen? Usw.

Entwickle geeignete Fragen für den Freundschafts-Check, untersuche die Freundschaften und halte deine Ergebnisse schriftlich fest. Aus den Ergebnissen kann dann in der Gruppe ein Freundschafts-Heft mit allen Beispielen erstellt werden.

Gemeinsam durch dick und dünn gehen

M1 Freundinnen!

Bettina Kumpe

1 Beschreibe das Bild und finde dazu einen Titel.
2 Erkläre, inwiefern dieses Bild Freundschaft ausdrückt.
3 Der berühmte Philosoph Aristoteles sagte, Freundschaft sei eine „Seele in zwei Körpern." Stelle einen Zusammenhang zwischen seiner Aussage und dem Bild her.
4 Gestalte ein eigenes Bild oder eine Collage zum Thema „Freundschaft".

M2 Freundschaft ist ...

- ... wenn man die andere durchs Brennnesselfeld trägt, weil sie kurze Hosen anhat. *Margret, 14*
- ... unbezahlbar. *Yvonne, 15*
- ... ganz viel über den anderen zu wissen. *Deborah, 15*
- ... wenn man einander alles anvertrauen kann ohne Angst haben zu müssen, dass das gleich ausposaunt wird. *Ferdinand, 13*
- ... wenn man ganz man selbst sein kann. *Ursula, 16*
- ... wenn man dem anderen nichts Schlechteres wünscht als sich selber. *Alexander, 16*
- ... wenn man stundenlang miteinander lästern kann. *Jasper, 14*
- ... wenn man miteinander schweigen kann. *Nikita, 16*
- ... nicht möglich ohne Ehrlichkeit. *Florian, 13*
- ... wenn man auch mal peinliche Sachen berichten kann. *Ramon, 13*

Beate Herkendell/Christine Knödle

5 Wähle drei Aussagen aus, die dir besonders wichtig für eine Freundschaft erscheinen, und begründe deine Auswahl.

6 Was ist dir in einer Freundschaft wichtig? Erläutere an einem Beispiel, welches Merkmal dir am wichtigsten erscheint. > Kompetenzbox

INTERAGIEREN UND SICH-MITTEILEN

So kannst du einen eigenen Gedanken erläutern

- Notiere, was dir an einer Freundschaft besonders wichtig erscheint.
- Veranschauliche diese Gedanken bzw. diese Merkmale an Beispielen für eine echte Freundschaft.
- Prüfe anhand der Beispiele, welches Merkmal dir am wichtigsten erscheint.
- Formuliere deine eigenen Gedanken zu der Frage, warum das Beispiel die besondere Bedeutung des Freundschaftsmerkmals deutlich macht.

M3 Der Beginn einer Freundschaft?

Maik Klingenberg (14) bekommt keine Einladung zur Geburtstagsparty von Tatjana. Er ist sehr enttäuscht, denn er wollte Tatjana mit einem selbst gezeichneten Portrait von Beyoncé, die sie sehr verehrt, überraschen. Aus Wut und Enttäuschung hätte er das Bild beinahe zerstört. Etwas später bekommt er Besuch von Tschick, der neu in seiner Klasse ist und den alle ein bisschen merkwürdig finden:

Ich holte die Zeichnung aus der Schublade. Tschick nahm sie, hielt sie mit ausgestreckten Armen vor sich hin und starrte sie an. Er schenkte der Zeichnung aber erst mal nicht so viel Beachtung wie der Rückseite, wo ich den Riss säuberlich mit Tesafilm geklebt hatte, so dass er von vorne kaum noch zu sehen war. Er guckte sich diesen Riss ganz genau an und dann nochmal die Zeichnung, und dann sagte er: „Du hast ja Gefühle."

Er sagte das im Ernst, ohne jeden Scheiß. Das fand ich reichlich merkwürdig. Und es war das erste Mal, dass ich dachte: Der ist ja wirklich gar nicht so doof. Tschick hatte diesen Riss gesehen und sofort gemerkt, was los war. Ich glaube, ich kenn' nicht viele Leute, die das sofort gemerkt hätten. Tschick schaute mich ganz ernst an, und das mochte ich an ihm. Er konnte ziemlich komisch sein. Aber wenn's drauf ankam, war er eben auch nicht komisch, sondern ernst.

Wolfgang Herrndorf

7 Beschreibe, was Maik an Tschicks Verhalten ihm gegenüber beeindruckt hat.

8 Erkläre, wodurch Tschick Maiks Interesse weckt. Beachte dabei, was Tschick zu Maik sagt und wie er es sagt.

9 Stell dir vor, Tschick und Maik werden enge Freunde. Erläutere, was sie alles zusammen machen könnten oder was ihnen wichtig sein könnte.

10 Freundschaften lassen sich nicht planen, sie entstehen oft spontan und manchmal in den ungewöhnlichsten Situationen. Verfasse kleine Szenen, wie Freundschaften beginnen können.

M4 Das Ende einer Freundschaft?

Bevor Maik Tschick kennen gelernt hat (M2), war er längere Zeit ein Einzelgänger in der Schule.

Wenn man keinen Spitznamen hat, kann das zwei Gründe haben. Entweder man ist wahnsinnig langweilig und kriegt deshalb keinen, oder man hat keine Freunde. […] Es gibt aber auch noch eine dritte Möglichkeit. Es kann sein, dass man langweilig ist und keine Freunde hat. Und ich fürchte, das ist mein Problem. Jedenfalls seit Paul weggezogen ist. Paul war mein Freund seit dem Kindergarten, und wir haben uns fast jeden Tag getroffen, bis seine endbescheuerte Mutter beschlossen hat, dass sie lieber im Grünen wohnen will.

Wolfgang Herrndorf

11 Gib Maik Ratschläge, wie er die Freundschaft zu Paul aufrechterhalten könnte, obwohl Paul aus der Stadt weggezogen ist.

12 Begründe, ob Freundschaften enden müssen, weil einer der beiden Freunde wegzieht.

13 Gib Maik Ratschläge, wie er auch neue Freunde finden könnte.

Kumpel, Clique, Freundschaft …

M1 Allein, zu zweit und in der Gruppe

ein Geheimnis anvertrauen – ins Schwimmbad gehen – nach einem Rat fragen – zusammen Spaß haben – nach Hause einladen – über den Stress mit den Eltern reden – online spielen – meine Lieblings-Sonnenbrille ausleihen – mich streiten – mich wieder vertragen – mein Pausenbrot teilen – für ihn/für sie auf etwas Wichtiges verzichten

1 Was würdest du mit wem tun? Wähle Tätigkeiten und Unternehmungen aus und ordne sie den folgenden Begriffen zu (Mehrfachnennungen sind möglich): Freund/Freundin – Kumpel – Clique – Klassen- oder Mannschaftskamerad/-kameradin – Eltern – Geschwister.

2 Fasse deine Ergebnisse kurz zusammen und begründe deine Entscheidungen.

M2 Freundschaft als Form sozialer Beziehungen

Freundschaften sind Teile einer Vielzahl von Beziehungsformen, die sich je nach Intensität und Freiwilligkeit in etwa wie folgt darstellen lassen:

Wortspeicher
Menschen – Verhalten – Austausch – Denken – Handeln – Absichten – Gegenseitigkeit – Zusammengehörigkeit

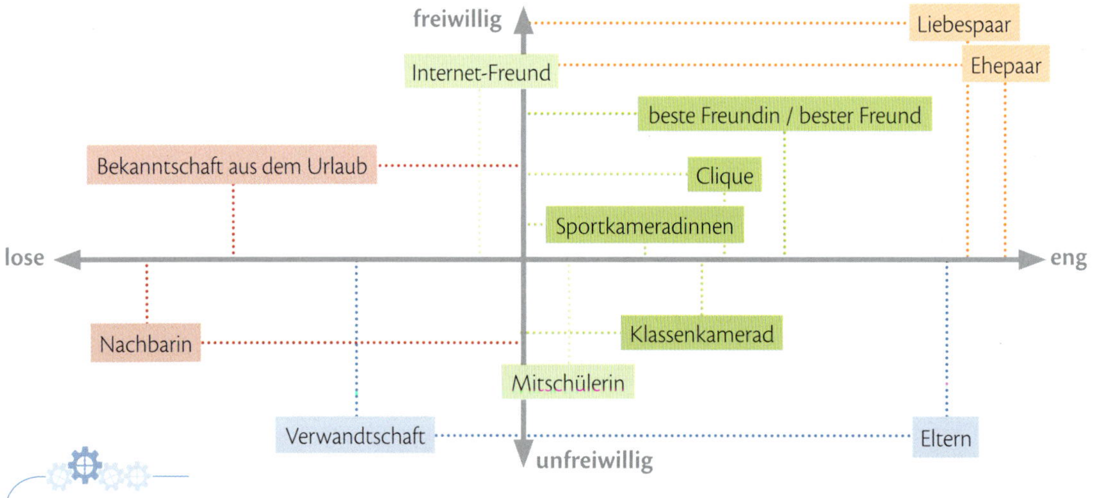

3 Freundschaften sind Teil unserer sozialen Beziehungen. Erkläre mit Hilfe des Schaubilds und des Wortspeichers, was soziale Beziehungen sind und worin sie sich unterscheiden.

4 Übertrage das Schaubild in dein Heft und füge die folgenden Beziehungsformen ein: Nachbarsjunge – Brieffreundin – Großeltern – Freund meiner Freundin – Geschwister.

5 Erläutere Gemeinsamkeiten und Unterschiede zwischen Familienmitgliedern und Freundinnen/Freunden.

M3 Arten von Freundschaft

Freundschaften sind wertvoll, und zwar deshalb, weil Menschen der echten Freundschaft ganz bestimmte Werte zuordnen. Der Philosoph Aristoteles hat sich dazu folgende Gedanken gemacht:

Es gibt also drei Arten von Freundschaft [...]. Wo also Nutzen das Motiv der Freundschaft bildet, da lieben sich die Menschen nicht um ihres Wesens willen, sondern nur soweit sie etwas voneinander haben können [...]. Ebenso ist es bei denen, die um der Lust willen befreundet sind. Denn nicht wegen seiner Charaktereigenschaften lieben sie den anderen, sondern weil sie ihn unterhaltsam finden. [...] Denn nicht deshalb, weil er der ist, der er ist, wird der Befreundete geschätzt, sondern insofern er irgendein Gut oder eine Lust verschafft. Solche Freundschaften gehen [...] leicht auseinander [...]. Denn wenn der eine Partner nicht mehr angenehm oder nützlich ist, so hört man auf, ihn zu lieben. [...]
Vollkommene Freundschaft ist die der trefflichen Charaktere und an Trefflichkeit einander Gleichen. Denn bei dieser Freundschaft wünschen sie einer dem anderen in gleicher Weise das Gute, aus keinem anderen Grunde, als weil sie eben trefflich sind, und trefflich sind sie „an sich", wesensmäßig. Nun sind aber Menschen, die dem Freunde um des Freundes willen das Gute wünschen, die echtesten Freunde [...]. Freundschaft dieser Art ist, so darf man mit gutem Grund sagen, ein Wert, der dauert, denn in ihr treffen alle Grundvoraussetzungen der Freundschaft zusammen [...]. Solche Freundschaft ist natürlich selten, denn Menschen dieser Art gibt es nur wenige. *nach Aristoteles*

6 Notiere die wichtigsten Merkmale der verschiedenen Freundschaftsarten.

7 Gib jeder Art von Freundschaft einen passenden Namen und erläutere deine Vorschläge an einem Beispiel.

8 Gehe arbeitsteilig vor: Lass dir von einem Partner oder einer Partnerin eine Art von Freundschaft beschreiben. Gib das Gehörte wieder. Tausche dann die Rollen für eine weitere Art von Freundschaft.
> Kompetenzbox

9 Nenne ein Beispiel für eine Freundschaft in einem Film oder Buch, die deinen Vorstellungen einer „echten" Freundschaft entspricht. Begründe deine Wahl.

INTERAGIEREN UND SICH-MITTEILEN

So kannst du Gehörtes wiedergeben
- Schau deinen Partner an, wenn er mit dir spricht.
- Falle ihm nicht ins Wort und zeige Interesse (z. B. durch Nicken).
- Frage nach, wenn du etwas nicht verstanden hast.
- Notiere dir wichtige Stichwörter.
- Lies die Notizen noch einmal durch und fasse das Gehörte zusammen.

M4 Freunde und Familie

Freunde sind die Familie, die man sich selbst aussucht.

Freundschaft ist wie ein Netz, es fängt dich auf, wenn du mal die Balance verlierst.

10 Wähle ein Sprichwort aus und erkläre es.

11 Finde Sprichwörter zum Thema „Freundschaft", die dir gut gefallen, und gestalte damit z. B. ein Plakat oder eine Collage.

Zusammen allein

M1 Ohne Titel

Eva Müller

1 Was könnten die beiden Comicfiguren in den einzelnen Bildern denken? Schreibe dazu Gedankenblasen. Vergleiche die Ergebnisse in der Gruppe.

2 Gib dem Comic einen Titel und begründe, warum du den Titel ausgewählt hast.

M2 Geheimnisse vor den Freunden?

In dem Buch „Beste Freunde, kapiert!" leidet Jims Mutter an Angstzuständen. Das ist nicht immer einfach für ihn, da er seinen Freunden davon nicht so gerne erzählen möchte. Aber das ist nicht das einzige Problem bei seinen Freundschaften. Jim erzählt:

Der größte Nachteil, eine Mutter zu haben, die Angst hat, ist der, dass ich niemanden mit nach Hause bringen kann. Zum einen, weil sie Angst kriegen könnte. Zum anderen, weil meine Freunde dann mitkriegen könnten, dass sie Angst hat. Das ist der Grund, warum ich die Anzahl meiner Freunde möglichst gering halte. Kurt und Roger wollten schon öfter mit zu mir kommen, aber ich habe ihnen jedes Mal gesagt, dass das nicht geht, weil Mama krank ist. Mama ist auch tatsächlich krankgeschrieben, also ist das noch nicht mal eine Lüge. Erwachsene müssen ihrem Chef nicht erzählen, was ihnen fehlt, wenn sie krankgeschrieben sind. Da ist es nur gerecht, wenn ich Kurt und Roger auch nicht erzähle, was Mama fehlt. […]
Offiziell habe ich mit dem Spielen […] aufgehört. Das passt nicht, wenn man mit Kurt und Roger befreundet ist. Die haben schon vor Ewigkeiten damit aufgehört. […] Ich habe meine Spielsachen in einen alten Bunker am Meer gebracht, der aus dem Krieg übrig geblieben ist. Dahin gehe ich immer, wenn Mama Zeit für sich allein braucht. Oder wenn *ich* ein bisschen Zeit für mich allein brauche. […] Mama ist die Einzige, die von dem Bunker weiß. Kurt und Roger dürfen auf keinen Fall davon erfahren. Jedenfalls nicht, solange ich mir das Spielen noch nicht abgewöhnt habe. Der Bunker und Mama sind meine größten Geheimnisse.

nach Endre Lund Eriksen

3 Beschreibe, welche Geheimnisse Jim vor seinen Freunden Kurt und Roger hat.

4 Erkläre, warum Jim Geheimnisse vor seinen Freunden hat.

5 Finde mögliche Gründe, warum Jim manchmal Zeit für sich allein braucht. Was könnte er allein, ohne seine Freunde, (lieber) tun?

M3 Die Stachelschweine

Von dem Philosophen Arthur Schopenhauer (1788-1860) stammt die folgende berühmte Parabel. In einer Parabel müssen zwei Ebenen beachtet werden: Was wird in dem Text beschrieben und was ist damit eigentlich gemeint?

1 Eine Gesellschaft Stachelschweine drängte sich an einem kalten Wintertage recht nahe zusammen, um sich durch die gegenseitige Wärme vor dem Erfrieren zu schützen. Bald jedoch empfanden sie die gegenseitigen Stacheln, welches sie dann wieder voneinander entfernte. Wann nun das Bedürfnis der Erwärmung sie wieder näher zusammenbrachte, wiederholte sich jenes zweite Übel, so dass sie zwischen beiden Leiden hin- und hergeworfen wurden, bis sie eine mäßige Entfernung voneinander herausgefunden hatten, in der sie es am besten aushalten konnten.

2 So treibt das Bedürfnis der Gesellschaft [...] die Menschen zueinander; aber ihre vielen widerwärtigen Eigenschaften und unerträglichen Fehler stoßen sie wieder voneinander ab. Die mittlere Entfernung, die sie endlich herausfinden, und bei welcher ein Beisammen bestehen kann, ist die Höflichkeit und feine Sitte. [...] Vermöge derselben wird zwar das Bedürfnis gegenseitiger Erwärmung nur unvollkommen befriedigt, dafür aber der Stich der Stacheln nicht empfunden.

nach Arthur Schopenhauer

6 Gehe arbeitsteilig vor: Lass dir von einem Partner oder einer Partnerin den ersten Text von Schopenhauer nacherzählen. Gib das Gehörte wieder. Tausche dann die Rollen für den zweiten Text.
> Kompetenzbox

7 Übertrage die Geschichte auf den Menschen, sein Zusammenleben mit anderen und seine Freundschaften. Erläutere, was der Philosoph mit der Parabel über den Menschen sagen will.

8 Begründe, ob du mit der Meinung von Schopenhauer übereinstimmst.

9 Formuliere einen eigenen Gedanken, warum Menschen, selbst wenn sie befreundet sind, nicht immer ganz eng zusammen sein können oder wollen.

INTERAGIEREN UND SICH-MITTEILEN

So kannst du Gehörtes wiedergeben

- Schau deine Partnerin an, wenn sie mit dir spricht.
- Falle ihr nicht ins Wort und zeige Interesse (z. B. durch Nicken).
- Frage nach, wenn du etwas nicht verstanden hast.
- Notiere dir wichtige Stichwörter.
- Lies die Notizen noch einmal durch und fasse das Gehörte zusammen.

M4 Freundschaften pflegen

1. Wie wichtig ist es, in einer Freundschaft regelmäßig Zeit miteinander zu verbringen?
2. Dürfen Freundinnen und Freunde Geheimnisse voreinander haben?
3. Kann man mit jemandem befreundet sein, den man noch nie persönlich getroffen oder gesehen hat?

10 Wähle eine Frage aus und formuliere eine begründete Antwort.

11 Die Nähe zwischen Freundinnen und Freunden (passend oder auch zu eng) kommt in unterschiedlichen Verhaltensweisen zum Ausdruck. Beurteile vor diesem Hintergrund, wie Schopenhauer die Fragen beantworten würde.

Nichts geht über echte Freundschaft – stimmt das?

M1 Freunde unter sich

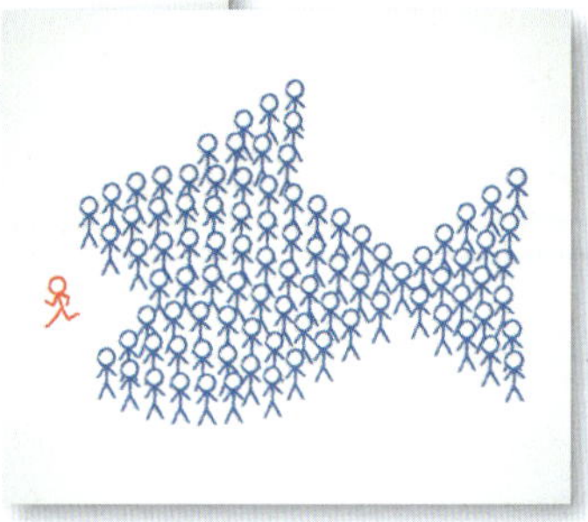

Ob eine Freundschaft in der Gruppe gut funktioniert, wird auch durch die Beziehung der Freundinnen und Freunde zueinander entschieden: Wie ist das Verhältnis der einzelnen Person zu den anderen in der Gruppe? Welche Rolle habe ich in der Gruppe?

1 Beschreibe die beiden Bilder und deute sie in Bezug auf Freundschaften in der Gruppe.
2 Formuliere Sprechblasen für die rote Figur. Was könnte sie der Gruppe zurufen?
3 Wie kann die Rolle einer einzelnen Person in einer Gruppe noch aussehen? Zeichne weitere Möglichkeiten.

M2 Meine Freunde und ich

In manchen Freundesgruppen bzw. Cliquen gelten strenge Regeln oder alle erwarten, dass alle ähnliche Interessen haben, das gleiche unter „cool sein" verstehen, die gleiche Musik hören oder sich ähnlich kleiden. Wer da nicht reinpasst, bekommt das deutlich gesagt:

immer einer Meinung sein

so sein dürfen, wie man ist

misstrauisch sein müssen

ganz anders aussehen dürfen

nicht alleine sein

genau den gleichen Musikgeschmack haben müssen

ähnliche Interessen haben

immer alles gemeinsam machen

immer cool sein müssen

tun und gut finden müssen, was andere vorschreiben

abhängig sein

vertrauen können

ausgegrenzt werden können

gemeinsam Spaß haben

sich geborgen fühlen

sich gegen andere abgrenzen

Bettina Kumpe

4 Ordne die Aussagen in einer Tabelle. In eine Spalte schreibst du die Aussagen, die positive Aspekte einer Gruppe beschreiben, in eine zweite Spalte die Aussagen, die eher negative Aspekte beschreiben. *Beachte:* Einige Aussagen passen in beide Spalten.
5 Finde für jede Zuordnung in der Tabelle Beispiele.

M3 Eine Freundschaft, wie ich sie meine ...

Der Philosoph Michel de Montaigne (1533-1592) hat sich folgende Gedanken über „echte" Freundschaften gemacht.

Was wir gewöhnlich Freunde und Freundschaften nennen, ist weiter nichts als eine durch Zufall zustande gekommene nähere Bekanntschaft, an die man sich gewöhnt hat [...]. Aber in einer Freundschaft, wie ich sie meine, geht eine so vollständige Verschmelzung der zwei Seelen miteinander vor sich, dass an dem Punkte, wo sie sich treffen, keine Naht mehr zu entdecken ist. Die Zweiheit ist verschwunden. Wenn ich sagen soll, warum ich ihn so liebhatte, kann ich mein Gefühl nur in die Worte kleiden: „Weil er es war; weil ich es war."

Michel de Montaigne

6 Formuliere in eigenen Worten, wodurch sich eine gewöhnliche Freundschaft von der echten Freundschaft im Sinne des Philosophen Montaigne unterscheidet.

7 Über echte Freunde wie sie Montaigne beschreibt, sagen wir häufig, dass sie „ein Herz und eine Seele sind" oder „gemeinsam durch dick und dünn gehen". Beschreibe, was du daran gut findest und was weniger gut.

8 Beurteile solche Freundschaften aus der Sicht von Außenstehenden, z. B. Eltern oder Lehrkräfte.

9 Was aber ist, wenn du nicht dazu gehörst? Entwickle einen Dialog zwischen einem Jugendlichen mit einem engen Freundeskreis und einem Klassenkameraden, der dabei außen vor bleibt.
> Kompetenzbox

10 Sollte man lieber auf enge Freundschaften verzichten, damit man nicht allzu enttäuscht wird, wenn die Freundschaft zerbricht? Nimm Stellung zu dieser Frage.

INTERAGIEREN UND SICH-MITTEILEN

So kannst du einen Dialog entwickeln

- Finde für beide Jugendliche zwei Argumente bzw. Aussagen. *Tipp:* Die Ergebnisse aus Aufgabe 7 können dir dabei helfen.
- Formuliere eine Aussage aus der Sicht des Jugendlichen mit engem Freundeskreis. Beispiel: *Meine Freunde ...*
- Antworte darauf mit einer Aussage des Klassenkameraden. *Beispiel: Das mag sein, aber ...*
- Wiederhole die beiden vorherigen Schritte.
- Formuliere einen Satz zum Abschluss des Gesprächs.

M4 Wahre Freundschaft gibt es nicht!

Wahre, echte Freundschaft setzt eine starke, rein objektive [...] Teilnahme am Wohl und Wehe des andern voraus. Dem steht der Egoismus der menschlichen Natur so sehr entgegen, dass wahre Freundschaft zu den Dingen gehört, von denen man nicht weiß, ob sie [...] irgendwo existieren.

Arthur Schopenhauer

11 Erläutere die Voraussetzungen für eine „wahre, echte Freundschaft" nach Schopenhauer in eigenen Worten.

12 Nimm Stellung zu der Aussage des Philosophen, dass der Mensch zu egoistisch für echte Freundschaften sei.

Tierische Freundschaften

M1 Ziemlich beste Freunde

1 Beschreibe die Bilder und gib ihnen einen Titel.
2 Gestalte eine Collage aus Bildern zu Mensch-Tier-Freundschaften.
3 Wähle ein Bild aus M1 aus und formuliere eine Sprech- oder Gedankenblase dazu. Was könnten die Tiere, was die Menschen sagen oder denken?

M2 Auf den Hund gekommen

„Hachiko – Eine wunderbare Freundschaft" ist ein US-amerikanischer Spielfilm aus dem Jahr 2009. Er basiert auf einer wahren Begebenheit. Musikprofessor Parker Wilson (im Film gespielt von Richard Gere) nimmt darin einen herrenlosen Hund bei sich auf, der ihn fortan morgens zum Zug begleitet und abends pünktlich auf seine Rückkehr wartet. Als das Herrchen stirbt, kommt Hachiko dennoch jeden Tag weiter zum Bahnhof und wartet auf den Professor – zehn Jahre lang.

4 Erläutere kurz die Besonderheit dieser Geschichte.
5 Hunde sind ihrem Besitzer gegenüber absolut treu. Können Hunde (oder andere Tiere) deshalb bessere Freunde sein als Menschen? Formuliere deine Antwort zu dieser Frage.
6 Berichte von weiteren tierischen Freundschaften, die du aus Filmen oder Büchern kennst.

M3 Freundschaften zwischen Menschen und Tieren?

Kurt Kotrschal ist ein Verhaltensbiologe, d. h. er erforscht das Verhalten von Menschen und Tieren. In folgenden Gesprächen mit Journalisten vergleicht er Freundschaften zwischen Menschen und Tieren mit denen zwischen Menschen.

Können wir zu Tieren eine ebenso intensive Bindung aufbauen wie zu Menschen?

Ja, absolut. […] Sie reagieren sehr gut auf unsere Bedürfnisse und haben ihrerseits nahezu identische [gleiche] Bedürfnisse. Das bedeutet: Mit ein wenig Herz und Hirn kann man zu einem Hund eine symmetrische, stabile und überaus bereichernde Partnerschaft aufbauen. Hinzu kommt: Es gehört zu den Grundbedürfnissen des Menschen, Fürsorge zu geben und Fürsorge zu empfangen. Ich will geliebt werden, und ich will andere haben, die ich lieben kann. Das kann mit anderen Menschen ein bisschen kompliziert sein, komplizierter als mit Hund oder Katze.

Kurt Kotrschal/Rainer Harf/Sebastian Witte

Wie wichtig ist Freundschaft für Menschen und Tiere?

[…] Da gibt es keinen Unterschied zwischen menschlichen Freunden und Tieren, den sogenannten Kumpan-Tieren. Wenn die Beziehung okay ist, entfalten sie bei beiden dieselben positiven Wirkungen […]. Gelegentlich sogar noch bessere,[…]. Menschliche Freunde sind oft schwierig, achten auf Etikette und Stil. Ein falsches Wort – und vorbei ist's mit der Freundschaft. Hunden oder Katzen […] ist so etwas völlig egal. Es geht um Zuwendung und Verständnis.

Kurt Kotrschal/Markus Brauer

7 Notiere die Merkmale einer Freundschaft nach Kurt Kotrschal.

8 Arbeite heraus, warum menschliche Freundschaften oft schwieriger sind als Beziehungen zu Tieren.

9 Der Biologe sagt, der gegenseitige Wunsch nach Fürsorge kann bei Menschen komplizierter sein als in der Mensch-Tier-Freundschaft. Erkläre anhand von Beispielen, was er damit meinen könnte.

10 Erläutere, inwiefern man bei Beziehungen zwischen Menschen und Tieren wirklich von einer „Freundschaft" sprechen kann. Berücksichtige dabei die Aussagen in M3. > Kompetenzbox

INTERAGIEREN UND SICH-MITTEILEN

So kannst du einen eigenen Gedanken formulieren

- Notiere Merkmale einer Freundschaft. *Tipp:* Berücksichtige dabei auch die Ergebnisse aus Aufgabe 6.
- Veranschauliche diese Merkmale an Beispielen für Freundschaften zwischen Menschen.
- Prüfe, welche dieser Merkmale auch in Freundschaften mit Tieren eine Rolle spielen. *Tipp:* Die Ergebnisse aus Aufgabe 8 können dir dabei helfen.
- Formuliere deine eigenen Gedanken zu der Frage, inwiefern Menschen und Tiere in dem Sinne „Freunde" sein können wie Menschen.

M4 Hundeaugen sehen anders …

Der Verhaltensbiologe sagt unter anderem über den „Vorteil" einer Beziehung zu Tieren:

Menschen fühlen sich von ihresgleichen immer beurteilt. Man versucht gegenüber anderen nichts falsch zu machen. Tieren ist das völlig egal. Ob ich im Pyjama oder im Anzug mit Krawatte durch die Gegend laufe, ist dem Hund einerlei. *Kurt Kotrschal*

11 Erläutere diese Aussage mit einem eigenen Beispiel.

12 Nenne weitere Wünsche und Bedürfnisse, die ein (Haus-)Tier besser als ein anderer Mensch erfüllen kann – oder auch soll.

Zeig, was du kannst!

Das Wichtigste in Kürze

Seelenverwandtschaft – Vertrauen – Kumpel – Clique – bester Freund/beste Freundin – vollkommene Freundschaft – soziale Beziehungen – Freundschaften pflegen

Über Freundschaften

Freundschaften sind für jeden Menschen wichtig und es gibt zahlreiche Redensarten, die versuchen, Freundschaften zu beschreiben: Freundinnen und Freunde sind danach die Familie, die man sich selbst aussucht, oder auch einfach „unbezahlbar". Auch viele Philosophinnen und Philosophen haben sich Gedanken über Freundschaften gemacht. Michel de Montaigne betont z. B. die Einzigartigkeit von „echter Freundschaft" und Aristoteles beschreibt sie als eine „Seele in zwei Körpern". Dabei werden auch verschiedene Arten von Freundschaften unterschieden, denn nicht jede ist eine „vollkommene Freundschaft", in der einer dem anderen rein „um des Freundes willen das Gute wünscht". Es gibt beispielsweise auch ganz zweckmäßige Freundschaften, die „nur" auf gemeinsamen Interessen und Hobbys gründen. Letztlich sind Freundschaften eine von vielen Arten der sozialen Beziehung zu einem anderen Menschen. Sie können ganz unterschiedlich gestaltet sein – für die Beteiligten sind sie immer etwas Besonderes. Für viele Menschen sind sogar ihre Haustiere Freunde. Ob dies auch umgekehrt für Tiere gilt, ist dagegen fraglich. In jedem Fall aber können sich sehr enge Bindungen zwischen Menschen und Tieren entwickeln.

Kompetenz-Check

M Wahre Freunde?

INTERAGIEREN UND SICH-MITTEILEN

1 Erläutere die Besonderheit von Freundschaften im Vergleich zu anderen Formen von sozialen Beziehungen (z. B. Geschwister, Mitglieder im Sportverein).

2 Erläutere, was Nutzen-Freundschaften sind und wodurch sie sich von „wahren" Freundschaften unterscheiden.

3 Beschreibe, welches Verhalten Charlie Brown sich von seiner Freundin Lucy wünscht. Erläutere an einem Beispiel, warum dieses Verhalten für Freunde wichtig ist.

4 Entwickle einen Dialog zwischen Charlie Brown und Lucy, in dem sie sich über das Thema „wahre Freundschaft" austauschen.

Werkstatt

Freundschaften in Film und Literatur – ein Freundschafts-Check

Es gibt zahlreiche berühmte Freundschaften in Filmen, Büchern oder auch Serien. Sicher kennst du solche Beispiele – und vielleicht hast du sogar ein „Lieblingsfreundespaar“, das gar nicht so bekannt ist oder in einen Film nur die Nebenrolle spielt? Für deinen Freundschafts-Check kannst du frei auswählen, denn jede Freundschaft ist interessant und besonders.

Worauf es ankommt

- ☑ Freundschaftsbeispiel auswählen
- ☑ passende Fragen entwickeln
- ☑ Antworten aus dem Film/Buch auf die Fragen notieren
- ☑ Ergebnisse schriftlich festhalten
- ☑ Seiten schön gestalten

Freundschaftsbeispiel

Wähle ein Beispiel für eine Freundschaft aus, das du besonders magst oder das dich besonders interessiert. Wenn dir nicht gleich ein Freundespaar oder eine Freundesclique einfällt, denke an Filme oder Bücher, die du gesehen oder gelesen hast, tausche dich mit anderen aus oder recherchiere im Internet. Auch die Doppelseiten des Kapitels bieten dir Ideen, wie z. B. Wolfgang Herrndorfs „Tschick“.

Fragen für den Freundschafts-Check

Entwickle Fragen für den Freundschafts-Check. Neben allgemeinen Fragen, die die Freundschaft „äußerlich“ beschreiben, sollten diese auch thematisieren, was die Freundschaft ausmacht, wie sich die Freundinnen und Freunde zueinander verhalten und wie sich die Freundschaftsbeziehung entwickelt.

Mögliche Beispiele:

- Wie viele Personen sind befreundet?
- Wie sind die Figuren, die du ausgewählt hast, Freunde geworden?
- Was machen sie zusammen?
- Gibt es bei größeren Gruppen auch zwischen den einzelnen Personen engere Freundschaften?
- Wie verhalten sie sich zu anderen, die nicht zu dem Freundeskreis gehören?
- Was macht ihre Freundschaft aus, was ist das Besondere an dieser Freundschaft?
- …

Untersuchung und Präsentation

Untersuche das Buch oder den Film über dein Freundschaftsbeispiel und notiere dir Antworten und Hinweise auf deine Fragen. Bereite dann deine Ergebnisse auf, indem du sie schriftlich ausarbeitest (ein bis zwei DIN A4-Seiten). Du kannst deine Seiten auch mit Fotos oder Bildern schön gestalten. Natürlich kannst du auch festhalten, warum dich gerade für diese Freundschaft entschieden hast. Aus den Ergebnissen kann dann in der Gruppe ein Freundschafts-Heft mit allen Beispielen erstellt werden.

Haben Körper eine Seele?

Ist Schönheit zeitlos?

Warum wollen wir schön sein?

Was verrät das Aussehen über einen Menschen?

(Warum) Müssen Körper „optimiert“ werden?

Selbst und Welt

> Sich selbst wahrnehmen

WERKSTATT

Eine Wandzeitung zum Körperkult in den Medien

Ob Castingshows für Nachwuchsmodels, Berichte über Stars und Sternchen oder auch „nur" Bilder in sozialen Netzwerken – wer sich mit den modernen Medien beschäftigt, sieht fast ausschließlich perfekt in Szene gesetzte Körper. Warum ist das so und ist das Aussehen wirklich (so) wichtig? Wer bestimmt die Schönheitsideale, die Medien vermitteln, und wie werden Körper dafür (medial) bearbeitet und verändert? War das eigentlich schon immer so?

Sammle Bilder aus Werbung und Medien und informiere dich über mediale Schönheitsideale. Erstelle aus den Ergebnissen eine Wandzeitung zum Thema „Körperkult in den Medien", in denen du besonders Vorher-Nachher-Bilder präsentierst und über die vielfältigen Möglichkeiten der (Bild-)Bearbeitung in den Medien informierst. Präsentiere die Wandzeitung in einer kleinen Ausstellung in der Schule.

Mein Körper – meine Hülle

M1 Mein Aussehen

A

B

C

1 Beschreibe die Bilder und gib ihnen jeweils einen Titel.
2 Erkläre, warum Jugendlichen in der Pubertät ihr Körper wichtig(er) wird.

M2 Berts geheimes Tagebuch

Montag, 7. August

Ich mache mir Gedanken über Muskeln. Und zwar, weil ich keine hab. Ein durchtrainierter Körper sieht aus wie ein V. Mein Körper sieht aus wie ein großes A. Die Pubertät ist die Zeit, in der die Muskeln sich zu entwickeln beginnen. Meine haben das noch nicht geschnallt. Gestern presste ich den Mund an die Wadenmuskeln und schrie: „LOS, WACHST ENDLICH!!! WACHST GEFÄLLIGST!!!“, mit dem einzigen Ergebnis, dass ich ein bisschen Spucke am Bein hatte. Darauf beschloss ich, mit Bodybuilding anzufangen.

Sören Olsson/Anders Jacobson

3 Gib wieder, welches Problem Bert seinem Tagebuch anvertraut.
4 Begründe, ob Berts Problem wirklich ein Problem ist.
5 Formuliere weitere mögliche Probleme von Jugendlichen mit ihrem Körper in der Pubertät.

M3 Einfach nur „pretty"?

Wer möchte nicht gut aussehen und hübsch sein? Aber was heißt „hübsch" eigentlich? Siobhan Curham tritt in ihrem Buch „True face" für eine neue Sicht auf das Wort ein:

„Hübsch" als Maßstab macht uns nicht stark. Hübsch ist geistlos und schwach und fördert Selbsthass und den ständigen Vergleich mit anderen. Wie es die Poetry Slammerin Katie Makkai so treffend ausdrückt in ihrem unglaublichen Gedicht „Pretty" […]: Lasst uns alle danach streben, „pretty intelligent" (ziemlich intelligent), „pretty creativ" (ziemlich kreativ) und „pretty amazing" (ziemlich toll) zu sein, aber niemals einfach nur „pretty" im Sinne von „hübsch".

Siobhan Curham

6 Beschreibe das Problem, auf das die Autorin mit ihrem Text aufmerksam macht. > Kompetenzbox

7 Erkläre den Unterschied zwischen „pretty" alleine und dem Gebrauch in Verbindung mit einem anderen Wort.

8 Begründe, ob du der Aufforderung der Autorin zustimmst oder nicht.

9 Schreibe eine eigene Strophe für einen Poetry Slam rund um das Thema „pretty" bzw. „hübsch".

ANALYSIEREN UND REFLEKTIEREN

So kannst du ein Problem beschreiben

- Beschreibe die Gründe, warum die Autorin nicht als „hübsch" bezeichnet werden will.
- Nenne andere Merkmale, auf die man nicht reduziert oder begrenzt werden möchte (z. B. Geschlecht, Herkunft).
- Beschreibe das gemeinsame Problem, das Menschen haben, die auf ein einzelnes Merkmal reduziert werden.

M4 Weiblicher Star

Nachdem die 18-jährige Sängerin Billie Eilish berühmt geworden war, wurde viel über die für weibliche Stars ungewöhnliche Tatsache berichtet, dass sie keine körperbetonte Kleidung trug, sondern Schlabberpullis und weite Jogginganzüge.

10 Finde mögliche Gründe, weshalb sich Billie Eilish so kleidete.

11 Billie Eilish stellte die gängigen Vorstellungen auf den Kopf, wie sich ein weiblicher Star öffentlich zu präsentieren hat. Beurteile die Selbstdarstellung von Billie Eilish, auch auf dem Foto. Welche Bedeutung hat diese, z. B. für junge Fans?

Der Spiegel, das sind die anderen

M1 Ein Blick in den Spiegel

Bettina Kumpe

1 Nenne drei mögliche Gründe, warum sich das Kätzchen als Löwe sieht.

2 Wie siehst du dich? Welches Tier würde dich am besten charakterisieren? Finde ein Bild von „deinem" Tier im Internet oder zeichne es. Schreibe in Sprechblasen auf, was dein Tier über dich sagen würde.

M2 Der Blick von außen

Willowdean möchte mit Mitschülerinnen an einem Schönheitswettbewerb teilnehmen, obwohl sie alle nicht dem gängigen „Schönheitsideal" entsprechen. Sie besprechen gemeinsam ihr Vorhaben und vor allem die beiden Wettbewerbsrunden „Interview" und „besonderes Talent". Millie hat dabei für jede einen Tipp, auch für Willowdean.

„Keine von uns ist die perfekte Bewerberin", sagt sie. „Da sind wir uns, glaube ich, alle einig. Und deswegen ist es entscheidend, wie wir unsere Stärken ausspielen. Ich will ja nicht angeben, aber ich glaube, das Interview hab ich schon in der Tasche. Amanda, wenn du deine Spezialfußballschuhe anziehst, dann sind deine Fußballtricks der Hammer." […]
„Moment mal. Was ist denn *meine* Stärke?", frage ich. Sie lächelt. „Dein Selbstvertrauen natürlich."
Meine Gedanken driften völlig ab. Wie kann sie etwas sehen, das ich nicht einmal fühlen kann? Und was bringt es, wenn ich selbstbewusst auftrete, es aber gar nicht bin? Ich habe immer gedacht mein Spiegelbild wäre mir egal. […] Ganz egal, wie sehr ich mir einzureden versuche, dass das Fett und die Dehnungsstreifen mir egal sind – sie sind es eben nicht. […] Und dann gibt es noch diese Tage, an denen mir wirklich alles egal ist und ich vollkommen mit meinem Körper zufrieden bin. Wie kann es sein, dass diese Persönlichkeiten beide in mir stecken?

Julie Murphy

3 Beschreibe, wie Millie Willowdean wahrnimmt und finde mögliche Gründe dafür.

4 Erläutere, wie Willowdean sich selbst wahrnimmt. Warum ist für sie Millies Einschätzung eine solche Überraschung?

5 Prüfe, welche Rolle die verschiedenen Seiten ihrer Person für Willowdeans Selbsteinschätzung spielen. Wie hängt ihr Äußeres mit ihrem Inneren zusammen?

M3 Ich sehe was, das du nicht siehst

Das sogenannte „Johari-Fenster" ist ein Modell, das mit Hilfe von „vier Fenstern" die Unterschiede in der Selbst- und Fremdwahrnehmung darstellt.

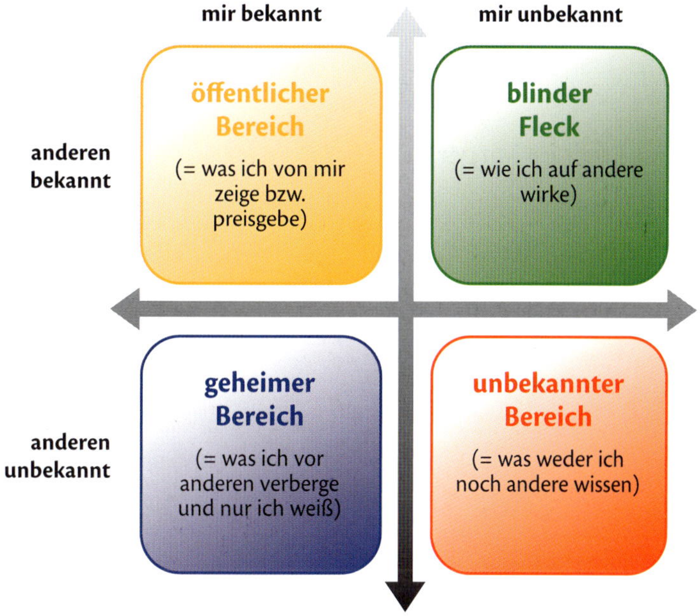

6 Beschreibe das Schaubild.

7 Erkläre mit Hilfe des Johari-Fensters die Unterschiede von Selbst- und Fremdwahrnehmung.
> Kompetenzbox

8 Übertrage das Schema auf ein Blatt und fülle die unterschiedlichen Felder jeweils mit Beispielen.

9 Menschen gehen mit dem Feedback der Umgebung unterschiedlich um. Manchen ist es egal, was andere sagen. Andere möchten sich gänzlich dem anpassen, was die Umwelt von ihnen erwartet. Beurteile, wie wir mit dem Feedback anderer umgehen sollten.

10 Wir bekommen nicht nur Rückmeldungen von anderen. Auch wir geben Menschen ein Feedback. Erkläre, worauf du dabei achten solltest.

11 Prüfe deine Antwort aus Aufgabe 5, indem du das Schaubild einbeziehst.

ANALYSIEREN UND REFLEKTIEREN

So kannst du etwas mit einem Text erklären

- Fasse in einem Satz das Thema des Schaubilds zusammen.
- Notiere die wichtigsten Informationen und Elemente des Schaubilds: Was stellen die vier Fenster jeweils dar?
- Erkläre in einem kurzen Text, wie sich Selbst- und Fremdwahrnehmung nach dem Johari-Fenster unterscheiden (können).

M4 Du und ich

Wo kein Du, ist kein Ich.

Ludwig Feuerbach

12 Deute den Satz des Philosophen Ludwig Feuerbach.

13 Stelle einen Zusammenhang zwischen der Aussage von Feuerbach und dem Johari-Fenster (M3) her.

#Körperkult

M1 Liebe deinen Körper!

Immer öfter werden den vermeintlich „perfekten" Models in Werbung und Medien Bilder von ganz „normalen" Körpern entgegengesetzt. Die Botschaft lautet: „Liebe deinen Körper". Oder auch: „Liebe dich selbst, wie du bist". Denn Körper sind nun einmal ganz verschieden und es gibt hier keine „perfekte" Größe, Farbe oder Form.

1 Beschreibe das Bild und die abgebildeten Personen.
2 Erstelle eine Collage oder ein Plakat für euer Klassenzimmer, mit Antworten auf die Frage, warum die Botschaft „Liebe deinen Körper" wichtig ist.
3 Erläutere, wie es zu einem Schönheitsideal kommen kann, wenn doch jeder Körper ganz verschieden ist.

M2 Körperbild und soziale Medien

Eine Studie aus der Schweiz hat sich mit dem Körperbild von Jugendlichen befasst.

Gutaussehende Influencerinnen und Influencer am Strand, Bilder vom letzten Fitnessworkout, Ernährungs- oder Abnehmtipps: Die sozialen Netzwerke und vermeintliche Schönheitsideale sind kaum zu trennen. Aber inwiefern lassen sich Jugendliche in ihrer eigenen Körperwahrnehmung davon beeinflussen?
Die Gesundheitsförderung Schweiz hat in einer Studie 2015/2016 Jugendliche im Alter zwischen 13 und 16 Jahren zu ihrem Körperbild befragt. Ein wichtiges Ergebnis: „Jugendliche geben deutlich weniger oft an, sich einen anderen Körper zu wünschen, je besser sie sich von den Medienbildern abschirmen können." Junge Männer wären der Befragung zufolge zufriedener mit ihrem Körper, wenn sie muskulöser wären (über 50 Prozent). Entsprechend wird angegeben, Sport (und hier vor allem Krafttraining) zu machen (fast 90 Prozent der männlichen Jugendlichen in der Deutschschweiz). Junge Frauen hingegen geben überwiegend an, abnehmen zu wollen. Fast 60 Prozent der weiblichen Befragten in der Deutschweiz finden sich der Studie zufolge zu dick.

4 Erkläre mit Hilfe der Informationen aus dem Text, wie soziale Medien die Körperwahrnehmung von Jugendlichen beeinflussen. > Kompetenzbox
5 Finde Gründe, warum sich manche Jugendlichen an den Schönheitsvorstellungen aus sozialen Medien orientieren.

ANALYSIEREN UND REFLEKTIEREN

So kannst du etwas mit einem Text erklären

- Fasse in einem Satz die Hauptaussage des Textes zusammen.
- Notiere die wichtigsten Informationen zu den Themen: a) Einfluss der sozialen Medien auf die Körperwahrnehmung und b) Wünsche von Jugendlichen in Hinsicht auf ihre eigenen Körper.
- Erkläre in einem kurzen Text, wie gemäß der Schweizer Studie die Körperwahrnehmung von Jugendlichen und soziale Medien zusammenhängen.

M3 Schön und schlank, fit und jugendlich!

Heutzutage wird ein großer Kult um den eigenen Körper betrieben. Alles soll perfekt sein. Und die Maßstäbe haben sich durch die (sozialen) Medien stark verändert:

Der Körper [wird] an medialen Bildern vermessen, denen er zu gleichen hat: Er soll schön und schlank, fit und jugendlich sein. Dafür muss er bearbeitet werden, notfalls auch leiden. Und immer mehr Mittel sind dabei recht: „Die Schönheitschirurgie ist natürlich so eine technologische Möglichkeit, sich mit dem Körper auseinanderzusetzen, ihn zu perfektionieren. Ein Soziologe namens Erving Goffman nennt das „das beste Selbst herstellen". [...] Es entsteht so ein Kult um das eigene Selbst, das Selbst wird sozusagen zum Heiligtum [...]. Wer heute in einer bundesdeutschen Gesellschaft mit einem ungepflegten Gebiss herumläuft, disqualifiziert sich selbst. [...] Aber man kann das Gedankenspiel weitertreiben. Wenn die kosmetischen Operationen fortschreiten, gentechnologische Manipulationen [Veränderungen] hinzukommen, welche Standards gibt es morgen? Ist man sozialer Außenseiter, wenn man seine Schlupflider nicht operieren, kein Fett absaugen lässt oder bestimmte gentechnologische Tests und Eingriffe bei sich oder seinen Kindern ablehnt?

nach Peter Leusch

6 Fasse zusammen, welche Möglichkeiten im Text genannt werden, den eigenen Körper zu „bearbeiten" bzw. zu perfektionieren. Welche Gründe werden dafür genannt?

7 Die Wörter „Kult" und „Heiligtum" deuten auf eine religiöse Verehrung hin. Finde Gründe für die übersteigerte Bedeutung des Aussehens. Welche Werte verbindest du mit Schönheit und Fitness?

8 Begründe, ob bzw. wo du eine Grenze für die Körperoptimierung ziehen würdest.

9 Führe das Gedankenspiel aus dem Text durch und stell dir eine Welt vor, in der Schönheitsoperationen ein Muss und Veränderungen an den Genen normal sind. Beschreibe diese Welt und die Menschen darin.

M4 Trends

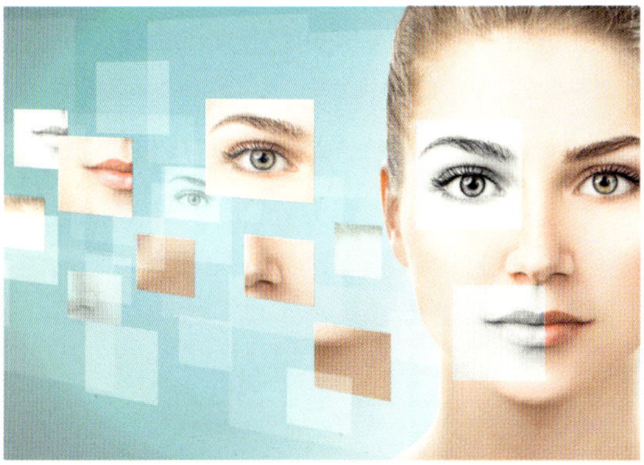

10 Recherchiere Möglichkeiten und Beispiele der digitalen Bildbearbeitung und ihrer Anwendung in den Medien. Stelle deine Ergebnisse vor.

11 Immer wieder zeigen sich Prominente bewusst auch einmal ungeschminkt in den sozialen Medien. Nenne mögliche Gründe, warum sie das machen.

Körper und Seele

M1 Mensch und Roboter

1 Beschreibe das Bild. Welche Gefühle hat der kleine Junge wohl, welche der Roboter?
2 Benenne die wichtigsten Unterschiede zwischen Menschen und Robotern.
3 Haben Roboter eine Seele? Begründe deine Antwort.

M2 Was Kinder über die Seele wissen wollen

Kinder im Alter von etwa zehn Jahren unterhalten sich über die Seele. Dabei werden folgende Fragen gestellt:

a Wie groß ist die Seele? Ist sie größer oder kleiner als der Körper?

b Welche Form hat sie? Hat sie immer dieselbe Form?

c Welche Farbe hat sie, ist sie eher hellblau oder hellgrün?

e Braucht sie den Körper? Kann sie außerhalb des Körpers sein?

d Wo befindet sie sich?

f Kann die Seele fliegen?

4 Warum ist es so schwer, etwas über die Seele zu sagen? Beschreibe das Problem, womit sich die Fragen beschäftigen. > Kompetenzbox
5 Formuliere mögliche Antworten auf die Fragen der Kinder nach der Seele.
6 Formuliere eigene Fragen. Was würdest du gerne über die Seele wissen?
7 Beschreibe, wie sich deiner Meinung nach das Verhältnis von Körper und Seele gestaltet.

ANALYSIEREN UND REFLEKTIEREN

So kannst du ein Problem beschreiben

- Beschreibe jeweils, wie die Kinder darauf gekommen sind, sich diese Fragen zu stellen.
- Nenne andere Dinge, die man sich ähnlich schwer vorstellen kann wie die Seele. Beispiele: *Freiheit, Liebe, …*
- Beschreibe das gemeinsame Problem, mit dem sich die Fragen der Kinder beschäftigen.

M3 Ansichten über die Seele

Ein Pfarrer sagt über die Seele:

Jedes Mal, wenn ich vor einer Urne stehe, wird mir klar, dass diese Handvoll Asche nichts mit dem Wesen gemein hat, von dem man im Leben so viel Liebe empfangen durfte. Im Anblick der Urne wächst in mir die Gewissheit, dass das Eigentliche des Menschen durch kein Feuer vernichtbar, durch keine Umstände zerstörbar ist. Dieses Unzerstörbare, dieses Eigentliche der Person, also das, was uns zu dem macht, der wir sind, nennen wir Seele. *Klaus Hurtz*

Der Philosoph Aristoteles (384-322 v. Chr.) erklärte Folgendes:

Die Seele ist etwas Aktives, das belebend auf den Körper wirkt. Sie besteht aus drei Teilen: Ein Teil ist der Antrieb, den der Mensch mit den Tieren gemeinsam hat wie Hunger und Durst oder Fortpflanzungstrieb. Ein Teil ist die Vernunft des Menschen, der durch sie in der Lage ist, seine Triebe und Leidenschaften zu beherrschen. Und ein Teil befindet sich zwischen Trieb und Vernunft. Er heißt „Mut" und soll die Vernunft dabei unterstützen, die Begierden zurückzudrängen.
Die Seele ist etwas Aktives, das belebend auf den Körper wirkt. Beim Tod des Menschen stirbt auch seine Seele. *nach Aristoteles*

Der Psychologe Dietrich Dörner (*1938) ist überzeugt, dass der Mensch nur eine biologische Maschine ist – und die Seele entsprechend einen „Bauplan" hat, der wie folgt erforscht werden kann:

Die Seele ist ein Regelsystem. Wir gehen [nun] dabei mehr ingenieurtechnisch vor: Wir schauen, was Menschen können und überlegen: Wie muss eine Maschine aussehen, die das auch kann? Dann haben wir einen möglichen Kandidaten für eine Theorie von einem Aspekt des menschlichen Denkens, des Fühlens, des Wollens, oder was auch immer man betrachtet. *Dietrich Dörner*

8 Gib die unterschiedlichen Aussagen zur Seele mit eigenen Worten wieder.

9 Wähle eine Position aus und formuliere mögliche Fragen dazu. Nimm dabei den Standpunkt von jemanden ein, der anderer Ansicht ist (z. B. jemand, der nicht an Gott und die Seele glaubt, stellt dem Pfarrer Fragen).

10 Wähle die Auffassung, die dich am meisten überzeugt, und begründe deine Wahl.

M4 Der Roboter Sophia

Vor Kurzem wurden einem Roboter Bürgerrechte zugesprochen. „Sophia", einem Produkt [einer] Firma [...] aus Hongkong. Sophia wurde Bürgerin von Saudi-Arabien. Der Roboter hat weibliche Gesichtszüge, kann Daten verarbeiten und menschliche Gestik und Mimik imitieren. Außerdem ist der Roboter in der Lage, auf bestimmte Fragen Antworten zu geben und einfache Gespräche über einfache Themen zu führen, zum Beispiel über das Wetter. *Matthias Kalle u. a.*

11 Beurteile, ob es richtig ist, Robotern Bürgerrechte, wie z. B. das Wahlrecht, zuzugestehen.

12 Stelle Vermutungen darüber an, welche Antworten Sophia auf die folgenden Fragen hätte:
a) Haben Sie eine Seele? b) Kann eine Seele technisch hergestellt werden? c) Können Menschen sich in Maschinen verlieben? d) Können sich Maschinen in Menschen verlieben?

Schönheitsideale im Vergleich

M1 Was ist schön?

1 Beschreibe das Schönheitsideal, für das dieses Bild steht, und nimm Stellung dazu.
2 Sammle selbst Bilder zu Schönheitsidealen (eventuell auch in unterschiedlichen Zeiten oder Kulturen) und erstelle eine Collage zum Thema „Was ist schön?".
3 Finde weitere Beispiele für den Umgang mit dem Körper, um ein bestimmtes Schönheitsideal zu erfüllen.

M2 Lernen, was schön ist

Die Psychologin und Schönheitsforscherin Nora Ruck erklärt das menschliche Schönheitsempfinden wie folgt:

„Das Wissen darüber, was schön ist, lernt man so wie man alle anderen Normen auch lernt." Jeder beobachte die Menschen um sich herum, werde für bestimmte Verhaltensweisen kritisiert oder gelobt und lerne so nach und nach, was „schön" ist. Menschen lernten voneinander und sozialisierten sich gegenseitig. Dabei seien Gleichaltrige besonders wichtig, betont die Psychologin. Aber auch Medien spielen eine wichtige Rolle beim Schönheitsempfinden.

Annika Erbach

4 Formuliere „Schönheits-Normen" (Verhaltensregeln), die für unsere Gesellschaft typisch sind. Beispiel: *Du sollst deinen Körper trainieren, damit du sportlich aussiehst.*
5 Die Psychologin sagt, dass die Meinung von Gleichaltrigen zum Thema Aussehen besonders wichtig sei. Finde Beispiele aus deinem Alltag, die diese Aussage bestätigen – oder aber entkräften.
6 Stelle in einem Kreisdiagramm dar, woran du dich bei deinem Urteil über Schönheit orientierst (z. B. bei Kleidung, Körperschmuck, Figur ...). Zu welchem Anteil zählt dabei z. B. die Meinung deiner Freunde und Freundinnen, Eltern oder Medien?

M3 Unterschiedliche Schönheitsideale

Jede Epoche der Menschheit hat ihr ganz spezielles Schönheitsideal geschaffen. Die Skala reicht von der üppigen Fruchtbarkeitsgöttin mit den Riesenbrüsten über die blassen, großäugigen Jungfern des Mittelalters und üppigen Barockschönen mit den Superbusen bis zum magersüchtigen Model von heute. In keinem Zeitabschnitt entsprach dieses Schönheitsideal jedoch dem üblichen Aussehen einer Frau, die in dieser Epoche aufwuchs und lebte. So musste die Jungfer von nebenan im Mittelalter auf dem Feld schuften, solange das Tageslicht dafür ausreichte. Sie konnte gar nicht so modisch blass sein, wie es das Wunschbild vorschrieb. [...] In Paris, der Stadt der Mode und Schönheit, schufteten junge Mädchen [früher] in erster Linie als Näherinnen, Lastenträgerinnen und Wäscherinnen, und ihre mageren, dünnen Körper erzählten von Armut und Not. Mädchen von heute dagegen riskieren die eigene Gesundheit, damit sie genau jenen idealen Hunger-Look verkörpern, den man damals peinlich, arm und sehr hässlich fand. [...] Gnadenlos schön wollten auch die französischen Edeldamen des 18. Jahrhunderts sein. Nicht nur, dass ihr Körper mit Hilfe von Stahlrippen im Korsett zusammengeschnürt wurde, sie trugen auch noch eine Planchette. Das war ein dreieckiges Metallstück, das den Bauch abflachte und den Busen gewaltsam hochdrückte. Im Verein mit der Turmfrisur, die jede Menge falsches Haar erforderte, schleppte Miss Rokoko für ihre Schönheit den Ballast eines vollen Mineralwasser-Kastens mit sich herum. Dabei konnte sie wegen des engen Mieders nicht einmal richtig durchatmen.

Gaby Schuster

7 Fasse die wichtigsten Informationen aus dem Text zusammen. > Kompetenzbox

8 Erkläre, warum nur die Edeldamen im Rokoko Korsett getragen haben.

9 Nenne Beispiele dafür, wie sich auch bei Männern im Laufe der Geschichte die Schönheitsideale gewandelt haben.

10 Erörtere die Frage, ob sich über Schönheit streiten lässt.

ANALYSIEREN UND REFLEKTIEREN

So kannst du einen Text zusammenfassen

- Unterteile den Text in Sinneinheiten (Absätze).
- Formuliere zu deinen Absätzen eigene Überschriften, die beschreiben, worum es geht.
- Schreibe unter jede Überschrift einige wenige besonders wichtige Wörter aus dem Absatz heraus (die Schlüsselwörter).
- Gib dann mit Hilfe der notierten Wörter wieder, was in jedem Abschnitt wichtig ist.
- Stell dir dabei vor, du müsstest einer Freundin, die den Text nicht kennt, genau erklären, was im Text steht.

M4 Über Ideale

[D]as Wörtchen „ideal" [sagt bereits], dass die allerwenigsten von uns diesem Anspruch gerecht werden können. Ideal heißt „den höchsten Vorstellungen entsprechend", „von einer Art, wie es besser nicht mehr sein kann".

Gaby Schuster

11 Erkläre mit Hilfe des Textes, warum ein „Ideal" kaum erreichbar ist.

12 Stelle das heutige Schönheitsideal für Frauen (und Männer) mit Hilfe von Bildern dar.

13 Nenne mögliche Beispiele, wie Medien das heutige Schönheitsideal beeinflussen.

Zeig, was du kannst!

Das Wichtigste in Kürze

Aussehen – Selbst- und Fremdwahrnehmung – Körperkult – Schönheitsideal – Normen – Selbstoptimierung – Schönheitsoperationen – Körper und Seele

Über Schönheit und den Kult um die eigene Person

In unserer Gesellschaft ist den meisten Menschen ihr Aussehen sehr wichtig. Dabei orientieren sie sich oftmals an Bildern aus den Medien, die jedoch in der Regel sehr unrealistische Körperideale zeigen. Die Folge ist, dass viele mit ihrem Aussehen unzufrieden sind, nicht zuletzt Jugendliche. Auch das Geschäft mit der Schönheit wächst. Die Mittel zur Körperoptimierung reichen dabei vom Fitnesstraining und Schminke bis zur Schönheitschirurgie. Expertinnen und Experten sprechen auch von einem regelrechten Kult um das eigene Selbst und das Aussehen. Was konkret als schön gilt, wird erlernt und vermittelt – nicht nur durch die Medien, sondern u.a. auch durch das persönliche Umfeld und gesellschaftliche Normen. Schönheitsideale haben sich dabei immer wieder verändert – und auch in den verschiedenen Kulturen heutzutage gibt es Unterschiede. Entscheidend ist es letztlich, ein eigenes positives Körperbild zu entwickeln und sich nicht von der Einschätzung anderer abhängig zu machen. Der Körper eines Menschen ist vergänglich. Manche Philosophinnen und Philosophen würden deshalb sagen, man solle sich besser um seine Seele sorgen.

Kompetenz-Check

M Positives Körperbild

Ein positives Körperbild bedeutet: Die Person fühlt sich in ihrem Körper wohl und ist mit ihrem Körper zufrieden, unabhängig von Gewicht, Körperform oder Unvollkommenheiten. Sie kümmert sich um die eigenen Körperbedürfnisse. Dank ihres guten Selbstwertgefühls lehnt sie unrealistische Körperideale ab, wie sie beispielsweise oft in den Medien dargestellt werden. [...] Unser Körperbild ist nicht in Stein gemeißelt und wird nicht durch uns alleine geformt; es wird von unserer Umgebung mitbeeinflusst und kann sich entsprechend verändern. Wir können unser Körperbild verbessern, indem wir uns nicht von Zeitschriften oder Onlinemedien vorschreiben lassen, wie ein idealer Körper aussehen soll. Wir entscheiden selber, wie wir unseren Körper sehen und was wir in Bezug auf ihn empfinden und denken. [...] Menschen mit einem positiven Körperbild verfügen über ein positiveres Selbstwertgefühl, mehr Selbstakzeptanz und eine gesundere Einstellung zu Lebensmitteln, Essen und Bewegung.

Gesundheitsförderung Schweiz (Hg.)

ANALYSIEREN UND REFLEKTIEREN

1 Erläutere mögliche Unterschiede in der Selbst- und Fremdwahrnehmung, z.B. anhand des Johari-Fensters.

2 Stelle zwei unterschiedliche Positionen zum Verhältnis von Körper und Seele dar.

3 Erkläre mit Hilfe des Textes, was ein gutes Körperbild ausmacht.

4 Beschreibe das Problem, das sich ergibt, wenn Menschen sich an unrealistischen Körperidealen orientieren.

Werkstatt

Eine Wandzeitung zum Körperkult in den Medien

In den Medien – und dies beginnt bereits in den sozialen Netzwerken – werden Bilder ganz bewusst eingesetzt, um bestimmte Wirkungen zu erzielen. Bei den Themen „Schönheit" und „Aussehen" geht es dabei meist um Perfektion. Da aber in der Regel kein Körper perfekt ist, werden sie eben – z. B. mit Hilfe entsprechender Programme – auf den Bildern perfekt gemacht. Diesen Tricks und Verfälschungen spürst du für deine Wandzeitung nach.

Informationen und Materialien sammeln

Recherchiere Informationen und Materialien zu dem Thema, z. B. im Internet, in Zeitungen und Zeitschriften oder auch Büchern und kopiere sie oder drucke sie dir aus. Achte besonders auf aussagekräftige Bilder (Vorher-Nachher-Bilder) und Beispiele. Vergiss nicht, die Quellen zu allen deinen Materialien und Informationen zu notieren.

Materialien auswerten und aufbereiten

Wähle die Bilder und Materialien aus, die du am geeignetsten hältst, um das Thema zu veranschaulichen. Achte darauf, dass die Bilder nicht zu klein sind. Prüfe auch die Informationen: Sind sie vollständig, fehlt noch ein Aspekt? Wird alles gut erklärt? Ergänze gegebenenfalls noch die fehlenden Gesichtspunkte durch Nachrecherche. Ordne die Informationen und Materialien nach Themenblöcken, fasse sie in kurzen Texten zusammen und formuliere passende Titel. Fachbegriffe solltest du erklären und die Texte verständlich formulieren. Möglicherweise ist es auch sinnvoll, Informationen als Schaubilder aufzubereiten.

Wandzeitung gestalten

Nun geht es an die Gestaltung. Beginne mit einer großen Überschrift zum Thema deiner Wandzeitung (z. B. oben in der Mitte). Ordne dann die weiteren Texte und Bilder an. Achte auf Übersichtlichkeit, d. h. ordne Texte und Bilder in Blöcken sinnvoll und optisch anschaulich an. Ein „Eycatcher" im Zentrum macht sich ebenfalls gut. Du kannst auch jederzeit unterschiedliche Anordnungen, Schrift- bzw. Bildgrößen und auch Farben ausprobieren, bevor du dich festlegst.
Gib in einer Ecke der Wandzeitung oder direkt bei den Materialien auch immer die Quellen an.

Worauf es ankommt

- ☑ Informationen sammeln und ordnen
- ☑ aussagekräftige Bilder verwenden
- ☑ Texte und Überschriften formulieren
- ☑ Materialien übersichtlich und sinnvoll anordnen
- ☑ Quellen notieren

Wie macht sich das Gewissen bemerkbar?

Müssen wir ein schlechtes Gewissen haben?

Woher kommt das Gewissen?

Ist der Mensch von Geburt an schlecht?

Warum fühlen wir uns zum Bösen hingezogen?

Gewissen und Verantwortung

> Dem Gewissen folgen

WERKSTATT

Der Gewissens-TÜV für Erwachsene – eine Umfrage

Erwachsene sagen dir so oft, was richtig und falsch ist. Jetzt erhältst du die Gelegenheit, in einer Umfrage zu prüfen, wie gut sie eigentlich über Richtig und Falsch, über Gut und Böse sowie das Gewissen Bescheid wissen.

Erstelle einen Fragebogen zu den Themen dieses Kapitels. Formuliere in deinem Team zu jeder Doppelseite mindestens zwei Fragen. Es gibt auch hilfreiche Apps zur Gestaltung von Umfragen. Wenn du die Möglichkeit hast, kannst du also auch eine Online-Umfrage starten. Führe die Umfrage durch und werte die Fragebögen aus. Präsentiere deine Ergebnisse in der Lerngruppe.

Das Gewissen spüren

M1 Rücksichtslos

Zerstörungswut in Form von Vandalismus gibt es an vielen Schulen. Der Begriff stammt von der Volksgruppe der Vandalen. Während der Spätantike soll sie plündernd und mordend durch Europa gezogen sein.

1 Beschreibe, welche Gefühle das Bild bei dir auslöst.

2 Vandalismus hat viele Gesichter. Nenne Beispiele.

M2 Moralische Gefühle

Gefühle	Situationen
1 Stolz oder Zufriedenheit,	a wenn andere unfair behandelt werden.
2 Mitgefühl oder Mitleid,	b wenn andere sich unfair verhalten.
3 Schuld oder Scham,	c wenn andere Hilfe leisten.
4 Achtung oder Bewunderung,	d wenn ich mich selbst unfair verhalte.
5 Empörung oder Ärger,	e wenn ich selbst Hilfe geleistet habe.

3 Verbinde die Gefühle sinnvoll mit den Situationen (mehrere Kombinationen sind möglich). Formuliere dazu Sätze nach dem Muster: ... *empfinde ich, wenn ...*

4 Veranschauliche zwei deiner Sätze an eigenen Erlebnissen, z. B. an deinen Erfahrungen mit Vandalismus.

5 Die genannten Gefühle bezeichnet man als „moralische Gefühle". Erläutere, was sie von anderen Gefühlen unterscheidet (wie z. B. Hunger, Heimweh oder Lampenfieber).

6 Stelle Vermutungen darüber an, wie wichtig solche Gefühle für dein Gewissen sind.

M3 Gefühle und Gewissen

Camilla, Sebastian, Gloria und Alvaro sind Jugendliche aus Chile, die viel miteinander diskutieren. Wenn sie einmal nicht weiterwissen, besuchen sie Herrn Ibarra, der in der Bibliothek ihrer Stadt arbeitet und oft Rat weiß.

„Aber was ist nun mit den Menschen, die keine Schuldgefühle entwickeln, obwohl sie wirklich Grund dazu hätten?", fragte jetzt Camilla. „Zum Beispiel kenne ich Leute, die alles Mögliche versprechen, es aber mit der größten Selbstverständlichkeit nicht halten und wohl auch nicht die geringste Spur von Reue an den Tag legen." „Da hast du Recht", sagte Herr Ibarra. „Auch ich kenne solche Leute. Aber eben weil sie kein Schamgefühl haben, nennt man sie ‚scham-los' oder ‚un-verschämt', und man will nichts mit ihnen zu tun haben. Aber sonst reagieren wir, wenn unser Anstandsgefühl normal entwickelt ist, doch alle mit dem gleichen Gefühl der Empörung, wenn jemand unmoralisch handelt. Und wenn wir selbst so handeln, reagieren wir mit Scham und Schuldgefühlen, so ist es doch – oder?" [...] „Aber wenn mir nun einmal dieses ganze Moralgerede schnurzegal wäre?", meinte Sebastian.

nach Ernst Tugendhat/Celso López/Ana María Vicuña

7 Zwar kommt im Text das Wort „Gewissen" nicht vor. Trotzdem wird etwas darüber gesagt. Arbeite heraus, wie Gefühle und Gewissen nach Ansicht von Herrn Ibarra zusammenhängen.

8 Stell dir vor: Ein paar Freunde möchten nachts mit dir zusammen die Tischtennisplatten auf eurem Schulhof umwerfen und zerstören. Was heißt es, in dieser Situation richtig zu handeln? Vergleiche verschiedene Vorstellungen. > Kompetenzbox

9 Beurteile, ob dein Gewissen in dieser Situation (Aufgabe 8) nur richtig funktioniert, wenn du moralische Gefühle wie Schuld oder Empörung empfindest.

10 Beschreibe, wie ein Mensch, dem Moral „schnurzegal" ist, in der Situation (Aufgabe 8) reagieren würde.

ARGUMENTIEREN UND URTEILEN

So kannst du Vorstellungen vom richtigen Handeln vergleichen

- Formuliere Kriterien für richtiges Handeln. Beispiele: *Ich muss immer zu meinen Freunden halten. – Zerstörungswut ist unfair. – ...*
- Wähle zwei bis drei Lösungsvorschläge aus und finde Argumente für und gegen die einzelnen Möglichkeiten.
- Entscheide dich für den Vorschlag, den du richtig findest. Formuliere z. B. so: *Mich hat das Argument ... am meisten überzeugt. Deshalb finde ich den Vorschlag ... richtig.*

M4 Vandalismus verstehen

Wer Vandalismus bloß als „sinnlose Zerstörung" bezeichnet, der kommt keinen Schritt weiter. Er äußert zwar seine berechtigte Entrüstung, eine Erklärung für die Beschädigungen hat er aber nicht. [...] Schließlich hat jede Form von Vandalismus einen Sinn – für die Täter. Für Außenstehende ist dieser Sinn meist nicht zu erkennen. Versetzt man sich jedoch in die Psyche der Täter, so erkennt man die Motive hinter dem zerstörerischen Handeln und kann gegensteuern.

nach Günter Hoegg

11 Erkläre, warum es so wichtig ist, die Motive der Täterinnen und Täter zu kennen.

12 Finde einen Sinn für Vandalismus-Aktionen wie das Umwerfen von Tischtennisplatten. Warum tun Jugendliche das?

13 Entwickle Ideen, was man gegen Vandalismus an deiner Schule tun kann.

Das Gewissen als innere Stimme

M1 Mein Gewissen ist wie ...

Bettina Kumpe

1 Beschreibe mit Hilfe eines der Gegenstände das Gewissen.
2 Wähle den Gegenstand aus, der das Gewissen deiner Meinung nach am besten beschreibt. Begründe deine Wahl.
3 Ergänze einen weiteren Gegenstand, der für das Gewissen stehen kann.

M2 Das Gewissen ist im Weg

In Erich Kästners Buch „Emil und die Detektive" wird der Junge Emil von einem Mann auf einer Zugfahrt bestohlen. Nun ergibt sich die Gelegenheit, das Geld wiederzubekommen. Die Kinder, darunter eines mit dem Spitznamen „Professor", diskutieren.

„Du kriegst die Motten!", sagte Traugott empört. „Wir werden ganz einfach die Gelegenheit abpassen und ihm das Geld, das er geklaut hat, wieder klauen!"
„Quatsch!" erklärte der Professor. „Wenn wir ihm das Geld klauen, sind wir ganz genau solche Diebe, wie er selber einer ist!"
„Werde bloß nicht drollig!", rief Traugott. „Wenn mir jemand was stiehlt und ich stehl's ihm wieder, bin ich doch kein Dieb!"
„Doch, dann bist du ein Dieb", behauptete der Professor.

Erich Kästner

4 Beschreibe einen möglichen Plan, wie Emil und seine Freundinnen und Freunde das Geld dem Dieb zurückstehlen könnten. Welche Eigenschaften und Fähigkeiten müssten sie haben und wie müssten sie sich verhalten?
5 Wird man auch zu einem Dieb, wenn man das gestohlene Geld vom Dieb (zurück)stiehlt? Vergleiche die Ansicht des Professors mit der von Traugott. > Kompetenzbox
6 Formuliere eine mögliche Entscheidung, die Emil in dieser Situation treffen könnte.

ARGUMENTIEREN UND URTEILEN

So kannst du Vorstellungen vom richtigen Handeln vergleichen

- Formuliere, was Traugott und was der Professor jeweils unter einem Dieb verstehen.
- Formuliere die Ähnlichkeiten und bestimme den Unterschied, der an der Bewertung als „Dieb" deutlich wird.
- Finde Argumente für die jeweilige Ansicht. Beschreibe, welches Verhalten sie fordern, damit man kein „Dieb" ist.
- Entscheide dich für die Ansicht, die dich eher überzeugt. Formuliere z. B. so: *Mich hat das Argument … am meisten überzeugt. Deshalb finde ich den Vorschlag … richtig.*

M3 Das Gewissen beurteilt

Vergangenheit	*Gegenwart*	*Zukunft*
In der Rückschau fragen wir, ob das, was wir getan haben, richtig war.	In einer Situation überlegen wir, was wir jetzt tun sollen.	In deiner Vorausschau wägen wir die Folgen ab, für das, was wir tun wollen.

a Meine Eltern haben mir Geld für die Reparatur meiner Schultasche gegeben. Ich gehe stattdessen zum Laden, um das T-Shirt zu kaufen, das ich schon lange haben will.

b Ich bemerke im Bus, dass ich vergessen habe, mir eine Fahrkarte zu kaufen. Jetzt bin ich aber fast schon an meiner Haltestelle und ich denke, das wird schon gut gehen!

c Aus Wut habe ich meine beste Freundin beleidigt. Jetzt tut es mir leid.

d An einem Sitzplatz in der Klasse habe ich 10 Euro gefunden – kann ich die behalten?

7 Ordne die Beispiele a bis d einer der Zeitformen des Gewissens zu. Begründe deine Zuordnung.

8 Gib für jede Zeitform jeweils ein eigenes Beispiel.

9 Nenne ein Beispiel, in dem zwei verschiedene Zeitformen zugleich eine Rolle spielen.

M4 Menschen ohne Gewissen?

Auf der Grundlage wissenschaftlicher Untersuchungen behauptet die Therapeutin Martha Stout, dass es Menschen ohne Gewissen gibt.

Nach Martha Stout gibt es erstaunlich viele Menschen ohne Gewissen. Von 25 Personen sei es im Durchschnitt eine. Diese Menschen müssten nicht bösartig oder besonders auffällig sein. Dennoch werden sie, ohne Schuldgefühle zu haben, andere Menschen für ihre Zwecke ausnutzen. Opfer solcher Beziehungen geraten oft in seelische und finanzielle Not. Martha Stout formuliert 13 Regeln für den Umgang mit solchen Menschen ohne Gewissen. Die erste Regel lautet, „dass man es akzeptieren muss, dass einige Menschen buchstäblich kein Gewissen haben."

10 Beschreibe mögliche Notlagen, in die Opfer eines solchen Menschen geraten können.

11 Gib die erste Regel in eigenen Worten wieder und erkläre, weshalb sie wichtig ist.

12 Formuliere mögliche weitere Regeln.

13 Beurteile, ob es Menschen ohne Gewissen geben kann.

Dem schlechten Gewissen auf der Spur

M1 Was für eine Blamage!

1 Scham ist ein moralisches Gefühl. Erkläre, wann wir es empfinden und wie es sich zeigt.

2 Finde weitere moralische Gefühle, die wir in peinlichen Situationen empfinden.

3 Das englische Wort „blame“ bedeutet auf Deutsch „ jemanden beschuldigen“ oder „etwas vorwerfen“. Erkläre das Wortspiel auf dem Bild. Bringe die beiden Begriffe in einen sinnvollen Zusammenhang.

M2 Du solltest dich schämen! Soll ich das?

a Schuldgefühle oder „Gewissensbisse“ stellen sich ein, wenn wir gegen unser Gewissen gehandelt haben. Auch wenn wir uns damit nicht besonders gut fühlen, Schuldgefühle haben durchaus ihren Sinn. Sie zwingen dazu, sich mit dem, was wir getan haben, kritisch auseinanderzusetzen. Zudem halten uns Schuldgefühle dazu an, die eigenen Werte noch einmal zu überdenken. Und sie lassen uns erahnen, wie andere Menschen das Geschehene vielleicht beurteilen werden, und geben uns damit Gelegenheit zu Reue und Wiedergutmachung. *Psychologische Erklärung*

b Jeder kennt Schuldgefühle und fast jeder hat sie. Man kommt nur schwer gegen sie an. Sie können unser Leben zur Hölle machen und uns den inneren Frieden rauben. Sie machen uns manipulierbar und gefügig bis hin zur völligen Selbstaufgabe. Mit quälenden Gedanken wie „Hätte ich doch nur ...“, „Wie konnte ich nur ...“, „Ich hätte ... sollen“ zermürben und lähmen wir uns.

Klappentext zu einem Buch der Psychologin Doris Wolf

4 Notiere drei positive und drei negative Folgen von Schuldgefühlen.

5 Überprüfe, welche der beiden Positionen dich eher überzeugt. Sind Schuldgefühle hilfreich oder schädlich für die Entwicklung der Persönlichkeit eines Menschen? > Kompetenzbox

ARGUMENTIEREN UND URTEILEN

So kannst du verschiedene Standpunkte überprüfen

- Stelle die Standpunkte dar. Benutze hierbei die Ergebnisse aus Aufgabe 4.
- Jeder Standpunkt beschreibt das Verhalten der Menschen anders. Bewerte die Standpunkte anhand der Frage, wie wichtig Schuldgefühle für die Entwicklung der Persönlichkeit eines Menschen sind.
- Formuliere deine eigene Position und begründe sie in ein bis zwei Sätzen.

M3 Unterschiedliche Sitten – unterschiedliches Gewissen

Warum man ein schlechtes Gewissen bekommt, kann bei Menschen auf der ganzen Welt ganz unterschiedlich sein. Es kommt auch darauf an, wo und mit wem man aufgewachsen ist. In manchen Ländern Afrikas ist es zum Beispiel kein Problem, wenn man sich verspätet. In Deutschland dagegen haben wir ein schlechtes Gewissen, wenn wir einen Freund bei einer Verabredung lange warten lassen. Die Menschen in China haben kein schlechtes Gewissen, wenn sie oft Reste auf ihrem Teller liegen lassen. Im Gegenteil, dort gilt es als höflich, etwas übrig zu lassen und so zu signalisieren, dass man satt ist. Die meisten Menschen in Deutschland haben aber kein gutes Gefühl dabei, Essen wegzuwerfen.

Ein schlechtes Gewissen ist ein doofes Gefühl das keiner wirklich gebrauchen kann. Aber wie können wir es wieder loswerden? Zuerst ist es wichtig, dass man seinen Fehler erkennt und versucht, ihn wieder gut zu machen. Oft ist das aber leider nicht möglich und alles was man tun kann, ist, sich zu entschuldigen. Dabei kommt es vor allem darauf an, dass man die Entschuldigung ernst meint und seinen Fehler eingesteht.

www.zdf.de

6 Ob und wann Menschen ein schlechtes Gewissen empfinden, ist sehr unterschiedlich. Erkläre mit Hilfe des Textes, warum das so ist.

7 Die Vorstellung darüber, was richtig oder falsch ist, verändert sich auch innerhalb einer Gesellschaft. Wofür man sich vor 50 Jahren noch schämen sollte (etwa ein heimlicher Kuss), kann heute selbstverständlich sein. Finde weitere solche Beispiele.

8 Finde zu den Aussagen des Textes Gegenbeispiele. Gibt es Situationen, in denen alle Menschen ein schlechtes Gewissen bekommen, unabhängig von Alter und kultureller Herkunft?

M4 Vorsicht, emotionale Erpressung!

Manchmal wird einem ein schlechtes Gewissen eingeredet, damit man das macht, was andere wollen.

① Was habe ich alles schon für dich getan, und du …"

② „Wenn du mich wirklich lieben würdest, dann …

③ „Alle sind sich einig, dass …, nur du …"

9 Ergänze die Sätze passend und finde weitere typische Sätze, mit denen jemandem ein schlechtes Gewissen eingeredet werden kann.

10 Veranschauliche den Zusammenhang zwischen schlechtem Gewissen und emotionaler Erpressung.

Ist der Mensch gut oder böse?

M1 Ist der Mensch käuflich?

Jeder Mensch ist käuflich – es kommt nur auf den Preis an.

Was zu keinem Preis verkauft werden kann, ist die Würde.

nach Immanuel Kant

1. Erkläre, wie das Bild und die zwei Aussagen zusammenpassen.
2. Nenne Beispiele, in denen sich Menschen bestechen lassen und andere, in denen sie sich weigern, gegen ihre Überzeugung zu handeln.
3. Welche der beiden Aussagen trifft zu? Begründe deine Antwort.

M2 Zum Verbrecher geboren?

Inzwischen wird die Ansicht abgelehnt, dass Menschen schon vor ihrer Geburt dazu bestimmt sind, Verbrecherinnen und Verbrecher zu werden. Zu Beginn der wissenschaftlichen Forschung ging man aber noch davon aus.

Der Anfang der Kriminologie, die Lehre von den Ursachen der Kriminalität, ist mit dem italienischen Arzt Cesare Lombroso (1835–1909) verbunden [...]. Lombroso glaubte, den typischen Verbrecher von Geburt an aufgrund von Äußerlichkeiten feststellen zu können. [...]

In der Bevölkerung sind derartige Ansichten jedoch nach wie vor weit verbreitet: Den Glauben, dass der Sohn des Totschlägers wieder gewalttätig wird, gibt es noch immer. Das Sprichwort „Der Apfel fällt nicht weit vom Stamm" drückt diese Ansicht aus. Verbrecher werden vielfach in Comics und einigen Kinderbüchern mit fliehender Stirn, Hakennase und zusammengekniffenen Augenbrauen dargestellt, um so ihre angebliche böse Natur zu verdeutlichen. *Heribert Ostendorf*

4. Erkläre mit Hilfe des Textes die Bedeutung der Überschrift.
5. Finde mögliche Ursachen dafür, warum Menschen zu Verbrecherinnen oder Verbrechern werden. Welche Rolle können Erziehung, Umfeld, Medien spielen?
6. Deute das Sprichwort „Der Apfel fällt nicht weit vom Stamm" anhand von Beispielen aus deinem Alltag. Beurteile, eventuell auch anhand deiner Ergebnisse aus Aufgabe 5, inwieweit es zutrifft.
7. Immer wieder wird gesagt: „Es ist gefährlich, anzunehmen, dass man einem Menschen ansieht, ob er ein Verbrecher ist." Erkläre, was daran gefährlich ist.

M3 Das Böse im Menschen

Ist der Mensch von Natur aus böse? Hierzu haben Philosophinnen und Philosophen sowie Wissenschaftlerinnen und Wissenschaftler ganz unterschiedliche Standpunkte. Drei Beispiele:

***Arthur Schopenhauer, Philosoph* (1788–1860):**

Ja – der Mensch gesteht es sich nicht ein, aber es ist so. Alles was er tut, geschieht, weil er es so tun muss. Alles in ihm ist darauf angelegt, dass er sich in der Welt durchsetzt. Die Bosheit hat sich als einer der mächtigsten Antriebe gezeigt. Das Gute, das der Mensch trotz alldem immer wieder tut, ist oftmals nur scheinbar gut. In Wirklichkeit dient es seinen Zwecken.

***Jean-Jacques Rousseau, Philosoph* (1712–1778):**

Nein – der Mensch ist von Natur aus gut, er wird aber durch die Gesellschaft verdorben. Der Mensch wäre ohne diesen Einfluss mit sich und seiner Welt zufrieden. Erst der Konkurrenzkampf und die Möglichkeit, Reichtum anzuhäufen, verdirbt seine im Grunde gute Natur.

***Sigmund Freud, Mediziner und Begründer der Psychoanalyse* (1856–1939):**

Ja und nein – der Mensch wird von zwei gegensätzlichen Trieben bestimmt, dem Liebes- und dem Zerstörungstrieb. Der Liebestrieb führt ihn mit anderen Menschen zusammen, der Zerstörungstrieb lässt ihn grausam handeln. Von diesen Trieben weiß der Mensch nichts, er wird aber dennoch von ihnen bestimmt. So gesehen ist der Mensch weder gut noch schlecht.

8 Wähle aus jedem Text einen Satz aus, der die Kernaussage enthält.

9 Stell dir vor, jemand findet eine Geldbörse mit viel Geld. Was macht er laut Schopenhauer, Rousseau und Freud? Überprüfe an dem Beispiel die drei Standpunkte. > Kompetenzbox

10 Formuliere deine eigene Sicht zu der Frage, ob der Mensch böse ist.

ARGUMENTIEREN UND URTEILEN

So kannst du verschiedene Standpunkte überprüfen

- Stelle die Standpunkte dar. Benutze hierbei die Ergebnisse aus Aufgabe 8.
- Jeder Standpunkt beschreibt die Menschen und ihre Handlungen anders. Bewerte die Standpunkte anhand der Frage, wie die meisten Menschen danach mit der Brieftasche umgehen würden.
- Formuliere deine eigene Position und begründe sie in ein bis zwei Sätzen.

M4 Zur Hölle gehen

Der Weg zur Hölle ist mit guten Vorsätzen gepflastert, nicht mit schlechten.

Sprichwort

11 Erkläre das Sprichwort am Verhalten eines Menschen.

12 Suche nach weiteren Sprichwörtern zum Thema „Hölle“. Stelle das Sprichwort vor, das dir am besten gefällt und begründe deine Wahl.

Faszination und Schrecken des Bösen

M1 Der Teufel als Symbol des Bösen

Die Wörter „Teufel“ und „Iblis“ stammen aus dem Altgriechischen: Diábolos bedeutet wörtlich „Durcheinanderwerfer“ im Sinne von „Verwirrer, Faktenverdreher, Verleumder“.

1 Beschreibe die Figur und stelle Vermutungen darüber an, welche Charaktereigenschaften der Künstler zum Ausdruck bringen wollte.
2 Finde Alltagsbeispiele, die die Bezeichnungen des Bösen begründen. Beispiel: *Der Teufel ist ein Durcheinanderwerfer, weil …*
3 Beschreibe, welche Gefühle das Böse in Menschen wecken kann. Beispiele: *Abscheu, Neugier, …*

M2 Das Böse abwehren

In vielen Religionen und Kulturen wird versucht, das Böse fernzuhalten, es abzuwehren oder zu vertreiben.

Muslimische Pilger steinigen symbolisch den Teufel.

Der Legende nach soll Martin Luther, der große Reformator, mit einem Tintenfass geworfen haben, um den Teufel zu verscheuchen.

4 Stelle Vermutungen an, was die Pilger und Luther gerufen haben könnten, während sie nach dem Teufel geworfen haben. Formuliere drei solche Rufe.

5 Menschen versuchen sich auf unterschiedliche Weise vor dem Teufel zu schützen. Notiere solche religiösen oder weltlichen Rituale und Gebräuche.

M3 Teuflische Verführer und gefährliche Schönheiten

Die Vorstellung des Bösen ist über Kulturen und Religionen hinweg bis heute allgegenwärtig. Auch in Filmen, Comics und Computerspielen zieht das Böse Menschen in seinen Bann.

Menschen können sich zum Bösen hingezogen fühlen. Für diese Anziehung steht das Bild des dämonischen Verführers oder des verführerischen Dämons. Dieses trägt oft menschliche Züge […]. Verführung bedeutet dabei mehr als Erotik, vielmehr geht es um Macht, Wissen und Geld. Häufig sind die Bilder eine Warnung: „Vorsicht! Es mag verlockend erscheinen, aber es könnte deinen Untergang bedeuten!" Es gibt zahlreiche Geschichten, in denen böse Kräfte den Helden vom guten Weg abzubringen versuchen, ob bei Jesus oder Buddha […]. Ursprünglich war der Teufel weit davon entfernt, anziehend zu wirken. Erst vor einigen Jahrhunderten wandelte er sich in eine Art charmanten und attraktiven Bösewicht.

Überseemuseum Bremen (Hg.)

6 Beschreibe die Bedeutung des Wortes „verführen" und finde Beispiele dafür.

7 Schreibe eine kurze (lustige) Geschichte, in der sich dein Held oder deine Heldin durch böse Kräfte verführen lässt. Beachte bei der Handlung deiner Erzählung deine Ergebnisse aus Aufgabe 6.

8 In vielen Geschichten wird davor gewarnt, sich durch böse Kräfte vom guten Weg abbringen zu lassen. Erläutere, warum die Menschen sich dennoch oft zum Bösen hingezogen fühlen. > Kompetenzbox

ARGUMENTIEREN UND URTEILEN

So kannst du Argumente gewichten

- Beschreibe, welche Folgen es hat, wenn Menschen dem Bösen folgen.
- Sammle mit Hilfe des Textes Argumente dafür, warum Menschen sich oft dennoch vom guten Weg (vom richtigen Handeln) abbringen lassen.
- Wähle die wichtigsten drei Argumente aus und begründe deine Meinung.

M4 Teufelszeug – Warenwelt und Werbung

Ob Pizza Divaolo oder Fleckenteufel: Mit dem Teufel wird fleißig geworben. Lebensmittel schmecken höllisch oder teuflisch (scharf/würzig) oder werden als kleine Sünde bezeichnet (Schokolade).

9 Die Werbung will durch das Image eines Produktes die Kundinnen und Kunden unbedingt zum Kaufen anregen. Finde Merkmale des Teuflischen, die hier als positive Eigenschaften eingesetzt werden. Nenne mögliche Gründe, warum das Böse so gut ankommt.

10 Auch in der Literatur, im Film und in Computerspielen wimmelt es von Schurken und Horrorgestalten. Recherchiere berühmte Bösewichte und begründe deren großen Erfolg.

Zeig, was du kannst!

Das Wichtigste in Kürze

Zeitformen des Gewissens – moralische Gefühle – verführt werden – ohne Gewissen – das Böse – Vandalismus – käuflich sein – Teufel – schlechtes Gewissen einreden

Über das Gewissen

Unter dem Gewissen versteht man die Fähigkeit, moralische Urteile über gute oder böse, richtige oder falsche Handlungen zu fällen. Diese Fähigkeit ist zwar angeboren, sie entwickelt sich aber erst durch die Erziehung der Eltern, durch den Einfluss anderer Menschen sowie durch eigene Erfahrungen. Als „innere Stimme" sagt uns das Gewissen, was wir zu tun und zu unterlassen haben. Warum man ein schlechtes Gewissen hat, unterscheidet sich bei Menschen und zwischen Kulturen. Das Recht, seinem Gewissen zu folgen, ist ein Teil der Würde des Menschen.

Dennoch bleiben viele Fragen offen: Wieso handeln manche Menschen gegen das Gewissen? Wie kann man wissen, was uns eingeredet wird und was nicht? Woher kommt das Böse? Auch wenn es keine perfekten Antworten gibt: Die Fragen zeigen, wie wichtig uns das Gewissen ist.

Kompetenz-Check

M Ein Schatz im Haus

Das kennt man sonst nur aus Romanen: Ein Mensch kauft ein Haus und entdeckt bei Renovierungsarbeiten ein Geheimversteck in der Mauer mit alten Geldscheinen (D-Mark) im Wert von knapp 150 000 Euro. Handelt es sich dabei um einen Schatzfund, den der Finder behalten darf? Oder muss er das Geld den Erben der ehemaligen Immobilienbesitzerin übergeben? Diese Fragen musste […] ein deutsches Gericht beantworten.

www.lbs.de

ARGUMENTIEREN UND URTEILEN

1. Beschreibe die Gefühle der Erben, die vom Fund des Käufers erfahren. Berücksichtige dabei auch moralische Gefühle.
2. Der Käufer hätte das Geld behalten können, ohne andere darüber zu informieren. Das wäre gegen das Gesetz gewesen. Erkläre, was einen Menschen dazu verführen kann, das gefundene Geld einfach zu behalten.
3. Nimm an, das Gericht entscheidet, dass der Käufer des Hauses das Geld behalten darf. Sollte er dann ein schlechtes Gewissen haben oder nicht? Vergleiche beide Ansichten.
4. Die Erben der vorherigen Besitzerin und der Käufer des Hauses wollen jeweils das Geld erhalten. Überprüfe selbst, wem das Geld zusteht.

Werkstatt

Der Gewissens-TÜV für Erwachsene – eine Umfrage

Phasen der Umfrage

Eine Umfrage im Team durchzuführen, beinhaltet drei Phasen:

1. Fragebogen erstellen,
2. Befragung durchführen,
3. auswerten.

Jede dieser Phasen muss dein Team vorbereiten und die Ergebnisse festhalten.

Der Fragebogen

- keine W-Fragen (Beispiel: *Was denkst du? Warum sollte man …?*)
- keine beeinflussenden Suggestivfragen (Beispiel: *Denken Sie nicht auch, dass …*)
- Aussagen formulieren, die sich bewerten lassen (Beispiel: *Ich habe nie ein schlechtes Gewissen.*)
- bei den Fragen die Inhalte des Kapitels berücksichtigen
- Antworten durch Punkte bewerten (Beispiel: 0 = trifft gar nicht zu, 1 = trifft selten zu, 2 = trifft oft zu, 3 = trifft immer zu; *Tipp:* mittleren Wert für „sowohl als auch" vermeiden!)
- einige offene Fragen für frei formulierte Antworten einarbeiten (*Tipp:* Die interessantesten Antworten können später bei der Auswertung vorgestellt werden.)

Die Befragung

Hier ist es wichtig zu überlegen, welchen Personenkreis ihr befragen wollt (z. B. Eltern, Lehrkräfte oder Passantinnen und Passanten)?

Die Antworten sollten anonym bleiben, d. h. es sollte nicht möglich sein, später noch zu wissen, welche Person was gesagt hat. Es werden also z. B. keine Namen auf den Fragebögen notiert.

Ihr solltet die Antworten aber für die Personenkreise getrennt sammeln.

Welche Personenkreise ihr befragt habt und wie viele Personen teilgenommen haben, solltet ihr später bei der Präsentation mitteilen.

Die Auswertung

Bei der Auswertung bleiben „Spaßantworten" unberücksichtigt. Falls es auffallende oder unerwartete Antworten gibt, überlegt, woran das liegen könnte.

Ihr könnt ein Poster oder ein anderes Mittel für eine Präsentation gestalten. Schaubilder (z. B. ein Torten- oder Balkendiagramm) sollten angefertigt werden.

Worauf es ankommt

- ☑ Fragen so formulieren, dass sie sich auch auswerten lassen
- ☑ genügend Personen aus verschiedenen Bereichen befragen
- ☑ Auswertung übersichtlich präsentieren

Wann soll ich
Verantwortung zeigen?

Wofür bin ich
verantwortlich?

Was kann man von
Kindern erwarten?

Wie kann ich
mich engagieren?

Kann man sich auf
andere verlassen,
wenn keiner zuschaut?

Gewissen und Verantwortung

> Verantwortlich handeln

WERKSTATT

Ein „Masterplan“ für ein Projekt an eurer Schule

Unabhängig vom Alter ist es jedem möglich, sich zu engagieren. Ein solcher Einsatz kann in vielen Bereichen geleistet werden und bedeutet vor allem eines: eine selbstbewusste Form von Mitbestimmung und Verantwortungsübernahme für die Gestaltung von Gesellschaft.

Schaut euch an eurer Schule um: Welche Aktivitäten habt ihr euch immer schon gewünscht, was könntet ihr selbst auf die Beine stellen? Wie wäre es beispielsweise mit einer Fahrradwerkstatt oder mit einem Schülersanitätsdienst an eurer Schule? Oder doch lieber ein Schülercafé gründen? Wählt eine passende Projektidee aus und erstellt dazu einen (Master-)Plan.

Vielleicht überzeugt eure Idee so sehr, dass ihr diese auch tatsächlich umsetzen könnt!

Geht mich das etwas an?

M1 Hin- oder wegsehen?

1 Beschreibe jeweils die dargestellte Situation. Was könnte hier los sein?

2 Entscheide, ob du als Beobachterin oder Beobachter hier handeln oder vorbeigehen würdest.

M2 Zivilcourage – Verantwortung übernehmen

Ich habe mal in der U-Bahn gesehen, wie eine Gruppe von Jugendlichen einen Schwarzen belästigt hat. Erst haben sie nur Sprüche abgelassen, so von wegen ‚Asylanten gehören abgeschoben'. Keiner der anderen Fahrgäste hat etwas gesagt. Als dann der nächste Halt kam, wollte der Mann aussteigen. Die Jugendlichen haben ihn aber nicht gelassen und immer wieder auf den Sitz zurückgeschubst. Ich musste dann auch aussteigen und bin schnell weggegangen, aber ich hatte ein total schlechtes Gewissen. Danach habe ich immer ganz aufmerksam die Zeitung gelesen, um zu erfahren, ob dem Mann was passiert ist. Wenn ja, wäre ich ja mit schuld gewesen, und ich weiß nicht, wie ich mit diesem Gedanken fertig geworden wäre. Beim nächsten Mal mische ich mich ein. Das habe ich mir geschworen.

Christian, 16 Jahre

Arbeitsgemeinschaft Jugend und Bildung e.V. (Hg.)

3 Erkläre, warum Christian ein schlechtes Gewissen hat.

4 Nimm an, Christian hätte sich eingemischt, um dem Mann zu helfen. Beschreibe, was in dieser Situation hätte passieren können.

5 Formuliere für Christian eine gute Möglichkeit, in dieser Situation Verantwortung zu übernehmen.
> Kompetenzbox

SICH-ORIENTIEREN UND HANDELN

So kannst du verantwortungsvoll handeln

- Überlege, welche Möglichkeiten Christian hat zu handeln. Nenne wenigstens zwei.
- Schreibe auf, welche Folgen die Handlungsmöglichkeiten für Christian und den angegriffenen Mann haben können.
- Wähle die Handlungsmöglichkeit aus, die für die Beteiligten die besten Folgen hat. Begründe deine Wahl.
- Notiere die Handlungsschritte: Was sollte Christian tun, damit die besten Folgen eintreten?

M3 Nur Mut! – Sechs Regeln der Zivilcourage

Die Polizei hat sechs Regeln für mehr Sicherheit zusammengestellt, die jeder anwenden kann. Man nennt sie auch die sechs „Goldenen Regeln" der Zivilcourage. Es geht darum, aufzupassen und richtig zu reagieren.

1 Ich helfe, ohne mich selbst in Gefahr zu bringen.

2 Ich rufe die Polizei unter Notruf 110.

3 Ich fordere andere aktiv und direkt zur Mithilfe auf.

4 Ich beobachte genau und präge mir Tätermerkmale ein.

5 Ich kümmere mich um Opfer.

6 Ich stelle mich als Zeuge zur Verfügung.

nach www.aktion-tu-was.de

6 Wende die Regeln auf den Fall in M2 an. Beschreibe für jede Regel, was Christian zu tun hat.

7 Beurteile auf der Grundlage der Regeln dein Ergebnis aus Aufgabe 5.

M4 Ich habe doch nichts getan!

Der französische Schauspieler und Theaterschriftsteller Moliere (1622–1673) soll einst gesagt haben, dass ein Mensch nicht nur für das verantwortlich sei, was er tut. Vielmehr sei er auch verantwortlich für das, was er nicht tut.

8 Erkläre die Aussage am Fallbeispiel M2.

9 Nenne Beispiele für Situationen, in denen man Verantwortung übernimmt, indem man nicht eingreift.

10 Beziehe Molieres Aussage auf dein Familienleben und beschreibe deine Verantwortung für die Familie.

Für etwas einstehen

M1 Ich doch nicht!

1 Erkläre, was Überschrift und Bild mit dem Thema Verantwortung zu tun haben.
2 Nenne Beispiele für Situationen, in denen du Verantwortung für andere trägst.

M2 Easy

Im Informationstext des Verlags zum Roman „Easy" von Christoph Wortberg heißt es:

Alles easy? Keinesfalls. Denn ab diesem Morgen ist plötzlich alles anders. Alex' Mutter weigert sich aufzustehen. Alex weiß nicht, wo ihm der Kopf steht. Die Zwillinge haben doch heute ihren ersten Schultag! Aber Alex gibt nicht auf. Mit dem Mut der Verzweiflung, genialen Ideen und viel schwarzem Humor trickst er sich durch die Krise. Hält sich die pingelige Frau vom Jugendamt vom Leib, kauft ein, putzt, kocht und kümmert sich um seine Brüder. Nebenbei sucht er seinen Vater …

3 Erkläre, warum sich Alex um so viele Dinge kümmern muss.
4 Stelle aus deiner Sicht dar, für welche Aufgaben in der Familie Jugendliche Verantwortung übernehmen können und mit welchen sie überfordert sind.
5 Versetze dich in Alex' Lage und mache einen Vorschlag, wie er in der Krise verantwortungsvoll handeln kann. > Kompetenzbox

SICH-ORIENTIEREN UND HANDELN

So kannst du verantwortungsvoll handeln

- Überlege, welche Handlungsmöglichkeiten Alex hat. Nenne wenigstens zwei.
- Schreibe auf, welche Folgen die Handlungsmöglichkeiten für Alex, seine Mutter und seine Geschwister haben.
- Wähle die Handlungsmöglichkeit aus, die für alle Beteiligten die besten Folgen hat. Begründe deine Wahl.
- Notiere die Handlungsschritte: Was sollte Alex tun, damit für ihn und seine Familie die besten Folgen eintreten?

M3 Verantwortung: Wer? Wofür? Wovor?

Verantwortung kann eine Last sein, der wir uns lieber entziehen, die wir gerne auf andere abwälzen. Nicht jeder ist in der Lage, sie zu tragen. […] Wir sprechen von unserer Verantwortung für den Klimaschutz, für das Wohl zukünftiger Generationen, ja für das Überleben der Menschheit. Und wo immer etwas schiefläuft, fragen wir nach dem „Verantwortlichen", um ihn zur Rechenschaft zu ziehen. […]

Verantwortung heißt, eine „Antwort" zu geben, Rechenschaft abzulegen, für ein Ereignis einzustehen […]. Jede Zuschreibung von Verantwortung bezieht sich dabei auf einen Verantwortungsträger, auf einen Gegenstand der Verantwortung sowie auf eine Instanz, gegenüber der man sich zu verantworten hat [z. B. gegenüber dem eigenen Gewissen, dem Urteil anderer oder einem Gericht]. […] Sobald wir Verantwortung für etwas übernehmen, setzen wir uns in Beziehung zu anderen Menschen. Verantwortung muss daher immer auch die Folgen unseres Handelns für unsere Mitwelt berücksichtigen. Dabei kommt es nicht allein auf die guten Absichten an; wir müssen auch die voraussehbaren Folgen unseres Handelns in Betracht ziehen. […] Zur Verantwortung gehört es aber auch, die Übernahme von Verantwortung abzulehnen, wenn man zur Überzeugung gelangt ist, dass man sie nicht tragen kann.

Thomas Vašek

V ?
E ?
R echenschaft ablegen
A ?
N ?
T ?
W ohl künftiger Generationen
O ?
R ?
T ?
U ?
N ?
G ?

6 Finde für jeden Buchstaben des Wortes „Verantwortung" passende Begriffe aus dem Text, aber auch eigene. Das Ergebnis ist ein kurzes Gedicht, ein sogenanntes „Akrostichon".

7 In Alex' Geschichte (M2) sind er selbst und seine Mutter Verantwortungsträger (Wer?). Vergleiche beide, indem du angibst, für wen bzw. welche Folgen (Wofür?) und vor welcher Instanz (Wovor?) sie jeweils verantwortlich sind.

8 Veranschauliche an weiteren Beispielen, wofür und wovor andere Verantwortungsträger (z. B. Klassensprecherinnen, Verkehrsteilnehmer) verantwortlich sind.

M4 Eingeschränkte Verantwortung?

Frei sein heißt wissen, was man tut, und von niemandem zu seinem Tun gezwungen zu sein. Wenn jemand nicht frei ist, weil er nicht weiß, was er tut, oder von jemand anderem dazu gezwungen wird, ist er nur eingeschränkt oder gar nicht verantwortlich.

Wilhelm Vossenkuhl

9 Beschreibe Beispielfälle, in denen Menschen für den Schaden, den sie verursachen, a) gar nicht oder b) nur eingeschränkt verantwortlich sind.

10 Beurteile, ob Alex' Mutter in M2 für die Probleme, die sie für ihre Familie verursacht, voll, eingeschränkt oder gar nicht verantwortlich ist.

Verantwortung – hier und anderswo

M1 Zumutung oder Selbstverständlichkeit?

1 Beschreibe die Situation. Wie ist die Stimmung? Worum geht es in der Szene?
2 Stell dir vor, du bist in dieser Situation. Formuliere ein kurzes Gespräch zwischen den drei Personen.
3 Beschreibe, welche Aufgaben du zu Hause übernehmen musst.

M2 Wer ist wofür verantwortlich im Haushalt?

Es gibt ein Gesetz, dass Kinder im Haushalt helfen müssen. Ist Mithelfen wirklich so wichtig oder so umstritten, dass es gesetzlich geregelt werden muss?

§ 1619 Dienstleistungen in Haus und Geschäft
Das Kind ist, solange es dem elterlichen Hausstand angehört und von den Eltern erzogen oder unterhalten wird, verpflichtet, in einer seinen Kräften und seiner Lebensstellung entsprechenden Weise den Eltern in ihrem Hauswesen und Geschäft Dienste zu leisten. *Bürgerliches Gesetzbuch (BGB)*

Aufgaben im Haushalt

Tisch decken und abräumen – Müll rausbringen – auf jüngere Geschwister aufpassen – Wäsche waschen – Einkaufen gehen – Spülmaschine ausräumen – Frühstück zubereiten – Haustiere füttern

Familien-Wochenplan

	Mama	Papa	Karl	Paula	Lilly
Tisch decken und abräumen	?	?	?	?	?
Müll rausbringen	?	?	?	?	?
...	?	?	?	?	?

4 Das Gesetz sagt nicht genau, was und wie lange Kinder und Jugendliche im Haushalt helfen sollen. Finde sinnvolle Kriterien für die Aufgabenverteilung. Beispiele: *Alter, schulische Verpflichtungen, ...*
5 Erstelle den Familien-Wochenplan nach dem Muster M2 mit den aufgelisteten Aufgaben für folgende Familie: Eltern (beide berufstätig) und drei Kinder (Karl, 17 – Paula, 14 – Lilly, 11). Wer soll was und wie oft im Haushalt erledigen?
6 Stelle Vermutungen darüber an, warum es wichtig ist, dass Kinder im Haushalt Verantwortung übernehmen.

M3 Wie Kinder ohne Eltern leben

Durch Armut und Krankheit wächst in Eswatini in Afrika jedes fünfte Kind im Alter von 0 bis 14 Jahren ohne Eltern auf. Leben die Großmütter noch, kümmern diese sich um die Kinder. Wenn die Großmütter aber alt und krank werden, müssen die Kinder auch für sie sorgen.

Niemand weckt sie morgens, treibt sie an, aufzustehen, nicht zu trödeln, die Hausaufgaben zu erledigen. So wie Sifiso, 17, und seine beiden Schwestern, elf und 14 Jahre alt. Ihre Eltern starben beide vor fünf Jahren innerhalb weniger Monate. Sifiso wurde mit zwölf Jahren plötzlich zum Familienoberhaupt. Morgens um fünf Uhr steht er auf und bereitet das Frühstück zu. Er sieht nach den fünf Kühen und packt die wenigen Schulsachen zusammen. Um halb sieben machen sich die Kinder auf den einstündigen Fußmarsch zur Schule […].
Um 15.45 Uhr geht es wieder zurück nach Hause. Die Kinder versorgen die Kühe und das kleine Maisfeld hinter dem Haus, schleppen Wasser vom Fluss tief unten im Tal herauf, in schweren 20-Liter-Kanistern. Niemand drängt sie, Hausaufgaben zu machen, sie machen sie freiwillig. Bildung ist ihre Chance, sie haben keine andere. Eine Nachbarin […] sieht immer wieder nach dem Rechten, gibt von dem Wenigen, das sie selbst für sich und ihre achtköpfige Familie hat, ab, steht ihnen mit Rat und Tat zur Seite.

Gunhild Aiyub

7 Beschreibe, wofür die drei Geschwister in ihrem Alltag jeweils verantwortlich sind.

8 Sifiso ist mit 12 Jahren plötzlich zum Familienoberhaupt geworden. Stell dir vor, du würdest für eine Woche die Rollen mit deinen Eltern tauschen. Beschreibe, wie sich dein Alltag verändern würde. Welche Freiheiten und welche Verantwortlichkeiten hättest du?

9 Erkläre, warum die Aufgabenverteilung in den Familien verschiedener Kulturen so unterschiedlich ist. > Kompetenzbox

SICH-ORIENTIEREN UND HANDELN

So kannst du kulturelle Unterschiede erklären

- Finde im Text Gründe für die Aufgabenverteilung in Sifisos Familie.
- Vergleiche diese Aufgabenverteilung mit der bei dir zu Hause oder auch bei der Familie in M2. Berücksichtige deine Ergebnisse aus den Aufgaben 4 und 5.
- Erkläre, warum es Unterschiede bei der Aufgabenverteilung gibt.

M4 Am Tag der Hochzeit endet ihre Kindheit

Obwohl Kinderehen in Indien gesetzlich verboten sind, wird fast jedes zweite Mädchen verheiratet, bevor es 18 Jahre alt ist.

Die Verheiratung ist für ihre Familien die Möglichkeit, einer möglichen Mitgift zu entgehen […]. Doch mit dem Tag der Hochzeit endet für die Mädchen und jungen Frauen das Kindsein. Sie müssen die Schule verlassen, verlieren den Anschluss an Bildung, Berufsbildungskurse und ein selbstbestimmtes Leben. Stattdessen müssen sie arbeiten wie Erwachsene, für ihre Männer Ehefrau und Hausfrau sein und viel zu jung Kinder zur Welt bringen. *Don Bosco Mondo e.V.*

10 Erkläre, was eine „Mitgift" ist und recherchiere über Mitgiftregelungen in Indien.

11 Auch in Deutschland ist die Verheiratung von Minderjährigen gesetzlich nicht zulässig und viele Hilfsorganisationen kämpfen für ein weltweites Verbot. Finde Gründe für diesen Standpunkt.

Macht und Verantwortung

M1 Ein Ring, sie zu knechten ...

Vorbild für den Roman und die Filme „Der Herr der Ringe“ war der antike Mythos (= Sage) vom Ring des Gyges. In der Originalgeschichte findet der Hirte Gyges während eines Sturms einen goldenen Zauberring, der unsichtbar macht. Gyges begeht damit Verbrechen und ermordet schließlich den König. Das Bild zeigt eine Szene aus dem Film mit dem „Ring der Macht“.

1 Zeichne eine Gedankenblase und schreibe hinein, was Gyges durch den Kopf geht, als er die Zauberkraft des Ringes entdeckt.
2 Zähle auf, was du selbst mit dem Ring des Gyges tun könntest.
3 Erläutere, was die Geschichte mit dem Thema Verantwortung zu tun hat.

M2 Der Fluch des Rings

Der Mythos vom Ring des Gyges wurde bekannt durch den griechischen Philosophen Platon (427–347 v. Chr.). In seinem Dialog „Der Staat“ erzählt Glaukon, der Bruder Platons, die Geschichte des Rings. Glaukon ist überzeugt davon, dass es mit der Verantwortung für andere vorbei ist, sobald man die Macht des Rings besitzt. Jeder Mensch – auch ein guter – würde mit einem solchen Zauberring egoistisch, machthungrig und rücksichtslos werden.

4 Beurteile, ob Glaukon Recht hat.
5 Den Ring zu besitzen bedeutet, keine Strafe befürchten zu müssen, d. h. du könntest mit dem Ring auch problemlos ohne Fahrkarte mit dem Bus oder der Bahn fahren. Zeige an diesem Beispiel, wie man verantwortungsvoll handeln kann.
> Kompetenzbox
6 Begründe, ob man mit dem Ring auch gute Dinge tun kann.

SICH-ORIENTIEREN UND HANDELN

So kannst du verantwortungsvoll handeln

- Überlege, welche Möglichkeiten zu handeln du hast, wenn du für das Fahren ohne Fahrkarte nicht bestraft werden kannst. Nenne wenigstens zwei.
- Schreibe auf, welche Folgen die Handlungsmöglichkeiten für dich, die Verkehrsgesellschaft und die übrigen Fahrgäste haben.
- Wähle die Handlungsmöglichkeit aus, die für alle Beteiligten die besten Folgen hat. Begründe deine Wahl.
- Notiere die Handlungsschritte: Was musst du tun, damit für alle Beteiligten die besten Folgen eintreten?

M3 Verantwortung tragen: Muss ich oder will ich?

Wenn ich keine Strafe fürchten muss, bin ich für meine Taten auch nicht verantwortlich zu machen, oder? Die Philosophen Thomas Hobbes (1588–1697) und Immanuel Kant (1724–1804) sehen das anders.

A

„Der Mensch ist dem Menschen ein Wolf."

B

„Habe Mut, dich deines eigenen Verstandes zu bedienen."

1 **Hobbes** meint, ohne die Einhaltung moralischer Regeln herrsche ein „Krieg aller gegen alle". Das kann vernünftigerweise niemand wollen. Moral ist für ihn eine Art Vertrag, den die Menschen zum wechselseitigen Vorteil schließen und aus Selbsterhaltung einhalten. Ich trage wie alle anderen Verantwortung für die Einhaltung des Vertrags. Denn nur er ermöglicht Frieden und Sicherheit.

2 **Kant** geht davon aus, dass Menschen vernunftfähige Wesen sind, die sich frei entscheiden können. Als freies Wesen kann ich mich auch gegen meine egoistischen Neigungen entscheiden. Als Vernunftwesen kann ich den Standpunkt eines unparteiischen Betrachters einnehmen und meine Handlungen prüfen: Könnte ich wollen, dass alle so handeln, wie ich es vorhabe? Ich habe hier eine Verantwortung gegenüber der Vernunft.

7 Lies die Texte über Hobbes und Kant und ordne sie den Zitaten und Bildern zu.

8 Fasse zusammen, wie Hobbes und Kant die Frage nach der Verantwortung beantworten. Beispiel: *Hobbes meint, ich habe eine moralische Verantwortung gegenüber anderen, weil …*

9 Erläutere, wie Hobbes und Kant begründen würden, warum Fahren ohne Fahrkarte moralisch nicht in Ordnung ist.

10 Mache Vorschläge, was die beiden Philosophen auf Glaukons Behauptung, dass der Ring jeden verdirbt (M2), antworten könnten.

M4 Ein Dilemma?

Auf dem Nachhauseweg vom Supermarkt bemerkst du, dass die Kassiererin dir aus Versehen fünfzig anstatt zehn Euro herausgegeben hat. Was tust du?

11 Nenne Ähnlichkeiten zwischen dieser Situation und dem „Ring des Gyges". Begründe auch, ob du die 50 Euro behalten oder zurückbringen würdest.

12 Notiere Gründe dafür, die 50 Euro zurückzubringen. Unterscheide dabei solche, die eher zu Hobbes passen, und solche, die eher zu Kant passen.

Engagement zeigen

M1 Du bewegst mehr als du gibst!

Schilling & Blum

1 Beschreibe die Situation, die das Bild zeigt, und erkläre, wie du anstelle der Kinder reagieren würdest.
2 Erkläre, welche Projekte du mit einer Spende unterstützen würdest.
3 Worauf wärest du bereit zu verzichten, um anderen zu helfen? Stelle deine Position dar.
4 Begründe, ob man jemanden zu einer ehrenamtlichen Tätigkeit verpflichten kann.

M2 Sozialführerschein: Helfen lernen

Einige Hilfsorganisationen bieten Menschen, die sich ehrenamtlich engagieren wollen, Kurse an, die auf diese Tätigkeit vorbereiten. Bescheinigt wird die Teilnahme durch den Sozialführerschein. Um für sich mehr Klarheit darüber zu verschaffen, warum und in welcher Form man sich sozial einbringen möchte, werden im Kurs zum Beispiel solche Fragen besprochen:

- Wo will ich etwas verändern?
- Wofür interessiere ich mich am meisten?
- Was kann ich besonders gut?
- Was kann ich wirklich leisten und wo sind meine Grenzen?
- Wo will ich noch etwas dazu lernen?
- Welche Möglichkeiten habe ich in meinem Umfeld, um mich sozial einzubringen?
- Was wollte ich immer schon einmal ausprobieren?
- Wie offen kann ich ungewöhnlichen Situationen und Menschen begegnen?

5 Erstelle einen Selbsteinschätzungsbogen mit Hilfe der Checkliste.
6 Wo könntest du dich in deinem Umfeld freiwillig einbringen (z. B. in der Schule, im Verein, in der Gemeinde, im Tierschutz)? Erstelle eine Mindmap. Berücksichtige dabei die Ergebnisse deiner Checkliste.

M3 Mehr als ein Spiel

Um sich besser kennenzulernen, organisierten Schülerinnen und Schüler gemeinsame Aktivitäten mit geflüchteten Jugendlichen. Der gemeinsame Sport war für alle Beteiligten mit unerwarteten Erfahrungen verbunden.

Till und Justus erzählten, dass es für die Jungs unter den Geflüchteten zunächst nicht einfach gewesen sei, mit Mädchen zu spielen und auf diese zu hören, wenn sie Schiedsrichter oder Coaches waren. [...] So berichtete Justus, dass es unterschiedliche Werte und Normen gibt. Als Beispiel: An der Schulter berühren ist bei Jungs okay, aber nicht bei Mädchen aus vielen Flüchtlingsfamilien. Einige Mädchen waren auch verschleiert und durften sich zu bestimmten Zeiten am Nachmittag nicht mehr außerhalb des eigenen Elternhauses aufhalten. [...] Zugleich zeigte sich, wie viel Teamgeist von den Kindern und Jugendlichen mit Fluchterfahrung ausging und welche neuen Impulse sie einbrachten. Wie die Freude an der gemeinsamen Aktivität die gelegentlichen Streitereien um Kleinigkeiten in den Hintergrund treten ließ. Wie neue Spielideen und andere Sichtweisen auf den Wert eines Teams den Zusammenhalt aller, ob mit oder ohne Fluchterfahrung, stärkten.

Stiftung Aktive Bürgerschaft (Hg.)

7 Fasse in eigenen Worten zusammen, welche unerwarteten Erfahrungen die Jugendlichen beim gemeinsamen Spiel gemacht haben.

8 Erkläre, warum die Vorstellungen über die gemeinsamen sportlichen Aktivitäten unter den Jugendlichen verschiedener Kulturen so unterschiedlich waren. > Kompetenzbox

9 Stell dir vor, du möchtest ein ähnliches Projekt an deiner Schule starten. Formuliere einen kurzen Aufruf für die Schülerzeitung, mit dem du für das Projekt wirbst.

SICH-ORIENTIEREN UND HANDELN

So kannst du kulturelle Unterschiede erklären

- Finde mit Hilfe des Textes Gründe für das Spielverhalten der geflüchteten Jugendlichen während der gemeinsamen sportlichen Aktivitäten.
- Vergleiche dieses Verhalten mit dem Spielverhalten der Schülerinnen und Schüler in M3 oder an deiner Schule während solcher Aktivitäten.
- Erkläre, warum es unterschiedliche Erwartungen bei gemeinschaftlichen Sport-Aktivitäten unter den Beteiligten gibt.

M4 Lernen durch Engagement

Die Idee des Lernens durch Engagement kommt aus den USA, dort ist sie unter dem Begriff „Service-Learning" bekannt. Schülerprojekte in Deutschland reichen von Umweltaktionen bis zum Thema Brandschutz.

10 Informiere dich über Schülerprojekte von „Lernen durch Engagement".

11 Beurteile die Grundidee der Aktion.

Zeig, was du kannst!

Das Wichtigste in Kürze

Zivilcourage – Wer, wofür und wovor verantworten – egoistisch – rücksichtslos – sich selbst Regeln geben – Ehrenamt – soziale Verantwortung – freiwilliges Engagement

Verantwortung übernehmen

In manche Situationen geraten wir ganz überraschend hinein und wissen dann nicht, wie wir handeln sollen. Das ist eine Erfahrung, die uns Angst machen kann. Sie kann uns aber auch stärker machen, wenn wir lernen, für uns oder auch für andere Menschen Verantwortung zu übernehmen. Verantwortung haben wir automatisch, indem wir zu einer Gemeinschaft gehören – gegenüber Freundinnen und Freunden oder in der Familie. In anderen Ländern wird von Kindern und Jugendlichen oft mehr verlangt. Aber auch bei uns tragen manche Jugendliche in ihrer Familie mehr Verantwortung, als sie tragen können bzw. sollten, und fühlen sich überfordert.

Es sollte immer gut begründet werden, wer wofür und vor wem verantwortlich ist bzw. verantwortlich sein soll. Es ist dabei auch wichtig zu lernen, wie man sich engagieren kann, wo wir die Grenzen unserer Möglichkeiten erreichen und welche Handlungsalternativen es gibt, um unsere Welt zu gestalten.

Kompetenz-Check

M Nach der Schule wird weiter gelernt

Wenn die Schule endet, dann endet sie für chinesische Kinder noch lange nicht. Für deutsche auch nicht, wirst du vielleicht sagen. Doch in China gibt es nicht nur Hausaufgaben, sondern neun von zehn Kindern besuchen nach der Schule noch eine sogenannte Nachhilfeschule, das ist ganz normal. Erst nach dieser Schule, in der sie den Lernstoff noch einmal vertiefen, folgen die ganz normalen Hausaufgaben. So kommen viele Kinder erst gegen 23 Uhr am Abend ins Bett, erst dann ist alles erledigt. Viele Kinder fühlen sich stark unter Druck gesetzt. Nur wer sehr gute Leistungen bringt, kann eine der sehr guten chinesischen Schulen besuchen. Wer schlechtere Noten hat, kommt dann auf eine „schlechtere Schule" und hat damit schlechtere Chancen in der Zukunft.

www.kinderweltreise.de

1 Wofür und wem gegenüber hast du als Schülerin oder Schüler in einer Schule Verantwortung? Gib jeweils wenigstens zwei Beispiele an.

2 Beschreibe verschiedene Möglichkeiten, sich in Deutschland sozial zu engagieren.

SICH-ORIENTIEREN UND HANDELN

3 Erkläre, warum in China neun von zehn Kindern eine Nachhilfeschule besuchen.

4 Stell dir vor, du hast einen chinesischen Brieffreund, der über seinen Schulalltag und über den hohen Druck berichtet, dem er sich ausgesetzt fühlt. Mache einen Vorschlag, wie er in dieser belastenden Situation verantwortungsvoll handeln kann.

Werkstatt

Ein „Masterplan" für ein Projekt an eurer Schule

Es ist gut, über Engagement zu reden – besser ist es, zu handeln! Im Folgenden findest du die wichtigsten Schritte dafür, wie du an deiner Schule erfolgreich eine Projektidee mit Schülerinnen und Schülern für Schülerinnen und Schüler entwickeln und umsetzen könntest, z. B. eine Fahrradwerkstatt oder ein Schülercafé. Gestaltet mit Hilfe dieser Anleitung einen Masterplan für eure Projektidee.

Legt euer Ziel fest!

Bevor ihr mit der Projektplanung anfangt, einigt euch auf ein Projektziel, das umgesetzt werden soll. Klärt im Vorfeld, welche Aktivitäten am meisten gewünscht sind, was davon von euch selber auf die Beine gestellt werden kann.

Überlegt euch, was ihr braucht!

Was haben wir schon? Was brauchen wir noch? Und woher bekommen wir das?
Welche Vorgaben müssen wir beachten?

Behaltet die Zeit im Blick!

Zeitplanung ist das A und O, damit euer Projekt gelingt. Schreibt (zum Beispiel in einer Tabelle oder auf einem Zeitstrahl) auf, bis wann welche Aufgaben erledigt sein sollten und wie lange ihr für jede Aufgabe braucht.

Teilt euch die Arbeit gut auf!

Im Team arbeiten bringt viel mehr Spaß und ist außerdem noch effektiver! Achtet darauf, dass nicht eine Person die meiste Arbeit hat und jeder mit seiner Aufgabe zufrieden ist.

Vernetzt euch mit anderen!

Es geht oft leichter, wenn ihr euch vorab (zum Beispiel im Internet) informiert, wer schon mal ein ähnliches Projekt gemacht hat und euch miteinander vernetzt. Vielleicht bekommt ihr nützliche Tipps, könnt zusammenarbeiten oder eure Projekte gegenseitig bewerben.

Sucht euch Unterstützung!

Partner und Unterstützer können euer Projekt pushen und helfen, eure Ziele zu erreichen – mit Informationen, Material, Räumen, Geld ... Überlegt euch, was ihr potenziellen Partnern anbieten könntet, damit diese es spannend finden, euer Projekt zu unterstützen.

Worauf es ankommt

- ☑ ein passendes Projekt finden
- ☑ bei der Planung alle wichtigen Fragen berücksichtigen
- ☑ auf eine gute Aufgabenverteilung achten
- ☑ langfristig planen
- ☑ Zeitplan erarbeiten

Wie laufen
Konflikte ab?

Wie kündigen sich
Konflikte an?

Haben Konflikte
auch etwas Gutes?

Haben Straftäterinnen
und Straftäter
eine Chance verdient?

Ist Versöhnung
überhaupt
möglich?

Recht und Gerechtigkeit

> Mit Konflikten umgehen

WERKSTATT

Eine Geschichte in Bildern erzählen

Wie konnte es bloß so weit kommen?! Das fragen wir uns rückblickend nach einem Streit oft. Wir sind von den Ereignissen und unseren Gefühlen so stark mitgerissen, dass wir es kaum schaffen, den Konflikt friedlich zu lösen. Als Außenstehende fällt es uns dagegen meist etwas leichter, die kritischen Punkte in einem Konflikt zu erkennen. Daraus können wir auch für uns etwas lernen und in Zukunft besser mit Konflikten umgehen.

Untersuche die Geschichte von Jannis und Mark (s. S. 101) und setze sie dann als Comic um. Finde heraus, welche Gefühle darin eine Rolle spielen und welche Schlüsselereignisse zur Eskalation des Konflikts beigetragen haben. Belebe deine Geschichte durch Sprech- und Gedankenblasen. Die gestalterischen Möglichkeiten des Comics können dir helfen, die Geschichte ausdrucksstark zu erzählen.

Außer Kontrolle?

M1 Geht's noch?!

Bettina Kumpe

1 Beschreibe das Bild und die Zitate. Woran erkennst du, dass hier jemand wütend bzw. aggressiv ist?

2 Wie würdest du dich fühlen, wenn jemand so mit dir sprechen würde? Beschreibe deine Empfindungen und Gedanken.

3 Wähle zwei Zitate aus und finde Beispiele für Situationen, in denen diese Sätze gefallen sein könnten.

M2 Wut im Bauch

Die Klassenkameraden Jan und Mustafa sind beide im selben Handballverein und spielen rechts außen. Mustafa darf bei Ligaspielen immer deutlich länger auf dem Feld sein als Jan, der in dieser Zeit auf der Bank sitzen und auf seinen Einsatz warten muss. Mustafa provoziert ihn dann zu allem Überfluss noch, indem er ihn herablassend angrinst, spöttische Bemerkungen macht und ihn einen Loser nennt.

Heute wird in der Schule über die nächste Klassenfahrt geredet. Kurz vor dem Ende der Stunde bittet Mustafa darum, in der Jugendherberge Bescheid zu sagen, dass er kein Schweinefleisch isst. Als die Schülerinnen und Schüler in die Pause gehen, platzt es aus Jan heraus und er brüllt Mustafa an: „Du isst ja nur kein Schwein, weil du selber eins bist." Es dauert nur einen ganz kurzen Moment, bis Mustafa reagiert und Jan kräftig ins Gesicht schlägt …

4 Welche Merkmale eines Streits erkennst du in der Geschichte? Notiere typische Handlungen, Äußerungen und Verhaltensweisen.

5 Welchen Verlauf nimmt die Auseinandersetzung? Unterteile den Text in entsprechende Abschnitte und formuliere Zwischenüberschriften.

6 Was könnte in Jan vorgehen? Formuliere ein inneres Selbstgespräch für Jan, während er auf der Bank sitzt. Welche Gefühle hat er, was denkt er?

M3 Konflikte erkennen

Konflikte können in jeder Lebenssituation auftreten und gute Beziehungen zerstören. Um das zu vermeiden, ist es wichtig, ernsthafte Konflikte frühzeitig zu erkennen.

Nicht jede Meinungsverschiedenheit ist gleich ein Konflikt. Konflikte werden oft in bestimmten Verhaltensweisen und Äußerungen sichtbar. Signale für einen Konflikt sind zum Beispiel, wenn jemand versucht, Handlungen einer anderen Person zu behindern, die Person unter Druck zu setzen oder abfällige Bemerkungen und Gesten macht. Konflikte entstehen meist mit einem unklaren Gefühl von Spannung, Unsicherheit oder Unterlegenheit, das zwar zu spüren ist, aber unausgesprochen bleibt. Streitigkeiten entflammen manchmal scheinbar plötzlich um Nichtigkeiten. Die eigentlichen Gründe des Streits bleiben dabei oft unerkannt.
Menschen machen ihre Konflikte auf sehr unterschiedliche Weise sichtbar. Manche reagieren unerwartet heftig, sie schreien sich an, sprechen Drohungen aus, starten persönliche Angriffe oder üben Druck auf andere aus. Andere ziehen sich enttäuscht zurück. Die Konfliktparteien ignorieren sich oder reden hinter vorgehaltener Hand abfällig übereinander. Manche versuchen, unbeteiligte Parteien auf ihre Seite zu ziehen. Feindseligkeit, Eifersucht und Rivalität machen sich breit.

7 Erarbeite aus dem Text die Signale (Erkennungszeichen), die auf einen Konflikt hindeuten. Erkläre sie dann mit Hilfe eines Schaubildes (z. B. Mindmap). > Kompetenzbox

8 Finde Beispiele aus deinem Alltag für Meinungsverschiedenheiten, die aber keine Konflikte sind.

9 Überprüfe mit Hilfe von M3, welche Merkmale eines Konflikts im Fall von Jan und Mustafa (M2) deutlich werden.

ANALYSIEREN UND REFLEKTIEREN

So kannst du einen Text mit einem Schaubild erklären

- Untersuche den Text aufmerksam. Was wird erklärt?
- Finde die wichtigsten Sinneseinheiten im Text. Formuliere für jede Einheit einen passenden Untertitel. Notiere die wichtigsten Informationen.
- Ordne die Informationen. Finde Ober- und Untergruppen, passende Beispiele sowie Signale eines Konflikts.
- Stelle deine Ergebnisse in einem übersichtlichen Schaubild dar (z. B. in einer Mindmap). Verdeutliche die Zusammenhänge durch Pfeile oder andere Zeichen.

M4 Mehr als tausend Worte

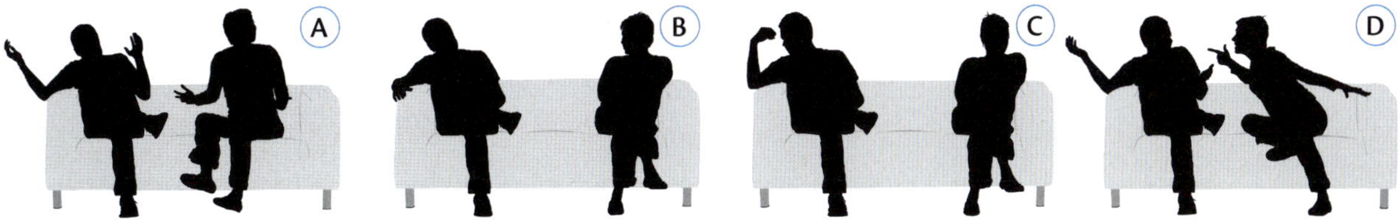

10 Erkennst du den Verlauf eines Konflikts? Ordne die Bilder, finde eine passende Konfliktsituation und schreibe Sprechblasen zu jedem Bild.

11 Mit Wut und Kränkung umzugehen ist schwer. Gestalte ein Plakat mit Ratschlägen, wie man diese in den Griff bekommen könnte.

Konflikte verstehen

M1 Wenn es mal knallt ...

Das Wort Konflikt ist abgeleitet aus der lateinischen Sprache („conflictus") und bedeutet Zusammenstoß, Aufeinanderprall oder Kampf.

1 Haben die zwei Autos einen Konflikt? Begründe deine Antwort.
2 Finde Gemeinsamkeiten zwischen dem „Zusammenstoß" von zwei Fahrzeugen und zwei Menschen. Beachte dabei die Ursachen und die Folgen eines Zusammenstoßes.

M2 Konflikt ist nicht gleich Konflikt

Nicht jeder Konflikt ist gleich. Spannungen kann es zwischen zwei oder mehreren Personen oder zwischen Gruppen geben. Auch die Gründe und Themen sind sehr verschieden, die einen Konflikt auslösen. Die wahren Gründe zu erkennen, ist nicht immer einfach. Einige Beispiele:

a. Eslem und Maya sind unterschiedlicher Meinung darüber, welcher Lösungsweg in der Matheaufgabe der richtige ist.

b. Jona isst gerne mal eine Bratwurst. Sein Freund ist Vegetarier. Zwischen den beiden entflammt eine Diskussion über die Tierhaltung.

c. In der Klasse wird darüber gestritten, wofür das Geld aus dem Kuchenverkauf am Schulhof verwendet werden soll. Manche wollen es für einen guten Zweck spenden, andere möchten damit lieber eine Klassenaktivität finanzieren.

d. Am Tisch streiten sich die Geschwister um das letzte Stück Kuchen.

e. Pawlin interessiert sich für Ballett, sein Vater findet, das sei etwas für Mädchen und will, dass er sich zum Boxen anmeldet.

f. Malik macht ständig blöde Bemerkungen als Hina ein Gedicht vor der Klasse vorträgt.

Wortspeicher: Konfliktarten
Interessenkonflikt – Rollenkonflikt – Zielkonflikt – Verteilungskonflikt – Beziehungskonflikt – Sachkonflikt

3 Um welche Art von Konflikt handelt es sich jeweils? Ordne die Fallbeispiele den verschiedenen Konfliktarten aus dem Wortspeicher zu.
4 Wähle drei Konfliktarten aus und finde dafür eigene Beispiele.
5 Setze eines der Beispiele mit deinen Mitschülerinnen und Mitschülern als kleines Rollenspiel um.
6 Wähle eine weitere Konfliktart aus und schreibe eine kleine Geschichte dazu. Achte darauf, die Dialoge der Figuren verständlich zu formulieren, und beschreibe auch ihre Körpersprache.

M3 Eskalationsstufen eines Konflikts

Konflikte haben unterschiedliche Ursachen. Dennoch verlaufen sie meist sehr ähnlich. Wissenschaftlerinnen und Wissenschaftler beschreiben die Stufen dieser Entwicklung in einem Schema der Eskalation (Verschärfung).

In der ersten *Phase der Interessenkonflikte* steht eine bestimmte Sache im Vordergrund, um die sich die Beteiligten streiten. Die Streitparteien reagieren gereizt aufeinander und es herrscht **Missstimmung**. Die Meinungen prallen aufeinander und die Standpunkte verhärten sich, es kommen immer mehr (teilweise verbitterte) **Debatten** auf. Bald scheint Reden keinen Sinn mehr zu machen. Statt Worten folgen nun **Taten**: kleine Rücksichtslosigkeiten und Kränkungen. Beide hoffen aber noch auf eine friedliche Beilegung des Streits.

In der nächsten *Phase der Beziehungskonflikte* gerät der Streit um die eigentliche Sache selbst in den Hintergrund. Die Konfliktparteien beginnen, nach **Verbündeten** zu **suchen** und Unentschlossene auf ihre Seite zu ziehen. Durch gezielte Provokationen, Unterstellungen und Anschuldigungen will man den **Gesichtsverlust** des Gegners erreichen: Der andere soll im schlechten Licht erscheinen. **Drohstrategien** werden entwickelt, man will den anderen nur noch in die Knie zwingen. Alleine können die Beteiligten den Konflikt nicht mehr lösen bzw. eine friedliche Streitbeilegung kann sich keiner mehr vorstellen.

In der dritten *Phase des Krieges* stehen sich die Gegner unversöhnlich gegenüber. Die Drohungen werden umgesetzt, der Streit **eskaliert in Gewalt. Es geht nur noch um Rache und Zerstörung des Gegners**. Selbst um den Preis der **Selbstvernichtung**, wenn man am Ende gemeinsam in den Abgrund stürzt. Hier kann es nur noch Verlierer geben.

7 Arbeite aus dem Text heraus, wie sich in den einzelnen Eskalationsphasen die Chancen für die Beilegung des Streits verändern.

8 Erkläre die verschiedenen Phasen der Eskalation eines Konflikts mit einem Schaubild (z. B. einem Stufendiagramm). > Kompetenzbox

9 Die drei Phasen der Eskalation lassen sich in weitere Stufen unterteilen. Ergänze dein Schaubild oder erstelle ein Schema mit neuen Eskalationsstufen.

10 Finde eine Konfliktsituation. Entwickle daraus ein Fallbeispiel, das die Stufen der Eskalation durchläuft.

ANALYSIEREN UND REFLEKTIEREN

So kannst du einen Text mit einem Schaubild erklären

- Untersuche den Text. Was wird erklärt?
- Finde die wichtigsten Sinneseinheiten im Text. Notiere die Eskalationsphasen und deren wichtigsten Merkmale.
- Ordne die Informationen. Finde Ober- und Untergruppen, die Merkmale der Stufen sowie Ziele und Folgen der Handlungen.
- Stelle deine Ergebnisse in einem übersichtlichen Schaubild dar (z. B. in einem Stufendiagramm). Verdeutliche die Zusammenhänge durch Pfeile oder andere Zeichen.

M4 Mit sich selbst in Konflikt geraten

Nicht nur mit anderen, auch mit uns selbst geraten wir manchmal in einen Konflikt. Dann sprechen wir von einem inneren oder seelischen Konflikt.

11 Finde Beispiele für solche innere Konflikte.

12 Beschreibe, woran du einen inneren Konflikt erkennst. Was fühlst du? Was denkst du? Wer streitet mit wem?

Konflikte deuten – mit Streit umgehen

M1 Miteinander oder gegeneinander?

Susanne Bednorz

1 Beschreibe und deute die Bilder. Wodurch entsteht der Konflikt?

2 Formuliere einen Lösungsvorschlag. Wie sollten die Beteiligten handeln?

M2 Streit ist, was du daraus machst

Menschen gehen mit Konflikten sehr unterschiedlich um. Das Verhalten beeinflusst stark, wie der Konflikt verläuft und wie er gelöst wird.

Wie gehe ich mit Konflikten um?

A vermeiden
B nachgeben
C Kompromisse schließen
D mich durchsetzen
E miteinander kooperieren

Was sage ich?

1 „Nichts für ungut, Alter!"
2 „Mir ist das Ganze nicht so wichtig!"
3 „Reden wir nicht darüber, das macht alles nur noch schlimmer!"
4 „Wir kommen hier nicht weiter, lass uns mal Rat holen, bevor es schlimmer wird!"
5 „Es wird nicht diskutiert, ich will das so, und alles andere ist mir egal!"
6 „Lass uns eine Lösung finden, mit der wir beide einigermaßen leben können!"

Was ist das Ergebnis?

a Es gibt nur Verlierer.
b Einer gewinnt, der andere verliert.
c Nur einer kann gewinnen.
d Mit der Lösung des Konfliktes sind alle Beteiligten zufrieden, beide sind Gewinner.
e Es gibt weder Verlierer noch Gewinner.

3 Wer sagt was? Ordne die Sätze den jeweiligen Verhaltensformen im Umgang mit Konflikten zu.

4 Erkläre, welchen Einfluss die einzelnen Verhaltensweisen auf das Ergebnis haben. Begründe deine Meinung.

5 Mark und Oliver streiten darüber, wer die Ergebnisse der Gruppenarbeit der Klasse vorstellen soll. Beschreibe drei Möglichkeiten, wie das Ergebnis des Konflikts aussehen könnte.

6 Spiele die Szenen aus Aufgabe 5 mit deiner Partnerin oder deinem Partner vor.

M3 Wozu Konflikte gut sind

Meinungsverschiedenheiten erleben wir häufig als unangenehm. Dabei können Konflikte für das Zusammenleben durchaus eine positive Bedeutung haben.

Erst Konflikte machen uns auf bestimmte Probleme aufmerksam, die wir sonst vielleicht nicht wahrgenommen hätten. Ein Konflikt kann dazu führen, dass wir unseren eigenen Standpunkt besser klären. Dabei können wir lernen, unseren Standpunkt auch einmal in Frage zu stellen und die Sache aus einem anderen Blickwinkel zu betrachten. Zudem können Konflikte natürlich auch die Gespräche bzw. die Kommunikation zwischen den Beteiligten fördern. Man kann lernen, seine Interessen besser zu vertreten, und man lernt zugleich, gemeinsame Lösungen zu suchen. Die gemeinsame Lösung eines Konfliktes fördert, wie jeder von uns sicher schon erfahren hat, den Zusammenhalt. Konflikte können wie Gewitter sein, die die Luft reinigen und alles in einem schöneren Licht erscheinen lassen.

7 Erkläre mit Hilfe des Textes, was wir aus Konflikten lernen können. > Kompetenzbox

8 Formuliere mit Hilfe des Textes drei Merksätze, worauf du beim nächsten Streit achten möchtest. Beispiel: *Bei Konflikten den eigenen Standpunkt überprüfen.*

9 Finde weitere Gründe, warum Konflikte positiv sein können.

ANALYSIEREN UND REFLEKTIEREN

So kannst du eine Antwort auf eine Frage finden

- Formuliere die Frage, auf die der Text eine Antwort sucht.
- Notiere die wichtigsten Informationen zu dieser Frage.
- Ordne die Informationen sinnvoll nach verschiedenen Themen, z. B. die Vorteile für dich, für alle Beteiligten und für das Problem.
- Fasse die Ergebnisse in wenigen Sätzen zusammen.

M4 Ich wusste es doch!

Allein durch unsere Erwartungen können wir das Ergebnis beeinflussen. Das bezeichnen wir als eine sich selbst erfüllende Prophezeiung.

Ein Mann will ein Bild aufhängen. Den Nagel hat er, nicht aber den Hammer. Der Nachbar hat einen. Also beschließt unser Mann, hinüberzugehen und ihn auszuborgen. Doch da kommt ihm ein Zweifel: Was, wenn der Nachbar mir den Hammer nicht leihen will? Gestern schon grüßte er mich nur so flüchtig. Vielleicht war er in Eile. Aber vielleicht hat er die Eile nur vorgeschützt, und er hat etwas gegen mich. Und was? Ich habe ihm nichts angetan; der bildet sich da etwas ein. Wenn jemand von mir ein Werkzeug borgen wollte, ich gäbe es ihm sofort. Und warum er nicht? Wie kann man einem Mitmenschen einen so einfachen Gefallen abschlagen? Leute wie dieser Kerl vergiften einem das Leben. Und dann bildet er sich auch noch ein, ich sei auf ihn angewiesen. Bloß weil er einen Hammer hat. Jetzt reicht's mir wirklich. – Und so stürmt er hinüber, läutet, der Nachbar öffnet, doch noch bevor er „Guten Tag" sagen kann, schreit ihn unser Mann an: „Behalten Sie Ihren Hammer, Sie Rüpel!"

Paul Watzlawick

10 Wie wird der Nachbar wohl reagieren? Notiere deine Vermutung und begründe sie.

11 Recherchiere, wie eine sich selbst erfüllende Prophezeiung erklärt wird.

Mit dem Gesetz in Konflikt

M1 Wenn der Konflikt aus dem Ruder läuft

1 Beschreibe das Bild und formuliere zu ihm drei Fragen.

2 Wie könnte es weitergehen? Schreibe drei mögliche Gedanken des Täters bzw. der Täterin und des Opfers auf.

M2 Ein Leben im Gefängnis

Regelverstöße wie schwere körperliche Gewalt oder Diebstahl können in begründeten Fällen sogar zu Freiheitsstrafen führen.

> **§ 2 Aufgaben des Vollzuges:**
> (1) Im Vollzug der Freiheitsstrafe soll der Gefangene fähig werden, künftig in sozialer Verantwortung ein Leben ohne Straftaten zu führen (Vollzugsziel).
> **§ 3 Gestaltung des Vollzuges:**
> (2) Schädlichen Folgen des Freiheitsentzuges ist entgegenzuwirken.
> (3) Der Vollzug ist darauf auszurichten, dass er dem Gefangenen hilft, sich in das Leben in Freiheit einzugliedern.
> *Strafvollzugsgesetz*

Stellen Sie sich vor, Sie seien eingesperrt in einem ziemlich kleinen Zimmer. […]. Was Sie täglich zum einfachsten Leben brauchen, ist vorhanden: Essen, ein kleines Waschbecken, Wäsche, eine Toilette. Sie haben sogar eine Beschäftigung. Allerdings ist sie monoton und wird mit Pfennigbeträgen entlohnt. […] Einmal am Tag dürfen Sie eine Stunde im Freien zubringen. Besuch von Angehörigen gibt es einmal im Monat, allerdings nur kurz und in einer völlig verqueren Atmosphäre […] Überhaupt haben Sie kein richtiges eigenes Leben. Entweder sind Sie völlig allein. Aber eine Intimität ist nicht vorhanden, weil sie jederzeit durch das Loch in der Tür beobachtet werden können wie ein Kaninchen im Stall. Oder Sie sind […] eine Nummer in der Masse […]. Alles ist zentral und total organisiert, bis zur zentralen Schaltung der Zellenbeleuchtung, mit der gleichen Tages- und Nachteinteilung für alle. Auf der anderen Seite sind Sie ständig zu passivem Abwarten verurteilt […] [und] nichts können Sie selbst machen.

Uwe Wesel

3 Vergleiche den Bericht und das Strafvollzugsgesetz. Erfüllt das Leben im Gefängnis, wie es der Text darstellt, die gesetzlichen Ziele der Freiheitsstrafe? Begründe deine Meinung.

4 Viele der inhaftierten Jugendlichen werden rückfällig. Welche Rolle könnte dabei das Leben und das Umfeld in der Haftanstalt spielen? Begründe deine Meinung.

5 Versetze dich in die Situation, die Uwe Wesel beschreibt. Verfasse einen Tagebucheintrag, wie du dir dein Leben nach dem Gefängnis vorstellst und erhoffst. Welche Pläne, welche Sorgen und welche Wünsche hättest du?

M3 Schwitzen statt Sitzen

Unter bestimmten Bedingungen verurteilen Gerichte (jugendliche) Straftäter und Straftäterinnen nicht zu Gefängnisstrafen, sondern zu gemeinnütziger Arbeit.

Gemeinnützige Arbeit kann nicht nur helfen, Haft und die damit verbundenen negativen Auswirkungen auf Familie, Beruf und Lebensumfeld zu vermeiden. Der Betroffene bekommt darüber hinaus die Möglichkeit, einen Teil seines verursachten Schadens wiedergutzumachen. So trägt er zur Wiedergutmachung mit bei. Er leistet sinnvolle Arbeit für die Gemeinschaft, statt seine Strafe einfach abzusitzen. Für den Verurteilten, der schon lange arbeitslos ist, bedeutet es auch, wieder einen geregelten Arbeitsrhythmus/Tagesstruktur zu erlernen und damit seine Chancen auf dem Arbeitsmarkt zu verbessern. […] Kurzum: Der Einsatz der Betroffenen ist für die Einrichtung kostenlos – für alle Beteiligten aber keineswegs umsonst! Außerdem können durch das Projekt erhebliche Haftkosten eingespart werden. Nach Einschätzung […] kann das Land dank des Projektes auf eine große Vollzugsanstalt mit 535 Haftplätzen verzichten. Die Straffälligenhilfe rechnet mit 15 Millionen Euro Einsparungen!

Sozialberatung Schwäbisch Gmünd e. V.

6 Erkläre, was der Titel „Schwitzen statt Sitzen" meint.

7 Für wen hat die gemeinnützige Arbeit welche Vorteile? Arbeite aus dem Text die Vorteile heraus und ordne sie zu.

8 Für straffällige Jugendliche fordern manche Menschen härtere Strafen. „Sie gehören weggesperrt", heißt es dann. Erläutere, warum hierzu auch andere Ansichten diskutiert werden sollten.
> Kompetenzbox

9 Beurteile das Projekt. Ist „schwitzen" besser als „sitzen"?

10 Beurteile, ob gemeinnützige Arbeit auch Nachteile hat (z. B. für den Täter oder die Täterin, das Opfer oder die Gesellschaft). Begründe deine Meinung.

ANALYSIEREN UND REFLEKTIEREN

So kannst du erläutern, warum eine Frage für das Zusammenleben wichtig ist

- Gib an, was das Ziel der Bestrafung ist. Was soll die Strafe bei den Jugendlichen bewirken? Berücksichtige insbesondere M2.
- Beschreibe mögliche Auswirkungen der Strafe auf den Täter oder die Täterin und prüfe, ob die Gefängnisstrafe das erwünschte Ziel erreicht.
- Überprüfe andere Möglichkeiten der Bestrafung. Ist die gemeinnützige Arbeit eine sinnvolle Form der Strafe?
- Fasse deine Ergebnisse zusammen und begründe, warum es für das Zusammenleben wichtig ist, über die verschiedenen Formen der Strafe zu diskutieren.

M4 Zum Lesen verurteilt

Jugendgericht verurteilt Ersttäter zum Lesen

Statt Arbeitsstunden, Geldstrafen oder Arrest sollen jugendliche Straftäter unter pädagogischer Begleitung ein Buch mit einem konkreten Bezug zur Tat lesen und zum Nachdenken angeregt werden.

11 Recherchiere ähnliche Formen der Strafe. Welche Bücher werden gelesen und was berichten die Jugendlichen über ihre Erfahrungen?

12 Findest du solche Projekte zielführend? Begründe deine Meinung.

Mut zur Aussöhnung

M1 Auch ein Staat muss Verantwortung übernehmen

Konflikte entstehen nicht nur im kleinen Kreis. Sie können auch innerhalb der Gesellschaft oder zwischen Staaten entstehen.

1 Ein Amt ist zuständig für die öffentlichen Aufgaben des Staates. Formuliere Vermutungen, welche Aufgaben ein Amt für Wiedergutmachung haben könnte.

2 Stell dir vor, auch in deinem Alltag gäbe es ein Amt für Wiedergutmachung. Mit welchen Anliegen würdest du dich an dieses Amt wenden? Formuliere drei Anträge. Beginne so: *Ich beantrage Wiedergutmachung für …*

M2 Mit Unrecht umgehen

Strafen heißt, mit Absicht Übel zufügen.

Auge um Auge, Zahn um Zahn.
Wie du mir, so ich dir!

Rache ist ein neues Unrecht.

Wer auf Rache aus ist,
grabe zwei Gräber.

Hass zerbricht den
Gehassten, aber ebenso
zerbricht er den Hassenden.

Elie Wiesel

Ehe man tadelt, sollte man
immer erst versuchen,
ob man nicht entschuldigen kann.

Georg Christoph Lichtenberg

3 Fasse in eigenen Worten die wichtigsten Aussagen der Sprichwörter und Zitate zusammen. Was bewirkt Rache?

4 Rache führt in der Regel zu neuem Hass und weiterer Gewalt. Finde andere Möglichkeiten, mit erlittenem Unrecht umzugehen.

5 „Strafen heißt, mit Absicht Übel zufügen". Gibt es einen Unterschied zwischen Strafe und Rache? Begründe deine Meinung.

6 Soll dem Dieb so viel genommen werden, wie er gestohlen hat? Stelle Vermutungen darüber an, welcher Unterschied zwischen der Forderung nach Wiedergutmachung und der Forderung „Auge um Auge, Zahn um Zahn" besteht.

M3 Versöhnung statt Vergeltung

Verzeihen und versöhnen zu können, ist ein langer Prozess. Das Ziel ist es, sich von den erlittenen Kränkungen und negativen Gefühlen zu befreien, um sich nicht mehr als „Opfer" zu fühlen.

Wenn wir vergeben oder verziehen haben, haben wir das Geschehene natürlich nicht vergessen. Doch geht Versöhnung einen Schritt weiter: Es ermöglicht einen Kontakt zu Menschen, die uns etwas angetan haben […]. Und dieser Kontakt ist nicht (mehr) vom geschehenen Unglück bestimmt. Zwei Menschen können sich wieder auf gleicher Ebene begegnen, nicht mehr als Täter und Opfer […]. Dabei ist es wichtig zu wissen: Sich versöhnen bedeutet nicht, die beklagte Handlung gutzuheißen oder auch nur zu akzeptieren. Es bedeutet, sich von ihr aktiv zu distanzieren. […] Versöhnung verzichtet nämlich auf jeden Hinweis, dass einmal etwas geschehen ist, was eine Wiedergutmachung erfordert hätte, erhebt also keine weiteren Ansprüche mehr. Versöhnung schließt das Recht aus, dem anderen noch Vorwürfe zu machen.

Angelika Rohwetter

7 Wann können wir von Versöhnung sprechen? Notiere die wichtigsten Merkmale aus dem Text.

8 Für das erlittene Leid oder den Schaden des Opfers wird als Ausgleich oft Vergeltung oder Rache gefordert. Erläutere, warum es wichtig ist, auch andere Ansichten zu diskutieren, wie verursachtes Unrecht überwunden werden kann.
> Kompetenzbox

9 Kann man Versöhnung, z. B. durch ein Gericht, verordnen oder erzwingen? Begründe deine Meinung.

10 Manchmal stehen wir mit uns selbst in Konflikt. Kann man sich mit sich selbst aussöhnen? Begründe deine Meinung.

ANALYSIEREN UND REFLEKTIEREN

So kannst du erläutern, warum eine Frage für das Zusammenleben wichtig ist

- Gib das Ziel an, warum erlittenes Unrecht ausgeglichen werden soll. Wie soll sich das Verhältnis zwischen Opfer und Täter oder Täterin verändern?
- Beschreibe mögliche Auswirkungen der Rache und Vergeltung auf das Opfer-Täter-Verhältnis und prüfe, ob das erwünschte Ziel durch Rache oder Vergeltung erreicht werden kann.
- Überprüfe andere Möglichkeiten der Überwindung von Unrecht. Ist Versöhnung eine sinnvolle Form, um Zusammenleben wieder zu ermöglichen?
- Fasse deine Ergebnisse zusammen und begründe, warum es für das Zusammenleben wichtig ist, darüber zu diskutieren, wie erlittenes Unrecht überwunden werden kann.

M4 Du entscheidest!

Ein alter Mann unterhielt sich mit seinem Enkel.

„Weißt du, wie ich mich manchmal fühle? Es ist, als ob da zwei Wölfe in meinem Herzen miteinander kämpfen würden. Einer der beiden ist rachsüchtig, aggressiv und gewalttätig. Der andere hingegen ist gerecht, mitfühlend und weise."

Der Junge fragte: „Und welcher der beiden gewinnt den Kampf?"

„Der Wolf, den ich füttere" […].

Helmut Knoblauch

11 Deute die Geschichte. Was meint der alte Mann mit der Aussage, in seinem Herz würden zwei Wölfe kämpfen?

12 Der Großvater meint, es würde der Wolf gewinnen, den er füttere. Erkläre, womit die beiden Wölfe jeweils gefüttert werden müssten, damit sie gut gedeihen.

13 Veranschauliche die Geschichte an einem Beispiel aus deinem Alltag.

Zeig, was du kannst!

Das Wichtigste in Kürze

Meinungsverschiedenheiten – Wut im Bauch – Interessenkonflikt – Eskalationsstufen eines Konflikts – Kompromisse schließen – Vergeltung – gemeinnützige Arbeit – Versöhnung – Wiedergutmachung

Über Konflikte

Meinungsverschiedenheiten gehören zu unserem Alltag. In der Schule, der Familie oder in Freundschaften müssen wir miteinander unterschiedliche Ziele und Interessen aushandeln. Wenn das nicht gelingt, entstehen Spannungen, man fühlt sich unterlegen oder missverstanden. Werden solche Signale übersehen, entwickeln sich Konflikte, die schnell eskalieren können. Das eigentliche Problem wird nicht mehr beachtet, das Ziel ist nur noch, sich auf Kosten anderer durchzusetzen. Deshalb sollten wir lernen, mit Konflikten konstruktiv umzugehen und zu gemeinsamen Lösungen zu kommen. Dann können Konflikte durchaus auch etwas Positives bewirken. Dies gilt auch für Konflikte, die wir mit uns selbst austragen.

Wenn ein Konflikt ganz aus dem Ruder läuft, kann das auch rechtliche Folgen haben. Dass schwere Regelverstöße in der Gesellschaft nicht hingenommen werden können, wird nicht in Frage gestellt. Diskutiert wird aber über Sinn und Zweck von Strafen und über Möglichkeiten von Wiedergutmachung und Versöhnung.

Kompetenz-Check

M Was haben Konflikte mit Eisbergen gemeinsam?

Es gibt viele verschiedene Ursachen, aus denen heraus Streit entstehen kann. Man kann diese Ursachen aber oft nicht sofort sehen. Sie wirken unter der Oberfläche, sind verdeckt oder werden sogar bewusst von den Beteiligten versteckt. Das ist wie bei einem Eisberg, von dem man nur den kleinen oberen Teil über Wasser sieht, den größeren Teil unter Wasser aber nicht.

Was also steckt z. B. hinter dem Wutausbruch, der eine Reaktion hervorruft? Oder anders gefragt: Was befindet sich unter der Wasseroberfläche? Welche Gefühle, welche Bedürfnisse, welche Missverständnisse oder Wertvorstellungen? Erst wenn man unter die Oberfläche blickt, kann man einen Konflikt meist wirklich verstehen. Es geht also darum, genauer hinzuschauen, was mit den Streitpartnerinnen oder Streitpartnern eigentlich los ist.

ANALYSIEREN UND REFLEKTIEREN

1 Begründe, warum Konflikte auch etwas Gutes haben können.

2 Beurteile den Leitsatz „Schwitzen statt Sitzen“ im Umgang mit straffälligen Jugendlichen.

3 Erkläre mit Hilfe eines Schaubildes, warum Konflikte mit einem Eisberg verglichen werden können.

4 In einem Konflikt achten wir oft nur darauf, was gesagt oder gemacht wird. Alles andere (z. B. Gefühle oder Gründe) ist uns in dem Moment egal. Erläutere, warum man auch andere Verhaltensweisen diskutieren sollte.

Werkstatt

Eine Geschichte in Bildern erzählen

Die Geschichte: Streit nach dem Sportunterricht

Als im Sportunterricht Mannschaften gewählt werden, wählt Jannis nicht wie üblich seinen besten Freund Mark als ersten, sondern einen anderen Freund. Mark muss deshalb in der schlechteren Mannschaft mitspielen. Mark ärgert sich so über Jannis, dass er dessen Turnbeutel in der Umkleidekabine versteckt. Weil Jannis den Turnbeutel nicht gleich findet, kommt er zu spät zur nächsten Stunde und bekommt eine Strafarbeit. Jetzt ist Jannis sauer auf Mark. Er geht in der Pause zu ihm hin und schmeißt aus Rache Marks Mäppchen auf den Boden. Weil dabei das Geodreieck kaputtgegangen ist, tritt Mark Jannis gegen das Schienbein. Die nächsten zwei Wochen reden die beiden kein Wort mehr miteinander. Als die Klasse beginnt, sich in ein Mark- und in ein Jannislager aufzuteilen, wird es der Klassenlehrerin zu viel und sie schickt die beiden zur Streitschlichtung. Als Jannis den Streit aus seinem Blickwinkel schildert, kommt heraus, dass er sich über Mark geärgert hatte, weil Mark, wenn sie sich treffen, immer nur Computer spielen will und Jannis aber lieber etwas anderes machen würde. Deshalb einigen sie sich darauf, dass in Zukunft jeder abwechselnd bestimmen darf, was gemacht wird.

Eine Geschichte in Bildern erzählen

Wie der Streit zwischen Jannis und Mark eskaliert und wie aus den beiden Freunden fast Feinde werden, kannst du in einem Comic besonders spannungsvoll erzählen.

Merkmale eines Comics

Panels (Bildtafeln) in unterschiedlicher Größe – Sprech- und Denkblasen – „Pengsprache“ – stark vereinfachte Figuren mit ausdruckstarker Mimik und Gestik – Texte in möglichst knapper Form.

So setzt du die Erzählung in eine Bildgeschichte um:

- Gliedere den Text in wichtige Sinnesabschnitte und notiere die Schlüsselereignisse. Welche Handlung hat welche Folgen?
- Erstelle daraus ein Drehbuch bzw. Storyboard:
  - Setze die Erzählung in eine Dialogform um.
  - Erstelle eine Liste über die beteiligten Figuren.
  - Finde Sätze, Gedanken und Ausdrucksformen (Mimik, Gestik) für die Beschreibungen von Gefühlen und Handlungen im Text.
  - Liste die wichtigsten Schauplätze auf.
  - Erstelle eine Liste der wichtigen Gegenstände, die unbedingt vorkommen müssen.
  - Erfinde fantasievolle Details, die deine Geschichte einzigartig und originell machen.

So erzählst du die Geschichte in Bildern:

- Entscheide, welche Ereignisse in die Panels kommen.
- Lege die Anzahl, Abfolge, Größe und Form der Panels fest.
- Schaffe Spannung durch unterschiedliche Bildausschnitte. Beispiel: *Du kannst Gefühle der Charaktere hervorheben, indem nur das Gesicht bildfüllend dargestellt wird.*
- Verstärke die Stimmung durch die Formen und Farben der Sprech- und Denkblasen sowie der „Pengsprache“.
- Entwirf vor der Ausarbeitung deiner Ideen Skizzen.

Worauf es ankommt

- ☑ die entscheidenden Wendepunkte festhalten
- ☑ die Eskalation des Konflikts bildhaft umsetzen
- ☑ die Emotionen ausdruckstark darstellen
- ☑ spannende Dialoge formulieren

Wann ist etwas gerecht verteilt?

Wie kann ich meine Meinung sagen?

Teil einer Gesellschaft sein – wie geht das?

Werden Jugendliche gehört?

Was heißt Gleichberechtigung?

Recht und Gerechtigkeit

> Gemeinschaft gestalten

WERKSTATT

Ein „Who's Who" der Gleichberechtigung

In der Geschichte setzen sich Frauen schon seit langem für Frauenrechte und Gleichberechtigung ein. So unterschiedlich ihre Herkunft und ihre Lebensgeschichten auch sein mögen, ihre Ziele verbinden sie, und ihre Leistungen verdienen Anerkennung. Vieles, was uns heute als selbstverständlich erscheint, wäre ohne ihren Einsatz undenkbar. Daran wollt ihr nun erinnern, indem ihr zum Internationalen Frauentag am 8. März eine Sonderausgabe für die Schülerzeitung entwickelt.

Gestalte eine Doppelseite für diese Ausgabe. Recherchiere Frauen, die durch ihre politischen, gesellschaftlichen, wissenschaftlichen oder künstlerischen Leistungen zur Gleichberechtigung beigetragen haben. Wähle eine Persönlichkeit aus, die du besonders interessant findest. Im Mittelpunkt deiner Doppelseite soll dabei jeweils ein fiktives Interview stehen. Befrage darin die Person über ihr Leben und Wirken.

Wer hat hier das Sagen?

M1 Mitbestimmen – wie geht das?

1 Beschreibe und deute das Bild. Welche Möglichkeiten der Meinungsäußerung werden auf dem Bild dargestellt?
2 Erstelle eine Checkliste mit drei Fragen. Was würdest du überprüfen, um herauszufinden, ob in einer Gemeinschaft, z. B. in der Klasse oder in der Familie, die verschiedenen Meinungen beachtet werden?

M2 Durch Sprache handeln

In dem Wort „Mitbestimmung" steckt das Wort „Stimme". Das macht deutlich, dass wir mit unserer Stimme, also mit unserer Sprache, eine Menge anstellen und bewirken können. Mit dem was wir sagen und wie wir etwas sagen, bestimmen wir unser Zusammenleben ganz erheblich – im guten wie im schlechten Sinne.

zustimmen | widersprechen | verschweigen | argumentieren | einschüchtern | beleidigen | ermutigen | nicht ausreden lassen

3 Was kannst du alles mit deiner Stimme anstellen und bewirken? Erstelle ein Wortfeld oder eine Mindmap..
4 Bei der Wahl des Klassensprechers oder der Klassensprecherin wird eine Abstimmung durchgeführt, d. h. du stimmst für oder gegen eine Person. Stelle Vermutungen darüber an, warum das so genannt wird. Was könnte diese Handlung mit unserer Stimme zu tun haben?

5 Die Art und Weise, wie wir mit einer Person sprechen, kann ihre Handlungen beeinflussen. Wähle aus dem Wortspeicher zwei wertschätzende und zwei abwertende Beispiele aus und formuliere dazu Sätze mit passender Wortwahl. Beispiel: *„ermutigen" – Komm, das ist nicht so schlimm, nächstes Mal schaffst du das bestimmt!*

M3 Die Macht der Sprache

Mit Hilfe von Sprache kann Macht ausgeübt werden, können Menschen ermutigt oder unterdrückt werden. In der Politik ist Sprache ein wichtiges Werkzeug – sowohl für die PolitikerInnen als auch für die BürgerInnen. Erklären, debattieren, verhandeln, diplomatische Lösungen finden […] gehören für PolitikerInnen zum beruflichen Alltag. Die BürgerInnen haben das Recht auf politische Mit-Sprache: Ihre Meinungen zu äußern, Vorstellungen und Wünsche zu formulieren, zu diskutieren oder zu protestieren. […]
Manchmal ist Macht aber auch damit verbunden, dass jemand anderer schlechter behandelt oder sogar unterdrückt wird. Beispiele für eine Diskriminierung durch Sprache sind Beschimpfungen, Beleidigungen oder abwertende Witze. Aber Diskriminierung kann auch „unauffälliger“ geschehen: Jemanden nicht ausreden lassen oder im Gespräch einfach nicht beachten, jemanden nicht mit Namen nennen, sondern nur von „dem da“ oder „der da“ sprechen – all das kann verletzen und abwerten. […] Weil Sprache so eine große Macht hat, […] ist es wichtig, sensibel (vorsichtig) damit umzugehen. Man kann versuchen, Sprache ein wenig gerechter zu machen.

DemokratieWEBstatt

6 Erkläre die Aussage im Text, dass die Sprache ein wichtiges Werkzeug ist.

7 Mit Hilfe von Sprache kann Macht ausgeübt werden. Beurteile die verschiedenen Argumente des Textes, die für diese Aussage genannt werden.
> Kompetenzbox

8 Im Text wird gefordert, einen gerechten (nicht diskriminierenden) Umgang mit Sprache zu verwenden. Nenne Merkmale einer gerechten Sprache.

ARGUMENTIEREN UND URTEILEN

So kannst du Argumente gewichten

- Beschreibe, wie Sprache eingesetzt werden kann.
- Sammle mit Hilfe des Textes Argumente dafür, dass durch Sprache Macht ausgeübt werden kann. Was kann von wem durch Sprache bewirkt werden?
- Wähle die wichtigsten drei Argumente aus und begründe deine Meinung.

M4 Jede Stimme eine Meinung

Demokratie heißt wörtlich übersetzt, Herrschaft des Volkes und meint eine Gesellschaft, in der jede und jeder das Recht hat, mitzudiskutieren und seine Interessen einzubringen. Es kommt dabei nicht darauf an, wie laut oder leise jemand eine Stimme erhebt.

9 Formuliere Regeln für eine Diskussion zwischen den Personen auf dem Bild, sodass alle, auch die leisen Stimmen, gehört werden. Gestalte sie anschaulich, z. B. als Comic oder Plakat.

10 Wenn jeder seine Stimme erhebt, kann es ganz schön laut und chaotisch werden. Kann man auch durch Schweigen Macht ausüben? Formuliere deine begründete Meinung.

Was ist Gerechtigkeit?

M1 In die Waagschale geworfen

1 Stell dir vor, du möchtest mit jemandem Tomaten gegen Paprika tauschen. Beurteile, ob der Tausch bei dem Stand der Waage auf dem Bild, ein gerechter Tausch wäre. Begründe deine Meinung.
2 Erkläre, warum eine solche Balkenwaage wie auf dem Bild ein Symbol für Gerechtigkeit sein kann.
3 Es gibt die Redewendung „das Zünglein an der Waage sein". Deute diesen Spruch mit Hilfe des Bildes und finde Beispiele dazu aus deinem Alltag.

M2 Formen von Gerechtigkeit

1 In einem Dorf sind Lebensmittel knapp geworden. Der Dorfälteste wird beauftragt, die Verteilung vorzunehmen. Er gibt jedem etwas, aber nicht allen das Gleiche. Erwachsene erhalten mehr als kleine Kinder, weil diese nicht so viel brauchen. Und wer schwere Arbeit verrichtet, bekommt mehr als diejenigen, deren Tätigkeiten wenig Kraft verlangen.

2 Ein Frauenfußballteam hat einen kleinen Verein gegründet. Die Gemeinde stellt den Spielerinnen den Platz zur Verfügung, der Verein muss sich selbst um die Instandhaltung kümmern: Rasen mähen, Maulwurfshügel beseitigen, an kahlen Stellen Gras einsäen, Linien ziehen, Müll beseitigen. Jede Fußballerin sorgt durch ihre Arbeit dafür, dass der Platz in Ordnung ist und man gut spielen kann.

3 Herr A und Herr B haben vereinbart, dass B seinem Nachbarn beim Ausbau des Dachbodens hilft. B bekommt dafür die Hälfte der Ernte der Streuobstwiese von A. Beide sind zufrieden.

4 Herr X ist mit seinem Wagen über den Rand des Vorgartens von Frau Y gefahren. Er ersetzt die Blumen, die dabei plattgefahren wurden, und sorgt dafür, dass neue sorgfältig eingepflanzt werden. Frau Y bedankt sich sogar, obwohl sie dies nicht brauchte.

4 Diskutiere weitere Möglichkeiten, wie der Dorfälteste (Fall 1) die knappen Lebensmittel verteilen könnte. Nenne Vor- und Nachteile der verschiedenen Vorschläge.
5 In beiden Fällen (3 und 4) wird durch eine Leistung etwas ausgeglichen. Beschreibe den Unterschied zwischen den beiden Fällen.
6 Finde ähnliche Situationen des Ausgleichs (Fall 3) in deinem Alltag. Beschreibe diese in einer gerechten und in einer ungerechten Form.
7 In Fall 2 wollen sich alle Fußballerinnen beteiligen. Es wird aber diskutiert, welche Form der Aufgabenteilung gerecht sei. Einige wollen, dass jede eine halbe Stunde mitmacht, andere finden das ungerecht. Vergleiche verschiedene Lösungsmöglichkeiten. Beispiel: *Sollen verletzte Spielerinnen genauso viel arbeiten wie die gesunden?* > Kompetenzbox

ARGUMENTIEREN UND URTEILEN

So kannst du Vorstellungen vom richtigen Handeln vergleichen

- Formuliere mögliche Kriterien einer gerechten Aufgabenverteilung. Beispiele: *Gerecht ist, wenn alle gleich lang mithelfen. – Gerecht ist, wenn verletzte Spielerinnen oder Spielerinnen, die schnell sind, kürzer arbeiten. – …*
- Wähle zwei bis drei Lösungsvorschläge aus und finde Argumente für und gegen die einzelnen Möglichkeiten.
- Entscheide dich für den Vorschlag, den du am gerechtesten für alle Beteiligten findest. Formuliere z. B. so: *Mich hat das Argument … am meisten überzeugt. Deshalb finde ich die Lösung … am gerechtesten.*

M3 Gerechtigkeit ist nicht immer das Gleiche

Austeilende Gerechtigkeit

Sie geschieht von „oben" nach „unten" und betrifft immer mehrere Menschen. Von dem, was zur Verfügung steht, bekommt jeder nur das, was ihm angemessen ist. Die austeilende Gerechtigkeit spielt eine Rolle in dem Verhältnis von Eltern und Kindern, Lehrkräften und Schülerinnen und Schülern usw.

Beteiligungsgerechtigkeit

Jeder Einzelne trägt etwas zum Wohl der Gruppe oder Gemeinschaft bei, der er angehört. Er tut etwas für seine Familie, seine Schule, seinen Verein usw.

Ausgleichende Gerechtigkeit

Hier haben es nur einzelne Menschen miteinander zu tun. Man spricht von *Tauschgerechtigkeit*, wenn das, was getauscht wird, den gleichen Wert hat. Im Fall eines verursachten Schadens spricht man hingegen von *korrektiver Gerechtigkeit*. Bei diesem Ausgleich muss die Leistung der Höhe des Schadens entsprechen.

8 Gib in eigenen Worten die wichtigsten Merkmale der verschiedenen Formen der Gerechtigkeit wieder.

9 Ordne die verschiedenen Formen der Gerechtigkeit den Fallbeispielen in M2 zu.

10 Ist eine der Formen der Gerechtigkeit (M2/M3) für dich im Alltag wichtiger als die anderen? Begründe deine Antwort.

M4 Wie könnt ihr es wagen!

Die Umweltschutzaktivistin und Gründerin der „Fridays for Future"-Bewegung Greta Thunberg wirft den heutigen Erwachsenen im Umgang mit den begrenzten Ressourcen der Erde vor, dass sie die Lebensgrundlagen nachkommender Generationen verbrauchen. Das sei ungerecht..

> Ihr sagt, ihr liebt eure Kinder über alles, und doch stehlt ihr ihnen die Zukunft vor ihren Augen.
>
> *Greta Thunberg*

11 Formuliere in deinen eigenen Worten, welche Ungerechtigkeit Greta der heutigen Erwachsenengeneration vorwirft.

12 Greta meint, jetzt müsse gehandelt werden. Formuliere Forderungen an die Menschheit heute. Wie sollte ein gerechter Umgang mit unserem Planeten aussehen, der auch zukünftige Generationen berücksichtigt?

Geschlechtergerechtigkeit

M1 Der kleine Unterschied

1. Beschreibe das Bild und formuliere dessen Aussage in einem Satz. Was wird über die Chancen von Männern und Frauen im Leben behauptet?
2. Finde Beispiele und Gegenbeispiele zu der Bildaussage aus deinem Alltag.
3. Erkläre, wie sich Gleichberechtigung zwischen Männern und Frauen zeigt. Beginne so: *Männer wie Frauen dürfen/sollen/müssen gleichermaßen …*

M2 Gesetz ist Gesetz, aber …

Die Gleichberechtigung von Mann und Frau ist in den Menschenrechten und im Grundgesetz seit 1949 festgeschrieben. Doch für ihre Umsetzung müssen Frauen weltweit noch hart kämpfen. Trotz Fortschritten gibt es noch viel zu tun, auch in Deutschland.

1918 erstritten die Frauen in Deutschland das Wahlrecht: Sie dürfen wählen und gewählt werden.

Aber: Erst 1961 wurde eine Frau Bundesministerin und mit Angela Merkel erst 2005 eine Bundeskanzlerin gewählt. Bis heute sind durchschnittlich nur 30 % der Parteimitglieder Frauen.

1949 wird im Artikel 3 des Grundgesetzes die Gleichberechtigung von Mann und Frau festgehalten.

Aber: Erst ab 1958 durfte eine Frau ohne das Einverständnis des Ehemannes erwerbstätig sein. Dieser darf seither auch das Dienstverhältnis seiner Frau nicht mehr fristlos kündigen.

Aber: Bis 1977 war die Frau gesetzlich für die Haushaltsführung und die Kindererziehung verantwortlich. Sie durfte nur dann berufstätig sein, wenn sie dies mit ihren familiären und ehelichen Pflichten vereinbaren konnte.

2006 tritt das Allgemeine Gleichbehandlungsgesetz in Kraft, das auch den Schutz vor Benachteiligung wegen des Geschlechts zum Ziel hat.

Aber: Bis heute sind Frauen in führenden Positionen stark in der Unterzahl. Sie verdienen durchschnittlich 20 % weniger als Männer. Über 60 % der Frauen mit minderjährigen Kindern arbeiten Teilzeit, aber nur knapp 6 % der Männer. Frauen erledigen noch immer den Großteil der unbezahlten Hausarbeit, Betreuung, Pflege und Ehrenamt – auch dann, wenn sie berufstätig sind.

4. Arbeite aus den Texten heraus, woran sich die Benachteiligung von Frauen in der Gesellschaft bis heute zeigt.
5. Vergleiche die Aussage des Bildes M1 mit den Informationen in den Texten und formuliere eine Schlussfolgerung.
6. Erkläre, ob allein durch Gesetze des Staates Gleichberechtigung zwischen Männern und Frauen erreicht werden kann.

M3 Gleichberechtigung geht alle an – weltweit!

Weltweit kämpfen Frauen für Gleichberechtigung. Sie setzen sich aktiv für Änderungen ein, indem sie auf Missstände hinweisen und Frauenrechte einfordern.

Einem Mädchen ist nicht vorherbestimmt, eine Sklavin zu sein. […] Es ist nicht nur eine Mutter, nicht nur eine Schwester, nicht nur eine Ehefrau – es sollte eine Identität haben und anerkannt werden, mit den gleichen Rechten wie ein Junge.

Malala Yousafzai, pakistanische Kinderrechtsaktivistin und Friedensnobelpreisträgerin

Starke Männer – Männer, die wahre Vorbilder sind – haben es nicht nötig, Frauen herabzusetzen, um sich selbst wichtig zu fühlen. Menschen, die wirklich stark sind, heben andere hoch.

Michelle Obama, ehemalige First Lady der USA

Wir fordern die Industriestaaten dazu auf, […] Frauen die Freiheit und Gleichheit zu garantieren, die sie brauchen, um zu gedeihen. Wie können wir als Gesellschaft erfolgreich sein, wenn die Hälfte von uns unterdrückt wird? Wir fordern alle unsere Schwestern auf der ganzen Welt dazu auf, Mut zu haben – ihre innere Stärke zu erkennen und das ihnen innewohnende Potenzial voll auszuschöpfen.

Malala Yousafzai (in: Christina Lamb)

7 Fasse die Forderungen zusammen. Wie kann Gleichberechtigung erreicht werden? Wer soll wie und was beitragen?

8 Gleichberechtigung ist in einer gerechten Gesellschaft wichtig für das Zusammenleben. Beurteile die verschiedenen Argumente, die für diese Forderung genannt werden. > Kompetenzbox

9 Beurteile die Aussagen und formuliere eigene Vorschläge.

ARGUMENTIEREN UND URTEILEN

So kannst du Argumente gewichten

- Beschreibe, welche Folgen es hat, wenn Gleichberechtigung nicht beachtet wird.
- Sammle aus den Texten die Argumente dafür, dass Gleichberechtigung wichtig ist.
- Wähle die wichtigsten drei Argumente aus und begründe deine Meinung.

M4 Gleichberechtigt? Selbstverständlich!

Jede Gesellschaft muss sich daran messen lassen, wie sie ihre Frauen und Mädchen behandelt.

Michelle Obama, ehemalige First Lady der USA

10 Deute die Aussage. Formuliere mögliche Folgen für das Zusammenleben in einer Gesellschaft, wenn Frauen benachteiligt oder unterdrückt werden.

11 Recherchiere das Leben von Malala Yousafzai und Michelle Obama.

Beteiligungsgerechtigkeit

M1 Zugang freihalten, bitte!

1 Auf dem Plakat siehst du Jessy. Er ist gehörlos. Beschreibe das Plakat und deute den Satz aus seiner Sicht. Wer oder was behindert ihn? Wobei wird er behindert?

2 Mache Vorschläge, wie Jessy am Leben un-behindert teilhaben könnte.

3 Wir alle wollen am Leben ungehindert teilhaben. Wobei fühlst du dich im Alltag behindert und was behindert dich? Notiere solche Situationen. Beispiel: *Ich kann nicht mit dem Fahrrad zur Schule fahren, weil der Schulweg zu gefährlich ist.*

M2 Barrierefreiheit – un-gehindert leben!

Ich erlebe mich gar nicht als behindert. Ich bin eben so geboren worden, ich vermisse nichts. […] Aber manchmal steht man vor einem Gebäude und kommt nicht rein. DANN fühle ich mich schon behindert. Manchmal reicht eine kleine Kante, um uns auszubremsen.

Betty aus Neuss, mit fehlenden Gliedmaßen geboren

Wir brauchen viel mehr Untertitel im Fernsehen. Und viel mehr Gebärdensprachdolmetscher. Ob bei der Polizei, in Schulen, in Krankenhäusern – diese Einrichtungen sind für alle da. […] Man stößt ständig an Kommunikationsgrenzen […].

Christine aus Dortmund, gehörlos

Eigentlich komme ich auch ohne Augenlicht gut zurecht, auch dank meines Blindenführhundes. Doch im Alltag stoße ich auf Barrieren, […]. Das Leitsystem für Blinde ist total lückenhaft […].

Miriana, Studentin aus Dortmund, erblindet

SoVD Nordrhein-Westfalen e.V.

4 Arbeite aus den Zitaten heraus, welche Barrieren diese Menschen an ihrer selbständigen Lebensführung hindern.

5 Nicht nur Menschen mit Behinderungen müssen sich mit Barrieren auseinandersetzen. Auch anderen Gruppen der Gesellschaft kann die gesellschaftliche Teilhabe erschwert werden oder gar versperrt bleiben. Finde hierfür Beispiele (z. B. alte Menschen) und begründe deine Meinung.

M3 Nur wer sich einbringen kann, gehört dazu

Beteiligung hat zwei Seiten: eine aktive als „Teilnahme“ im Sinne von Teil eines Ganzen zu sein mit all seinen Rechten und Pflichten, und eine passive als „Teilhabe“ im Sinne von teilnehmen lassen, einen Zugang zum Ganzen ermöglicht bekommen.

Teilhabe ist ein untrennbarer Bestandteil von Selbstbestimmung. […] Wer an Demonstrationen teilnehmen oder in einer Vereinigung als Mitglied mitwirken kann, kann gemeinsam mit anderen auf die Politik im Staat Einfluss nehmen. […] Die freie Entscheidung, welchen Beruf ich ausüben möchte, kann ich nur treffen, wenn ich die Möglichkeit habe, das Schul- und Ausbildungswesen umfassend zu nutzen, um meine Fähigkeiten auszubilden. Die freie Entscheidung, ob ich in einem Chor singen will, habe ich nur, wenn mir als Rollstuhlfahrerin die Veranstaltungsstätte barrierefrei zugänglich ist oder wenn ich nicht befürchten muss, dass mir wegen meines Kopftuchs Hass entgegenschlägt, ich als Frau dort oder auf dem Weg dorthin sexuell belästigt […] werde.

Beate Rudolf

6 Erläutere mit Hilfe des Textes, warum das Recht auf Teilhabe eine notwendige Forderung an die Gesellschaft ist.

7 Veranschauliche an eigenen Beispielen das Verhältnis von Teilnahme und Teilhabe in der Gesellschaft.

8 Im Stadtparlament steht die Entscheidung an, welche Projekte im nächsten Jahr umgesetzt werden sollen. Formuliere einen überzeugenden Antrag für den Ausbau von barrierefreien Eingängen in allen öffentlichen Einrichtungen an deinem Wohnort.
> Kompetenzbox

ARGUMENTIEREN UND URTEILEN

So kannst du schlüssig argumentieren

- Formuliere deine Forderung an das Stadtparlament. Was möchtest du erreichen?
- Finde zwei bis drei wichtige Argumente, warum deine Forderung umgesetzt werden soll und veranschauliche diese an Beispielen aus dem Alltag. Berücksichtige dabei deine Ergebnisse aus Aufgabe 6.
- Nenne mögliche Folgen, sollte dein Antrag abgelehnt werden. Veranschauliche diese durch Beispiele: *Wenn die Treppen der Stadtbücherei nicht durch eine Rampe ersetzt wird, dann …*

M4 Positive Diskriminierung ist erwünscht!

Stellenanzeige
Schwerbehinderte werden bei entsprechender Eignung mit Vorrang berücksichtigt.

Gesetz zur Frauenförderung

§ 19
Jugendarbeitsschutzgesetz

9 Wähle eine Regelung aus und recherchiere deren Inhalt.

10 Erkläre den Begriff der positiven Diskriminierung an einer der Regelungen und das Ziel, das damit verfolgt wird.

11 Ist positive Diskriminierung sinnvoll? Nimm begründet Stellung.

Demokratie leben und lernen

M1 Kann ich auch mal etwas sagen?

1 Wie wichtig ist es dir, ob du mitbestimmen darfst? Erstelle eine Tabelle mit vier Spalten für Antwortmöglichkeiten für die verschiedenen Bereiche (sehr wichtig – wichtig – weniger wichtig – gar nicht wichtig) und kreuze deine Antwort an.

2 Vergleiche die Ergebnisse in der Klasse.

3 Dass man in der Familie und in der Schule mitbestimmen möchte, ist für viele selbstverständlich. Aber warum am Wohnort? Finde Gründe dafür aus deinem Alltag.

4 Wie schätzt du die Meinung deiner Eltern ein? Kreuze die vermutete Antwort mit einer anderen Farbe an.

M2 Nicht motzen, machen!

Nachdem sie bereits „wild" ihrem Hobby nachgegangen waren, haben sich Jugendliche in Weil am Rhein für die Installation eines Street-Workout-Parks stark gemacht und diesen bei der Stadtverwaltung beantragt. Mit Erfolg! Gemeinsam mit Mitarbeitenden der Stadtverwaltung konzipierten und realisierten sie die Anlage. In mehreren Planungsrunden saßen die Jugendlichen mit der Stadtverwaltung zusammen, was sowohl für die Jugendlichen als auch für die Akteur_innen der Verwaltung ein positiver Lernprozess war. Beispielsweise lernten die Jugendlichen in einer Sitzung mit dem Vertreter des TÜV, welche Vorgaben es bei der Höhenbestimmung von Sportgeräten gibt und auf welche Beschaffenheit man beim Untergrund des Gerätes achten muss. Durch diese enge Einbeziehung der Jugendlichen in den gesamten Planungsprozess konnte eine hohe Nutzungsqualität und große Akzeptanz für die Anlage erreicht werden. Im Mai 2015 wurde die neue Trendsportanlage für jugendliche Sportbegeisterte eröffnet. Die Jugendlichen entwickelten durch den Beteiligungsprozess ein starkes Verantwortungsgefühl für die Sportanlage. Zusammen mit der Kinder- und Jugendbeauftragten der Stadt organisierten sie die Eröffnung der Anlage und kümmerten sich auch weiterhin um ihre Instandhaltung. […] Heute trainieren im Schnitt mehr als 50 Jugendliche regelmäßig an der Anlage, eine Erweiterung ist in Planung. […] Die Initiative der Jugendlichen und ihr Erfolg haben sich inzwischen auch in umliegenden Gemeinden herumgesprochen und Motivation für Eigeninitiativen erzeugt.

Kinderfreundliche Kommunen e. V. (Hg.)

5 Arbeite aus dem Text heraus, welchen Anteil die Jugendlichen bei der Entstehung des Street-Workout-Parks hatten.

6 Arbeite aus dem Text heraus, welche positiven Folgen die Beteiligung der Jugendlichen am Projekt hatte.

7 Stell dir vor, du möchtest mit deiner Jugendgruppe am Wohnort ein Projekt beantragen und dafür die Unterstützung der Stadt erhalten. Formuliere einen kurzen Antrag, mit dem du die Stadtverwaltung überzeugen möchtest. > Kompetenzbox

ARGUMENTIEREN UND URTEILEN

So kannst du schlüssig argumentieren

- Formuliere deinen Antrag für das Jugendprojekt an das Stadtparlament. Was möchtest du erreichen?
- Finde zwei bis drei wichtige Argumente, warum deine Forderung umgesetzt werden soll und veranschauliche diese an Beispielen aus dem Alltag. Berücksichtige dabei deine Ergebnisse aus Aufgabe 6.
- Nenne mögliche Folgen, sollte dein Antrag abgelehnt werden. Veranschauliche diese durch Beispiele: *Wenn die Wünsche der Jugendlichen nicht berücksichtigt werden, dann …*

M3 Von Mitsprache bis Selbstbestimmung: Wie weit geht die Beteiligung?

Echte Beteiligung bedeutet, dass Jugendlichen bei Fragen, die ihr Lebensumfeld betreffen, ihre Meinung aktiv äußern, gleichberechtigt mitentscheiden und mitgestalten dürfen.

Jugendbeteiligung ist in vielen unterschiedlichen Gesetzen (z. B.: im Grundgesetz Art. 2, in der UN-Kinderrechtskonvention […] [im Sozialgesetzbuch] oder in einigen Gemeindeordnungen) verankert […].
Unter politischer Teilhabe versteht man, wie sich die Jugend in Politik einmischen kann. Welche Möglichkeiten sich zu beteiligen gibt es in Kommune, Kreis oder Land? Hier wird unterschieden von der Alibiteilhabe, bei der junge Erwachsene zwar angehört werden, ihre Meinungen allerdings keinerlei Einfluss haben, bis hin zur aktiven Beteiligung, bei der die Erwachsenen und die Jugendlichen voneinander lernen können. So gibt es beispielsweise in einigen Städten Jugendparlamente oder Jugendbeauftragte, die die Interessen der Jugendlichen in der Politik vertreten. […]
Von gesellschaftlicher (informeller) Teilhabe spricht man, wenn sich eine Jugendgruppe trifft, sich somit an der Gesellschaft beteiligt und aktiv teilhaben kann. Hier fallen gesellschaftliche Themen darunter, wie z. B.: Beteiligung in Vereinen, Mitbestimmung in Entscheidungen, die die Jugend betreffen, ehrenamtliches Engagement oder auch lediglich ein Treffen einer Gruppe von Jugendlichen z. B. am Lagerfeuer.

https://www.jugendbeteiligung-kjr-oal.de/

8 Notiere aus dem Text die verschiedenen Formen der Jugendbeteiligung und erstelle dazu ein Schaubild.

9 Untersuche, welche Formen der jugendlichen Beteiligung im Fallbeispiel M2 zu erkennen sind.

10 Bei der aktiven Beteiligung können Jugendliche und Erwachsene voneinander lernen, heißt es im Text. Erkläre anhand von Beispielen, was Erwachsene von Jugendlichen lernen können.

11 Mitentscheiden zu dürfen ist nicht nur ein Recht, es bedeutet auch Verantwortung. Erkläre an Beispielen, welche Verantwortung die Jugendlichen auf den verschiedenen Stufen der Beteiligung übernehmen müssen.

M4 Nach den eigenen Rechten schauen

Obwohl gesetzlich vorgeschrieben, gibt es in den Kommunen noch viel zu wenig Möglichkeiten der Beteiligung von jungen Menschen. Viele kennen aber ihre Rechte auch noch nicht.

12 Informiere dich über die Möglichkeiten der Jugendbeteiligung an deinem Wohnort.

13 Finde in deiner Lerngruppe ein Projekt, das ihr an deinem Wohnort gerne umgesetzt haben möchtet, z. B. den Ausbau der Fahrradwege zur Schule oder die Gründung eines Jugendcafés. Entwickle einen Plan für die Umsetzung.

Zeig, was du kannst!

Das Wichtigste in Kürze

Mitbestimmung – Macht – Verteilungsgerechtigkeit – Gleichberechtigung – Diskriminierung – Wahlrecht – Barrierefreiheit – Teilhabe – Selbstbestimmung – Jugendbeauftragte

Gerechtigkeit in der Gemeinschaft

Gerechtigkeit oder Ungerechtigkeit zeigt sich darin, wie wir in einer Gemeinschaft miteinander umgehen, insbesondere darin, wie wir Güter (Geld, Chancen oder Rechte) verteilen und einen verursachten Schaden ausgleichen. Die Kriterien dafür, wann Gerechtigkeit hergestellt ist, werden heftig diskutiert. Einigkeit besteht aber darüber, dass in einer demokratischen Gesellschaft allen Menschen, unabhängig von Geschlecht, Hautfarbe oder Zugehörigkeit, die gleichen Rechte zustehen. Chancengleichheit, Gleichberechtigung und Teilhabe gehören zu den wichtigsten Werten einer gerechten Gesellschaft. Nur wer die Möglichkeit bekommt, sich einzubringen und mitzubestimmen, kann aktiv mitwirken und Teil der Gemeinschaft sein.

Kompetenz-Check

M Wie aus Meinungen Argumente werden

Meinungsfreiheit und Mehrheitsentscheidungen sind Grundpfeiler einer gerechten demokratischen Gesellschaft. Deshalb sind gut begründete Entscheidungen wichtig.

Um in der Politik eine Entscheidung treffen zu können, ist eine Meinung wichtig, die von der Mehrheit unterstützt wird. [...] Damit man mit dieser Meinung aber nicht allein ist, müssen gute Argumente gefunden werden, um die anderen zu überzeugen. [...] Auch in der Familie und in der Schule ist es wichtig, verschiedene Meinungen anzuhören und Argumente zu sammeln, um andere dafür zu begeistern. Deine Argumente sollen den anderen klarmachen, warum du dieser Meinung bist und gute Gründe liefern, sich deiner Meinung anzuschließen. Je mehr Argumente du auf deiner Seite hast, desto leichter wird es, andere davon zu überzeugen. Und je mehr Informationen und Wissen du zu einem Thema hast, desto sicherer kannst du argumentieren und deine Meinung vor anderen vertreten.
Im Gegensatz dazu stützt sich ein Vorurteil nicht auf Wissen. Oft werden nur Vermutungen und Verallgemeinerungen angestellt und nicht selten spielt dabei auch Furcht eine große Rolle. Vorurteile zu entlarven, ist nicht immer leicht. Deshalb ist es wichtig, sich bei der eigenen Meinungsbildung immer die Frage zu stellen, ob man selbst genug Wissen und Fakten gesammelt hat, um ein gutes und kritisches Urteil fällen zu können, und keinem Vorurteil aufsitzt. *DemokratieWEBstatt*

ARGUMENTIEREN UND URTEILEN

1 Erkläre an Beispielen, wie mit Hilfe von Sprache Macht ausgeübt werden kann.
2 Nenne verschiedene Formen von Gerechtigkeit und erläutere sie.
3 Es ist wichtig, die eigene Meinung gut zu begründen. Beurteile die verschiedenen Argumente des Textes, die für diese Aussage genannt werden.
4 In der Technik-AG sind bisher nur Jungen. Sie meinen, Mädchen hätten keine Ahnung von Technik. Du findest solche Vorurteile falsch. Formuliere deinen Standpunkt mit Hilfe des Textes.

Werkstatt

Ein „Who's Who" der Gleichberechtigung

- Informiere dich über die Geschichte der Frauenbewegung und über wichtige Persönlichkeiten der Gleichberechtigung. Wofür haben sie gekämpft und welche Erfolge haben sie erzielt? Denk daran, dass sich Frauen überall auf der Welt und in vielen Bereichen der Gesellschaft, Wissenschaft und Kunst für diese Ziele eingesetzt haben!
- Entscheide dich für eine der Frauen und vertiefe deine Kenntnisse über sie.
- Recherchiere ihr Leben und ihr Wirken. Warum ist sie eine bedeutende Persönlichkeit der Gleichberechtigung geworden? Mit welchen Schwierigkeiten hatte sie zu kämpfen? Wer hat sie in ihrem Kampf oder bei ihrer Arbeit unterstützt, wer gehindert? Welche Erfolge konnte sie verbuchen, welche Rückschläge hatte sie hinnehmen müssen? Sammle auch Bilder oder Dokumente, damit du deine Doppelseite abwechslungsreich gestalten kannst.
- Damit die Seite für das Heft noch anschaulicher wird, steht im Mittelpunkt ein fiktives (ausgedachtes) Interview mit deiner Persönlichkeit, das du mit Hilfe der zusammengetragenen Informationen verfasst. Stell dir dafür vor, du könntest die Person persönlich befragen und sie würde dir über ihr Leben und über die Dinge berichten, die für sie wichtig waren. Was würdest du wissen wollen? Überlege dir passende und interessante Fragen und erstelle mit Hilfe deines Materials einen lebhaften Dialog. Natürlich kannst du einiges auch fantasievoll ausschmücken, um das Interview spannender zu machen. Beachte dabei aber, dass die wichtigsten Aussagen der Wirklichkeit entsprechen müssen.
- Gestalte deine Doppelseite. Überlege dir Titel und Bildunterschriften und ordne dein Material ansprechend auf den Seiten an.
- Einige dich mit deinen Mitschülerinnen und Mitschüler, in welcher Form ihr die Doppelseiten zu einem Magazin zusammenfügt. Wie soll die Titelseite aussehen? In welcher Reihenfolge werden die Seiten zusammengefügt? Soll ein Inhaltsverzeichnis angefügt werden? Werden die Seiten digital angefertigt oder händisch gestaltet?

Worauf es ankommt

- ☑ sorgfältig recherchieren
- ☑ ansprechendes Material zusammenstellen
- ☑ das Interview spannend und lebendig formulieren
- ☑ die Seite ordentlich und übersichtlich gestalten
- ☑ die Seiten sinnvoll zu einem Magazin zusammenfügen

Was passiert, wenn Netze zerreißen?

Wie sind Menschen vernetzt?

Welche Chancen und Risiken bietet das Internet?

Auf welche Weise können wir in Verbindung treten?

Sind nur Menschen vernetzt?

Mensch, Natur und Technik

> Die vernetzte Welt

WERKSTATT

Schule im Netz

Beim Titel „Schule im Netz“ denkst du wahrscheinlich zuerst an den Internetauftritt deiner Schule. Wird Schule jedoch als Institution und Unternehmen betrachtet, ist sie selbst Teil von verschiedensten Netzwerken. Im Blickpunkt der Schule stehen natürlich die Schülerinnen und Schüler und die Lehrkräfte. Damit aber so ein großes Unternehmen funktioniert, braucht man viel mehr: Eine Schule muss z. B. mit Wasser und Energie versorgt werden. Und wer bezahlt eigentlich welche Personal- und Sachkosten? Welche Personen oder Organisationen unterstützen die Schule? Welche Rolle spielen die Eltern, Unternehmen und Vereine vor Ort? Vielleicht gibt es an deiner Schule auch Partnerschaften zu anderen Schulen – dann ist die Schule auch über Länder hinweg vernetzt.

Werde Detektivin oder Detektiv und finde heraus, wer und was alles zum Netzwerk Schule gehört. Gestalte in der Gruppe die Ergebnisse zum Netz(-werk) Schule anschaulich und präsentiere sie in einer Ausstellung.

Der vernetzte Mensch

M1 Netze überall

1 Beschreibe, was du auf dem Bild siehst. Erläutere dann, wie das Bild mit der Überschrift zusammenhängt.

2 Erläutere, was die Linien zwischen den Personen bedeuten.

M2 Meine „Netze“

Bettina Kumpe

3 Hier siehst du Beispiele für deine persönlichen „Netze“. Beschreibe die dargestellten Kontakte.

4 Erläutere, warum man bei Freundschaften oder Familie auch oft von einem „Netzwerk“ spricht.

5 Erstelle eine Liste mit Netzwerken, die Menschen verbinden. Denke dabei auch an technische Netze wie z. B. das Schienennetz.

6 Du bist über ganz unterschiedliche „Netzwerke“ mit anderen verbunden. Wähle zwei Netzwerke, die dir besonders wichtig sind (z. B. Familie und religiöse Gemeinschaft). Vergleiche sie in Hinblick auf die Bedürfnisse, die sie jeweils erfüllen.
> Kompetenzbox

SICH-ORIENTIEREN UND HANDELN

So kannst du deine Bedürfnisse achten

- Nenne drei Bedürfnisse, die das eine Netzwerk für dich erfüllt, und veranschauliche sie durch Beispiele: *Meine Familie ist für mich ein Netzwerk, weil sie mich auffängt, wenn es mir schlecht geht.*
- Nenne drei Bedürfnisse, die das andere Netzwerk für dich erfüllt, und veranschauliche sie durch Beispiele.
- Beschreibe, welche wichtigen Unterschiede es zwischen den Netzwerken gibt.

M3 Das Kleine-Welt-Phänomen

Dass die Welt ein Dorf ist, muss eigentlich nicht mehr bewiesen werden. Warum sollte man sonst einen Schulfreund in einer kleinen Kneipe auf einer Karibikinsel treffen, den man seit mehr als 20 Jahren nicht gesehen hat? Netzwerk-Theoretiker sprechen vom sogenannten Kleine-Welt-Phänomen. Der […] Begriff besagt, dass jeder Mensch jeden beliebigen anderen Menschen über durchschnittlich sechs Ecken kennt. […]

Durchschnittlich 6,6 Personen lang ist die Kette, die zwei Menschen verbindet. In Einzelfällen kann der Weg von einer Person zu nächsten aber deutlich länger sein. Bis auf 29 Stationen kamen die Forscher bei der Auswertung der Datenberge. […] Die Analyse menschlicher Netzwerke hat übrigens nicht nur zum Kleine-Welt-Phänomen geführt, sondern auch interessante Ungleichverteilungen zutage gebracht. Es gibt Menschen, die nur wenige Kontakte pflegen und es gibt jenen Hans Dampf in allen Gassen, der einfach alles und jeden kennt. Diese sogenannten Superspreader sind es, die Knoten mit besonders vielen Verbindungen im Netz bilden. Sie sind entscheidend, um Nachrichten zu verbreiten, aber auch ansteckende Viren.

Holger Dambeck

7 Erkläre mit Hilfe des Textes die Aussage „Die Welt ist ein Dorf."

8 Erkläre an einem Beispiel, was es bedeutet, jemanden „um sechs Ecken zu kennen".

9 Erläutere, was ein „Superspreader" ist.

10 Nenne die Vor- und Nachteile eines Superspreaders.

M4 Netze überall

Bettina Kumpe

11 Erkläre die unterschiedliche Bedeutung von „Netz" in dem Bild.

12 Prüfe, zu welchem der beiden Netze der Oma und des Mädchens die folgenden Begriffe passen: festhalten – auffangen – tragen – absichern – verbinden – reißen – transportieren – einkaufen – anrufen. Welche Begriffe passen zu beiden Netzen?

Kontakte knüpfen

M1 In Verbindung treten

1 Beschreibe, welche Gedanken das Bild in dir auslöst.
2 Finde einen eigenen Titel für das Bild.
3 Entwickle ein eigenes Bild für Kommunikation. Du kannst auch ein Bild aus dem Internet oder einer Zeitschrift verwenden, das für dich das Thema besonders gut darstellt.

M2 Kontaktsuche

4 Es gibt verschiedene Gründe, um miteinander in Verbindung zu treten. Stelle Vermutungen an, mit welcher Absicht die Personen auf den Bildern Kontakt suchen.
5 Nenne verschiedene Formen der Kontaktaufnahme (z. B. Telefonanruf, Postkarte).
6 Stelle an Beispielen dar, wann du welche Formen der Kontaktaufnahme wählst. Wann schreibst du eine SMS, wann rufst du an usw.?
7 Wähle zwei Formen der Kommunikation. Vergleiche sie in Hinblick auf die Bedürfnisse, die sie am besten erfüllen. > Kompetenzbox

SICH-ORIENTIEREN UND HANDELN

So kannst du deine Bedürfnisse achten
- Nenne verschiedene Bedürfnisse, die für dich die eine Kommunikationsform erfüllt. Beispiel: *Einen Brief kann ich für jemanden, der für mich sehr wichtig ist, besonders schön gestalten.*
- Nenne verschiedene Bedürfnisse, die für dich die andere Form der Kommunikation erfüllt.
- Beschreibe, welche wichtigen Unterschiede und Gemeinsamkeiten es zwischen den Formen der Kommunikation gibt.

M3 Was ist Kommunikation?

Der Begriff Kommunikation leitet sich von dem lateinischen Wort „communicatio" ab, was Mitteilung oder Unterredung bedeutet. Gemeint ist die Verständigung untereinander, also der Austausch zwischen Menschen mit Hilfe von Sprachen oder Zeichen. Dabei steht ein Sender einem oder mehreren Empfängern gegenüber. Wir unterscheiden zwischen verbaler und nonverbaler Kommunikation. Verbale Kommunikation meint den Informationsaustausch mittels Sprache. Als nonverbale Kommunikation bezeichnen wir die Verständigung ohne Worte, wie beispielsweise über Gestik und Mimik. Nonverbale Kommunikation kann demnach auch unbewusst ablaufen, indem wir nicht über unsere Gestik oder Mimik nachdenken und sie nicht bewusst steuern. Das bedeutet aber auch, dass wir es nicht vermeiden können, zu kommunizieren. [...] Sobald sich zwei Menschen zusammen aufhalten, läuft bewusst oder unterbewusst Kommunikation ab. Daraus ergibt sich, dass man auch mit dem Körper kommunizieren kann. Sogar die Kleidung kann ein Teil der Kommunikation sein. *Hannah Poqué/Christina Albrecht*

8 Beschreibe, was das Mädchen auf dem Bild sagen bzw. ausdrücken will. Erkläre dann mit Hilfe des Textes, um welche Art von Kommunikation es sich hier handelt.

9 Stelle die verschiedenen Formen von Kommunikation, die im Text genannt werden, einander gegenüber und veranschauliche sie mit Beispielen.

10 Erkläre, warum Menschen nicht nicht kommunizieren können.

11 Unterhalte dich mit einem Partner oder einer Partnerin einmal verbal und einmal nonverbal. Tausche dich anschließend über die Vor- und Nachteile der beiden Formen von Kommunikation aus.

M4 Andere Länder – andere Gesten

Schüttelt man in Indien oder Nepal den Kopf, heißt das „ja", bei uns bedeutet Kopfschütteln „nein".
Wenn wir von uns selbst sprechen, zeigen wir mit der Hand auf die Brust. In Japan wird das falsch verstanden. Denn wenn ein Japaner von sich spricht, legt er sich dabei die Finger auf die Nase. [...]
Wenn wir etwas versprechen, sagen wir „Ich verspreche es dir". In der Türkei braucht man dazu keine Worte. Man legt einfach die flache rechte Hand auf den Kopf, dann ist alles klar. *Anne Wilkens*

12 Gib wieder, welche Beispiele für kulturabhängige Gesten genannt werden. Recherchiere weitere Beispiele.

13 Erzähle eine kurze Geschichte, in der es durch eine Geste zu einem Missverständnis kommt.

14 Es gibt auch Körpersignale, die Gefühle ausdrücken, die weltweit verstanden werden: Freude, Trauer, Wut, Ekel, Überraschung und Angst. Stelle eines dieser Gefühle pantomimisch dar. Dein Partner oder deine Partnerin soll erraten, um welches es sich handelt. Tausche dann die Rollen.

Wenn Netze zerreißen

M1 Schlechte Verbindung

1 Erläutere, was die Bilder mit einer gestörten Verbindung zu tun haben.
2 Nenne Beispiele für gestörte Kommunikation aus deiner eigenen Erfahrung.
3 Beschreibe mögliche Folgen der unterbrochenen Verbindungen.

M2 Blackout – ein Gedankenexperiment

Im Informationstext des Verlags zum Roman „Blackout" von Marc Elsberg heißt es:

Als an einem kalten Februartag in Italien das Licht ausgeht, wird im eng verzahnten europäischen Stromnetz eine verheerende Kettenreaktion ausgelöst: Auf dem ganzen Kontinent schalten sich die Kraftwerke ab, Fahrstühle bleiben stehen, U-Bahnen stecken fest. Und der Strom geht nicht mehr an … […] Bald steht fest: Die Stromnetze Europas werden angegriffen. Obwohl die Öffentlichkeit über die wahre Ursache noch nicht informiert werden soll, sickern die ersten Meldungen durch. Die Folge: Hamsterkäufe, Plünderungen und Massenunruhen.

4 Gib wieder, was laut dem Text ohne Strom alles nicht funktionieren würde, und ergänze eigene Beispiele.
5 Stell dir vor, Telefon- und Handynetz sind zusammengebrochen. Berichte, welche Folgen das für dich hätte.
6 Schreibe eine Geschichte: „Ein Tag ohne Strom".

M3 Es geht auch ohne

Mitten in einem oberschwäbischen Neubaugebiet experimentiert Anne Donath mit einem Leben in radikaler Einfachheit.

Wer sie besuchen will, schreibt ihr am besten einen Brief. Denn Anne Donath hat weder Computer noch Telefon, über die man sie erreichen könnte. Kein Wunder, in ihrem kleinen Haus […] gibt es nicht einmal Strom. Will sie schnell antworten, setzt Anne Donath sich auf ihr silbernes Klapprad und fährt sechs Kilometer zur Telefonzelle ins Nachbardorf. „Kommen Sie am Mittwoch", sagt die 67-Jährige freundlich und bestimmt, „falls etwas dazwischenkommen sollte, schicken Sie mir eine Postkarte." […]
Statt wie andere Häuslebauer Überstunden zu leisten, reduzierte die gelernte Krankenpflegerin ihre Arbeitszeit in einem Krankenhaus. Sie vereinbarte mit ihrem Arbeitgeber, dass sie nur noch einen Tag in der Woche kommen musste.
Die anderen Tage verbrachte Donath lieber mit Dingen, die sie gern ausprobieren wollte: Sie fertigte sich Lederschuhe, spann Schafwolle oder baute auf ihrem Grundstück Gemüse und Obst an. Für ihr neues Leben reichte der Lohn, später auch ihre kleine Rente. Es blieb sogar noch Geld für Urlaubsreisen. Bis heute fährt sie im Sommer mit Fahrrad und Schlafsack Richtung Süden.

Michael Fröhlingsdorf

7 Gib wieder, auf welche Dinge Anne Donath verzichtet.

8 Anne Donath erhält durch ihren Verzicht aber auch viele neue Dinge. Nenne Vorteile ihrer Lebensweise.

9 Könntest du dir vorstellen, so zu leben wie Anne Donath? Bewerte die Folgen dieser Lebensweise für dich. > Kompetenzbox.

SICH-ORIENTIEREN UND HANDELN

So kannst du die Folgen von Handlungen beschreiben und bewerten

- Beschreibe, welche eigenen Bedürfnisse du nicht mehr erfüllen könntest, wenn du so leben würdest wie Anne Donath.
- Beschreibe, welche Vorteile und Nachteile du davon hättest.
- Entscheide, ob die Vorteile die Nachteile überwiegen.
- Begründe deine Entscheidung.

M4 Into the Wild

Im Film „Into the Wild" beschließt der junge Christopher McCandless, nach dem Studium der Gesellschaft den Rücken zu kehren, all sein Geld zu spenden und ganz allein in der Wildnis zu leben.

10 Beschreibe, wie es dem jungen Christopher ganz allein in der Wildnis wohl geht. Beziehe auch das Bild in deine Überlegungen mit ein.

11 Begründe, ob du selbst gerne wie Christopher allein in der Wildnis leben möchtest.

12 Beim Zelten, Wandern usw. können Menschen ebenfalls Erfahrungen allein in der Natur machen. Prüfe, welchen Unterschied es macht, wenn so ein Erlebnis nur eine begrenzte Zeit dauert.

Total vernetzt – Risiken und Nebenwirkungen

M1 Im Netz!

1 Notiere die Begriffe, die dir bei der Nutzung des Internets am wichtigsten sind, und begründe deine Wahl. Du kannst auch eigene Begriffe ergänzen.

2 Vergleiche die Listen in der Gruppe und erstelle eine Hitliste der Begriffe, die am meisten genannt wurden.

M2 Gefällt mir … oder doch nicht?

3 Beschreibe die Bilder. Welche Eigenschaften des Internets werden dargestellt?

4 Nenne positive und negative Erfahrungen, die man im Internet machen kann, z. B. in Hinblick auf Freundschaften.

5 Stell dir vor, deine Eltern würden dir am Tag nur eine halbe Stunde erlauben, im Netz unterwegs zu sein. Notiere mögliche Gründe, warum manche Eltern eine solche Regelung aufstellen.

M3 Öffentlich im Internet – eine gute Idee?

1 Während sich die meisten Menschen in sozialen Netzwerken und Foren „Nicknames" geben und damit anonym bleiben, sind andere sorgloser. Als in einem sozialen Netzwerk in den 2000er Jahren zum ersten Mal Wert darauf gelegt wurde, dass alle Nutzerinnen und Nutzer, die sich registrieren, ihren echten Namen angeben, hatte es unerwartet großen Erfolg damit. Grund hierfür ist Experten zufolge, ein „tiefes Bedürfnis und eine große Bereitschaft vieler Menschen, sich in der virtuellen Welt öffentlich zu präsentieren, erkannt und gesehen zu werden und mit anderen verbunden zu sein."

nach Susanne Ackermann

2 Das Internet birgt nicht nur unmittelbare Gefahren, sondern kann auch in späteren Jahren „zurückschlagen".

Einmal veröffentlichte Inhalte verschwinden nicht, selbst wenn sie gelöscht werden. Was einmal online war, ist auch später oft noch zu finden. Gelöschte Texte und Fotos oder abgeschaltete Webseiten lassen sich oft über den Speicher (Cache) von Suchmaschinen oder über Internet-Archive finden. Außerdem ist nie klar, wer einen Text oder ein Foto ohne Wissen des Urhebers bereits weiterverbreitet hat.

www.internet-abc.de

6 Nenne Gründe, warum Menschen sich gerne im Internet präsentieren möchten.

7 Erkläre in einem kurzen Text, was der folgende Satz bedeutet: Das Netz vergisst nichts.

8 Stell dir vor, du möchtest etwas über das letzte Wochenende mit Freundinnen/Freunden auf einem Internetblog posten. Bewerte, welche Inhalte für dich in Ordnung sind, so dass du den Post später nicht bereust. > Kompetenzbox

SICH-ORIENTIEREN UND HANDELN

So kannst du die Folgen von Handlungen beschreiben und bewerten

- Beschreibe, welche Informationen du über dich und deine Freundinnen und Freunde posten möchtest und wähle zwei möglichst unterschiedliche Inhalte aus. Was soll das Ziel des Posts sein?
- Prüfe positive und negative Folgen des einen Inhalts. Was kann problemlos veröffentlicht werden und was könntest du auf jeden Fall bereuen?
- Prüfe die positiven und negativen Folgen des anderen Inhaltes.
- Bewerte, welcher Post für dich besser wäre.

M4 Sicherheitstipps

Privatsphäre selbst einrichten!

Meist sind die Privatsphäre-Einstellungen vom Anbieter des Netzwerks auf öffentlich voreingestellt. Das heißt: Die ganze Welt liest mit! Deshalb ist es wichtig, diese zu bearbeiten [...]

Privatdaten sind geheim!

Generell gilt für Privates: Erst denken, dann posten! Name, Anschrift, Geburtstag, E-Mail-Adresse und Bankdaten gehören nicht ins Netz, schon gar nicht ins Profil! Meist werden solche Daten nur für kostenpflichtige Angebote verlangt oder es stecken Kriminelle dahinter. Auch für Spam und unerwünschte Werbung sind diese Daten Gold wert. [...]

Rechte achten

Bevor ein Bild oder Video von einer Person ins Netz gestellt wird, fragt man nach! Auch andere Menschen haben eine Privatsphäre!

www.internet-abc.de

9 Es gibt viele Seiten zur Netzsicherheit für Kinder und Jugendliche wie z. B. www.klicksafe.de. Recherchiere weitere Tipps zur Sicherheit im Internet und stelle die wichtigsten auf einem Plakat dar.

10 Überprüfe, ob du dich selbst ausreichend schützt.

Verständigung – nicht nur bei Menschen

M1 Was Tiere sich gegenseitig sagen

A

B

C

D

1 Beschreibe die Bilder.
2 Erkläre, was die Bilder mit Kommunikation zu tun haben.
3 Nenne andere Formen, in denen Tiere zeigen, dass sie zusammengehören.

M2 Schnattermäuler im Ozean

Delfine gelten als besonders klug. Wie kommt das?

Mit Wörtern, Lauten und Gebärden können wir […] Gefühle ausdrücken, uns abstimmen, um Rat fragen, Wissen weitergeben. Tatsächlich sind [Delfine] große Schnattermäuler. Als Wissenschaftler in den 1950er-Jahren erstmals Delfine beim Pfeifen, Klicken und Quietschen belauschten, waren sie so begeistert, dass sie sogleich verbreiteten: Die Tiere würden eine eigene Sprache sprechen, „Delfinisch". Verstanden hat man – trotz aller Forschung – bislang nur zweierlei.

Erstens: Jeder Große Tümmler gibt sich einen eigenen „Namen", besser gesagt: einen persönlichen Erkennungspfiff, den die anderen lernen. Forscher konnten das bislang bei keinem anderen Tier beobachten.

Zweitens: Delfine sprechen sich per Ultraschallwellen bei der Jagd ab. Zwar stimmen sich auch Wölfe beim Beutefang ab, das Sprachtalent der Delfine ist trotzdem besonders im Tierreich.

GEOlino

4 Erläutere anhand des Textes, worüber Delfine reden.
5 Nenne andere Tiere, die sich mit einer Art Sprache unterhalten
6 Ist die „Sprache" der Delfine wirklich eine Sprache (oder nur eine Art Sprache)? Begründe deine Meinung.

M3 Ohne Worte: Die Kommunikation von Tieren

Verständigung mithilfe von Lauten

Für den Menschen ist die Stimme der Inbegriff der Sprache. Auch Tiere benutzen zur Verständigung vielfach Laute, zum Beispiel als Erkennungszeichen bei der Paarung, zur Verteidigung ihres Reviers oder zur Orientierung. Aus diesem Grund röhrt der Hirsch zur Brunftzeit und quakt der Frosch im Gartenteich. [...]

Mimik und Gestik im Tierreich

Noch wichtiger als die Kommunikation mit Hilfe von Lauten sind die Mitteilungen, die Tiere über mimische und gestische Signale machen. Dabei spielen Gesichtsausdrücke ebenso eine Rolle wie die Körperhaltung. Ein Wolf fletscht die Zähne, wenn er aggressiv ist. Er stellt das Fell auf, um eindrucksvoller auszusehen und seinen Artgenossen zu imponieren. [...]

Chemische Signale und andere Besonderheiten

[...] Eine raffinierte Möglichkeit sich zu verständigen, sind chemische Signale. Um ihren Artgenossen den Weg zu einer Futterquelle zu weisen, legen Ameisen eine Duftspur zwischen Nest und Zielgebiet, der die anderen Tiere dann folgen können. Eine andere Art der Verständigung ist der Tanz der Bienen. [...]

Reden via Schallwellen

Einiges von dem, was Tiere von sich geben, ist für den Menschen weder hör- noch sichtbar. Ein Beispiel dafür sind Infraschall-Laute. Das menschliche Ohr kann die Schallwellen dieser Frequenzen nicht wahrnehmen.

Lena Ganschow

7 Arbeite aus dem Text heraus, zu welchen Zwecken sich Tiere verständigen.

8 Du kennst sicher den Ausdruck: „Den kann ich nicht riechen." Notiere deine Vermutungen darüber, welcher biologische Grund dieser Redensart zugrunde liegen könnte.

9 Erkläre an Beispielen, welche Mitteilungen du mit deiner bloßen Stimme machen kannst und was du mit Wörtern und Sätzen mitteilen kannst.

10 Menschen wie Tiere verständigen sich, um bestimmte Bedürfnisse zu befriedigen. Vergleiche menschliche und tierische Sprachen bezüglich der Bedürfnisse, die sie erfüllen sollen. > Kompetenzbox

SICH-ORIENTIEREN UND HANDELN

So kannst du deine Bedürfnisse achten

- Nenne drei Bedürfnisse, die Menschen durch Kommunikation erfüllen wollen, und veranschauliche sie durch Beispiele.
- Nenne drei Bedürfnisse, die Tiere erfüllen wollen, wenn sie sich verständigen, und veranschauliche sie durch Beispiele.
- Beschreibe Unterschiede und Gemeinsamkeiten.

M4 Kommunikation zwischen Mensch und Tier

Einige Tiere verstehen sich nicht nur untereinander und sprechen mit Artgenossen, sie begreifen auch in Teilen die menschliche Sprache. Hunde können je nach Rasse unterschiedlich viele Worte verstehen. Etwa 50 schafft jedes Tier, einige bringen es sogar auf einige hundert.

Lena Ganschow

11 Nicht nur Hunde verstehen unsere Kommandos. Auch wir Menschen können deren Körpersprache ganz gut deuten. Erkläre, wie diese Verständigung zwischen Mensch und Tier entsteht.

12 Angenommen, der Mensch wäre in der Lage, per Ultraschallwellen zu sprechen. Wäre dann „Delfinisch" lernen ähnlich wie eine Fremdsprache zu lernen? Begründe deine Meinung.

Zeig, was du kannst!

Das Wichtigste in Kürze

Vernetzt – Kommunikation – Kontakt – Mimik und Gestik – schlechte Verbindung – Leben ohne Strom – Internet – Datenschutz – Sprache der Tiere

Der vernetzte Mensch

Wir leben in sehr vielen Netzwerken. Zwar denken heute die meisten Menschen beim Stichwort „Netz" an das Internet und seine unglaublichen Möglichkeiten. Wir sind aber auch vernetzt durch persönliche Beziehungen, das Verkehrsnetz, das Stromnetz usw. Ohne all diese Netze wären wir hilflos. Wenn wir das „Kommunikationsnetz" näher betrachten, können wir sehen, dass Menschen auf ganz unterschiedliche Art und Weise miteinander in Kontakt treten und dass sich die Art der Kontaktaufnahme im Lauf der Geschichte immer wieder verändert hat. Manchmal verstehen sich Menschen ohne Worte, aber sie können nicht nicht kommunizieren. Immer besteht auch die Gefahr von Missverständnissen. Gerade im Internet werden manchmal die Gefahren vergessen, die mit einer unbedachten Nutzung verbunden sein können.

Aber nicht nur Menschen sind vernetzt. Auch Tiere und sogar Pflanzen können sich verständigen. Wenn wir die Kommunikation von Tieren beobachten, kann uns das helfen, über unsere eigene Kommunikation nachzudenken.

Kompetenz-Check

Kooperation

Schon immer war die Bedeutung der Kooperation [Zusammenarbeit] auf allen Ebenen des Zusammenlebens groß: Bereits in der Steinzeit wurde das Mammut gemeinschaftlich gejagt und seit der Jungsteinzeit und dem Beginn der Landwirtschaft vor 10 000 bis 15 000 Jahren erst recht auf Kooperation beim Anbau und der Verteilung der Früchte gebaut. Seit einigen Jahrhunderten sind unsere Produktions- und Lebensverhältnisse so komplex, dass ein einzelner Mensch, nur auf sich gestellt, hoffnungslos zugrunde gehen würde. Die heute so sprichwörtliche Informations- und Mediengesellschaft mit ihren wesentlichen Bestandteilen Computer und Internet macht dies noch einmal auf neue Weise deutlich.

Manfred Spitzer

SICH-ORIENTIEREN UND HANDELN

1 Sammle Beispiele für die These, dass unsere Lebensverhältnisse immer komplexer geworden sind. Welche Netzwerke sind im Lauf der Zeit entstanden?

2 Begründe, warum ein einzelner Mensch auf sich alleine gestellt „hoffnungslos zugrunde gehen würde".

3 Vergleiche persönliche Gespräche mit Unterhaltungen in sozialen Netzwerken (z. B. Chats) bezüglich der Bedürfnisse, die sie jeweils erfüllen.

4 Stell dir vor, du darfst selbst wählen, ob du die Werkstatt-Aufgabe in diesem Kapitel allein oder im Team durchführst. Triff eine begründete Entscheidung.

Werkstatt

Schule im Netz

Um die Schule als Teil eines Netzes darstellen zu können, gilt es zwei Aufgaben zu bewältigen. Zuerst muss man Informationen sammeln. Dann muss man überlegen, wie man diese Informationen darstellen möchte. Das Bild eines Netzes bietet sich hier an, um die verschiedenen Beziehungen darin zu veranschaulichen.

Informationen beschaffen

Sammle zuerst Fragen zum Thema „Schule als Netzwerk", die weiterhelfen.
Beispiele: Welche Personen außer Lehrkräften sind in der Schule beschäftigt? Wer ist „Träger" der Schule? Wer macht Gesetze für die Schule? Wer engagiert sich für die Schule? Welche Rolle spielen die Eltern? Welche Vereine haben mit der Schule zu tun? Wer liefert den Strom? Wer sorgt für saubere Räume? Usw.
Eine ganz wichtige Frage ist: Wer kann Antworten auf deine Fragen geben? Erstelle eine Liste, welche Informationsquellen zur Verfügung stehen. Was findest du auf der Homepage der Schule? Welche Personen in der Schule kannst du befragen?
Es ist sinnvoll, arbeitsteilig vorzugehen. Wähle einen Schwerpunkt aus, für den du dann verantwortlich bist und den du inhaltlich bearbeitest.

Informationen darstellen

Wenn du alle Informationen recherchiert und Personen befragt hast, arbeite die Ergebnisse heraus. Denke daran, dich auf die wichtigen und interessanten Punkte zu beschränken. Überlege dir dann, wie du die Ergebnisse am besten präsentieren kannst: Ist ein Schaubild hilfreich, kann das Thema bebildert werden …?
Dabei sind wichtige Entscheidungen zu treffen: Was passt zusammen, wie wird es für die Betrachtenden übersichtlich?
Fasse die Ergebnisse zusammen und veranschauliche das „Netzwerk Schule". Gestalte mit anderen eine kleine Ausstellung, mit der ihr euren Mitschülerinnen und Mitschülern die vielfältigen Vernetzungen eurer Schule präsentiert.

Worauf es ankommt

- ☑ gute Fragen finden
- ☑ sichere Informationsquellen finden
- ☑ gute Absprachen treffen
- ☑ Ergebnisse zusammenfassen
- ☑ eine übersichtliche Form der Darstellung wählen

Paolo Calleri

Welche Verantwortung haben wir gegenüber Tieren?

Geht nur mich an, was ich esse?

Warum werden manche Tiere mal verzehrt, mal verehrt?

Ist es wichtig, wo mein Fleisch herkommt?

Dürfen wir Tiere benutzen, wie wir wollen?

Mensch, Natur und Technik

> Tiere achten

WERKSTATT

Tierischer Protest: ein Plakat für eine Demonstration

Es kommt in Ländern wie Deutschland häufiger vor, dass Menschen so sehr für oder gegen etwas sind, dass sie an Protestaktionen teilnehmen oder diese organisieren. Eine Form des Protests sind Demonstrationen. Dort kann man seine Meinung bekunden, Forderungen stellen und ein Zeichen setzen, damit sich eine bestimmte Situation verbessert bzw. ändert. Dabei nutzen Demonstrantinnen und Demonstranten oft Plakate und Banner, auf denen sie ihre Meinung oder Forderungen darstellen. Oft sind diese Plakate sehr anschaulich, witzig, mit einem starken Spruch und passenden Bildern.

Auch der Umgang des Menschen mit Tieren ist immer wieder Thema für Diskussionen und auch Protest, so zum Beispiel die Haltung und Lebensqualität von Tieren, ihr Status als Lebewesen, ihre (Aus-)Nutzung, ihre Rechte etc. Erstelle ein Plakat zu einer möglichen Demonstration für oder gegen einen Zustand aus dem Bereich der „Tierindustrie".

Woher kommt mein Burger?

M1 Ein fragwürdiges Essen?

Was ist das eigentlich für ein Fleisch auf einem Burger?

Wie hat das Tier eigentlich gelebt?

Ging es ihm gut?

Wie kommt das Fleisch da hin?

Wie alt mag das Tier wohl geworden sein?

1 Beschreibe, wann und warum sich jemand solche Fragen stellt.

2 Spielt es überhaupt eine Rolle, ob man die Antworten auf diese Fragen kennt? Finde Gründe dafür und dagegen.

3 Finde weitere Fragen, die man sich hier stellen könnte.

M2 Ein Blick hinter die Kulissen

4 Beschreibe die beiden Bilder. Welche Situationen werden dargestellt?

5 Finde Informationen in den Bildern, die bei der Beantwortung der Fragen in M1 weiterhelfen können.

6 Notiere, welche neuen Fragen die Bilder aufwerfen.

M3 Ein „Leben“ für den Tod

Das Fleisch von Tieren aus Massenhaltung ist fast überall zu finden. Nicht nur an Imbissbuden und Schnellrestaurants kannst du meist davon ausgehen, dass das Fleisch aus einer solchen Produktion stammt. Auch günstige Fleischprodukte aus Supermärkten [...] stammen oft von Tieren aus Massenzucht - ebenso wie billiges Fleisch, das als Belag von vielen Pizzas, als Zutat von Tiefkühlgerichten oder als Dosenkost Verwendung findet. [...]

Das Ziel der Massentierhaltung ist es, möglichst viele Tiere auf möglichst wenig Raum zu halten, um so billig und so schnell wie möglich Fleisch und andere Tierprodukte für den Massenverzehr herzustellen. Da ausschließlich der wirtschaftliche Gewinn zählt, wird auf die Bedürfnisse der Lebewesen keine Rücksicht genommen, [so] dass die zusammengepferchten Tiere ihre angeborenen Verhaltensweisen und Triebe überhaupt nicht ausleben können. [...] Die Tiere werden in bedrückender Enge gehalten und sehen auf dem Weg zum Schlachthof oft zum ersten Mal Tageslicht. Sie entwickeln aufgrund von Platzmangel und hohem psychischen Stress Verhaltensstörungen und werden regelrecht „verrückt“. Man schneidet den Zuchttieren meistens ohne Betäubung die Schnäbel, Hörner oder Zähne, damit sich die panischen Tiere nicht gegenseitig verletzen oder gar töten können.

Die Zuchttiere werden unter grausamen Bedingungen oft weite Strecken zum Schlachthof transportiert – nicht selten sind es mehrere tausend Kilometer. Die Tiere dürfen in der Europäischen Union bis zu acht Stunden ohne Futter und Wasser befördert werden, in anderen Ländern sogar noch länger. [...] Es werden so viele Schlachttiere in die LKW verfrachtet wie möglich. [...] Einige trampeln in Panik ihre eigenen Artgenossen tot oder sterben aus Entkräftung. Endlich am Ziel angekommen, sind viele geschwächte Tiere nicht einmal fähig, auf eigenen Beinen zum Schlachtbetrieb zu laufen.

Britta Pawlak

7 Beschreibe mit Hilfe der Informationen aus dem Text, was unter Massentierhaltung zu verstehen ist.

8 Finde passende Überschriften für die Absätze und begründe deine Wahl.

9 Erarbeite mit Hilfe des Textes Erklärungen, warum es Massentierhaltung gibt und warum sie kritisiert wird. > Kompetenzbox

10 Beurteile, welche der Erklärungen dich mehr überzeugt.

ARGUMENTIEREN UND URTEILEN

So kannst du die Argumentationen anderer besser verstehen

- Finde Gründe für Massentierhaltung und notiere diese.
- Finde Gründe für Kritik an Massentierhaltung und notiere diese.
- Fasse deine Notizen in zwei Absätzen zusammen. Benutze dabei deine eigenen Worte.

M4 Ein Gesicht für mein Essen?

Inzwischen haben sich manche Unternehmen und Metzgereien Alternativen zu Fleisch aus Massentierhaltung überlegt. So gibt es zum Beispiel bei einem Berliner Unternehmen ein besonderes Angebot: Auf jeder Packung Fleisch oder Wurst finden sich ein Foto und weitere Informationen zu dem Tier, das verarbeitet wurde.

11 Beurteile die Idee des Unternehmens.

12 Auf Zigarettenschachteln werden Fotografien als optische Warnungen abgedruckt. Beurteile, ob Bilder aus der Massentierhaltung (M2) entsprechend auf Fleischverpackungen abgedruckt werden sollten.

Haben Tiere Rechte?

M1 Im Namen der Tiere

1 Stelle Vermutungen darüber an, mit welchen Fällen und Problemen sich die Anwältin für Tierrechte beschäftigt.
2 Stelle dir einen konkreten Fall vor und beschreibe: Wer geht zu der Anwältin aus welchem Grund?

M2 Kinderrechte für Tiere?

1989 haben die Vereinten Nationen Rechte für Kinder und Jugendliche beschlossen (siehe Doppelseite „Brauchen Kinder eigene Rechte?", S. 162-163). Ein paar davon findest du im Folgenden.

Kinder haben ein Recht auf Schutz und Fürsorge durch ihre Eltern. Wenn Eltern ihre Kinder vernachlässigen oder misshandeln, muss der Staat dafür sorgen, dass die Kinder einen neuen Lebensplatz bekommen.

Kinder dürfen nicht willkürlich von ihrer Familie getrennt werden.

Kinder müssen vor körperlicher, seelischer oder sexueller Gewalt geschützt werden.

Kinder dürfen nicht arbeiten oder ausgebeutet werden.

Jedes Kind hat das Recht auf einen bestimmten Lebensstandard. Sind Eltern dazu nicht aus eigener Kraft in der Lage, muss der Staat den Eltern Unterstützung bieten.

Jedes Kind hat ein Recht auf eine Identität und auf Familie. Dazu gehört das Recht auf einen Namen, eine Geburtsurkunde und Nationalität.

Kinder haben das Recht auf Erholung und Spiel. Es muss also auch genügend Platz und Raum dafür zur Verfügung stehen.

nach Jugendstiftung Baden-Württemberg, www.menschenrechte.jugendnetz.de

3 Sollten die Kinderrechte auch für Tiere gelten? Finde für mindestens drei der Kinderrechte Argumente dafür und dagegen.
4 Nenne Rechte, die Tiere deiner Meinung nach haben sollten. Begründe deine Vorschläge.
> Kompetenzbox
5 Beurteile, welcher deiner Vorschläge der wichtigste ist.

ARGUMENTIEREN UND URTEILEN

So kannst du eine begründete Entscheidung treffen

- Liste die Rechte auf, die Tiere haben sollten. Orientiere dich dabei an folgender Frage: Was spricht jeweils *für* deine einzelnen Ideen?
- Notiere Gründe, die dir dazu einfallen. *Tipp:* Die Ergebnisse aus Aufgabe 3 können dir dabei helfen.
- Formuliere für jeden Vorschlag ein bis zwei Sätze, indem du deine Gründe ergänzt.
  Beispiel: *Meiner Meinung nach sollten Tiere ein Recht auf … haben, damit/weil/da …*

M3 Tierschutz und Tierrechte

Tiere werden vom Gesetz nicht mit dem Menschen gleichgestellt. Sie haben keine Rechte und keine Pflichten einem anderen Lebewesen gegenüber. So können sie selbst keine Verträge abschließen und können (anders als in so manchem Hollywood-Film) nichts erben. Tiere sind deshalb aber nicht vollständig rechtlos. Sie können Leid und Schmerz empfinden und werden deshalb von Gesetzen geschützt.

Seit 2002 ist es […] ein allgemeines Ziel des Staates, die Tiere zu schützen. Damit sind Tiere dem Menschen zwar nicht gleichgestellt, aber der Tierschutz ist bei der Nutzung von Tieren immer zu beachten. Etwas konkreter wird der Tierschutz im Tierschutzgesetz geregelt. Es enthält viele Verbote und Gebote mit dem Ziel, Tiere zu schützen. So darf z. B. niemand Tieren ohne vernünftigen Grund Schmerzen, Leiden oder Schäden zufügen. […] Auch das Aussetzen von Tieren ist verboten. Trotzdem werden leider jedes Jahr viele unbedacht (oft an Kinder) verschenkte Hasen, Katzen und Hunde einfach ausgesetzt, wenn die Familie zum Beispiel in den Urlaub fahren möchte.

Tierhalter sind außerdem verpflichtet, eine artgerechte Unterbringung, Ernährung und Pflege von ihren Tieren zu sichern. […] Bei schwerwiegenden Verstößen gegen das Tierschutzgesetz können die Tiere dem Halter weggenommen oder Tierhalteverbote ausgesprochen werden. *www.recht-kinderleicht.de*

6 Notiere aus dem Text die Gebote und Verbote für den Umgang mit Tieren.

7 Vergleiche die Gebote und Verbote mit deinen Vorschlägen aus Aufgabe 4. Nenne Übereinstimmungen und Unterschiede.

8 „Tiere werden vom Gesetz nicht mit dem Menschen gleichgestellt", heißt es im Text. Finde Argumente, die dafür und dagegen sprechen, dass Tiere nicht die gleichen Rechten und Pflichten haben wie Menschen.

9 Es gibt Länder, in denen Tiere erben dürfen (etwa England und USA). Finde Argumente, die für und gegen diese Regelung sprechen.

M4 „Zwei Hamster und ein weißes Kaninchen, bitte"

Zum Schluss noch eine Besonderheit: Jeder kennt eine Zoohandlung in seiner Nähe und weiß daher, dass man Tiere kaufen kann. Das Gesetz sagt trotzdem, dass Tiere wegen ihrer Fähigkeit zu Leid und Schmerz keine Sachen sind (wie z. B. ein Buch). In einigen Situationen werden Tiere dennoch zur Vereinfachung wie Sachen behandelt. Zum Beispiel gelten beim Kauf eines Tieres die gleichen Regeln wie beim Kauf eines Buches.

www.recht-kinderleicht.de

10 Jeder darf ein Tier kaufen, wie ein Buch. Finde Gründe, die dafür oder dagegen sprechen.

11 Bei vielen Sachen, die man kaufen kann, hat man die Möglichkeit, sie innerhalb einer gewissen Frist zurückzugeben. Finde Gründe dafür oder dagegen, dass man auch gekaufte Tiere zurückgeben können sollte.

12 Heutzutage kaufen viele Menschen über das Internet ein. Stell dir vor, man könnte Tiere einfach online bestellen und liefern lassen. Beurteile, ob (und wenn ja unter welchen Bedingungen) das erlaubt sein sollte.

Ein Leben ohne Supermarkt?

M1 Einkaufen ...

1 Die Frau im Bild wirkt sehr erfreut und zufrieden. Stelle Vermutungen dazu an, was das mit ihrem Aufenthaltsort zu tun haben könnte.
2 Die Definition nennt das Sortiment eines Supermarktes „umfangreich". Beschreibe, was sowohl das Sortiment als auch allgemein den Supermarkt auszeichnet.
3 Finde mögliche Gründe, die dagegen sprechen, in einem Supermarkt einzukaufen.

Definition „Supermarkt"
großer Selbstbedienungsladen oder entsprechende Abteilung in einem Kaufhaus besonders für Lebensmittel, die in umfangreichem Sortiment (und zu niedrigen Preisen) angeboten werden

www.duden.de

M2 ... oder Selbstmachen?

A

B

4 Auch in diesen Bildern geht es um Lebensmittel. Aber diese hier werden selbst angebaut oder hergestellt. Ergänze deine Überlegungen aus Aufgabe 3 nun mit Gründen, die dafür sprechen, Lebensmittel selbst herzustellen.
5 Vergleiche die unterschiedlichen Arten der Lebensmittelbeschaffung aus M1 und M2. Stelle die Vor- und Nachteile in einer Tabelle einander gegenüber.

	Supermarkt/ einkaufen	**Selbstversorger/ selbst herstellen**
Vorteile	- zeitsparend - ...	- ... - ...
Nachteile	- ... - ...	- zeitaufwendig - ...

6 Welche Art der Lebensmittelbeschaffung sagt dir mehr zu? Begründe deine Antwort.

M3 Ein Leben wie vor 300 Jahren

Es ist Maisernte. Fünf Pferde ziehen den Holzwagen, auf dem der Kutscher steht. „Ich brauche fünf oder sechs Stunden, dann bin ich fertig“, sagt Chris […]. Ruth fährt mit einem Handrasenmäher ums Haus […]. Neben dem Grundstück läuft eine Hochspannungsleitung vorbei. Haus Nummer 329 an der May Post Office Road in Strasburg/Pennsylvania ist nicht verbunden. Vor der Haustür stehen zwei Roller mit breitem Trittbrett. Wenn Nancy, Mutter von zehn Kindern, später einkaufen geht, wird sie einen davon nehmen. […]

Die Fishers sind eine Amish-Familie; sie leben wie vor 300 Jahren. Dass zwischenzeitlich Autos, Fernseher und Computer, Jeans und Reißverschlüsse erfunden wurden, spielt in ihrem Leben keine Rolle. […] „Ich mag unser Leben“, sagt Miriam und schleppt die Melkmaschine zur nächsten Kuh. Die Maschine ist batteriebetrieben; das Laufband, das die Maiskolben zu einem Berg aufschichtet, hängt am Dieselmotor des Traktors. Die Waschmaschine funktioniert mittels Luftkompressor, und gelesen wird abends im Licht von Paraffinlampen. Das war es dann aber schon an Luxus. Der Glaube fordert Demut und Bescheidenheit: keine modernen Errungenschaften, schlichte Kleidung, „Plain People“, einfache Leute, werden die Amish auch genannt. Ihre Höfe und Häuser schließen sie nicht ans Stromnetz an, weil sie unabhängig sein wollen.

Stefanie Ball

7 Nenne Merkmale des Lebens der Amish.

8 Finde Gründe für ein Leben ohne Autos, Fernseher, Computer, Jeans und Reißverschlüsse.

9 Erarbeite mit Hilfe des Textes, warum die Amish ihre Häuser und Höfe nicht an den Strom anschließen. Was bedeutet es, dass sie unabhängig sein wollen? Und wovon? > Kompetenzbox

10 Beurteile, ob der Preis für die Unabhängigkeit zu hoch ist.

ARGUMENTIEREN UND URTEILEN

So kannst du die Argumentationen anderer besser verstehen

- Notiere dir Vorteile, die Unabhängigkeit allgemein hat.
- Notiere dir dann Vorteile, die es hat, unabhängig vom öffentlichen Stromnetz zu sein.
- Fasse deine Ergebnisse in einem kurzen Text zusammen. Beginne zum Beispiel so: *Den Wunsch der Amish nach Unabhängigkeit kann ich gut/teilweise/nicht so gut nachvollziehen, weil …*

M4 Überwältigende Inhaltsstoffe

„Sie hat nur die Liste der Inhaltsstoffe auf der Packung gelesen!“

Joseph Farris

11 Beschreibe, worauf der Zeichner aufmerksam macht und wie er das macht.

12 Vergleiche die Situation aus M4 mit der aus M1.

13 Prüfe ein Fertigprodukt auf seine Inhaltsstoffe und recherchiere deren Bedeutung.

Unser Verhältnis zu Tieren

M1 Mensch und Tier

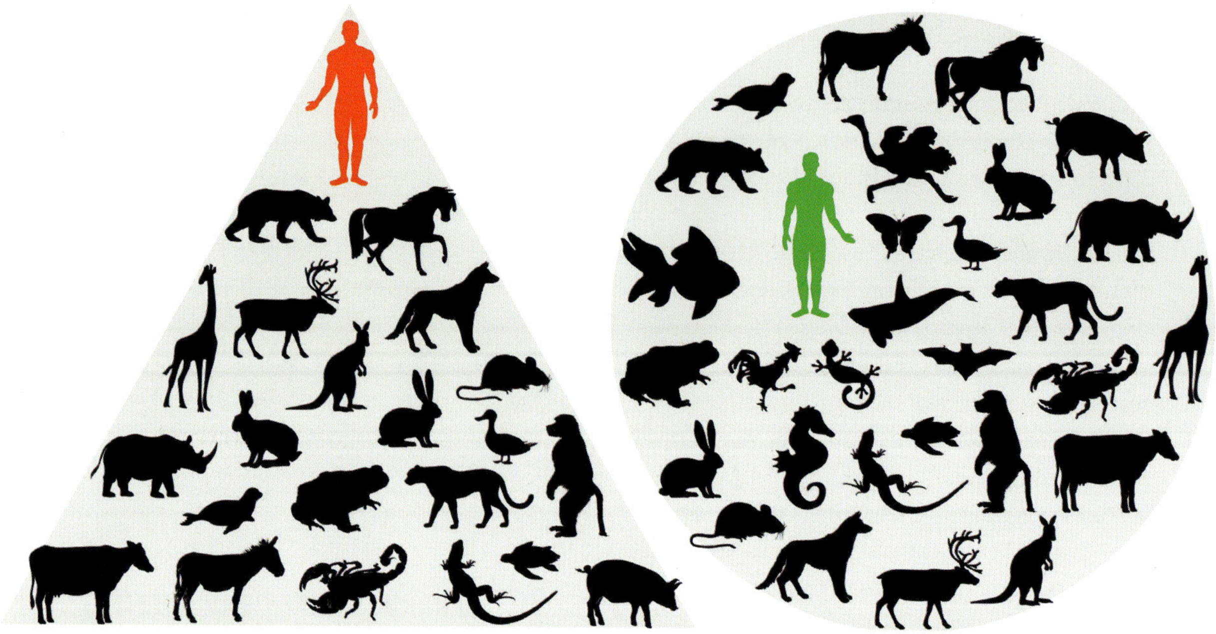

1 Betrachte die beiden Darstellungen und beschreibe die Unterschiede.
2 Beide Darstellungen treffen eine Aussage zum moralischen Wert von Menschen und Tieren. Formuliere für beide Darstellungen je eine Aussage.
3 Beurteile, welche der Darstellungen deiner Meinung nach zutreffender ist.

M2 Mensch – Tier?

4 Beschreibe das Bild und die Wirkung, die es auf dich hat.
5 Die dargestellte Szene ist Teil einer Demonstration einer Tierrechtsorganisation. Stelle begründete Vermutungen über die Aussage(n) der Szene an.
6 Überprüfe, inwieweit du den Aussagen zustimmen kannst.

M3 Philosophen über das Verhältnis von Mensch und Tier

Norbert Hoerster (*1937) begründet die Sonderstellung des Menschen wie folgt:

Die Gleichstellung der Tötung von Mensch und Tier übersieht einen ganz wesentlichen Unterschied zwischen menschlichem und tierischem **Bewusstsein**. Tiere – wie etwa Schweine und Rinder, aber auch Hunde und Katzen – erfahren ihr bewusstes Leben ausschließlich im Jetzt der Gegenwart. Sie haben allenfalls Wünsche (wie den Wunsch nach Nahrung) für die unmittelbare **Zukunft**, aber keine **Absichten**, **Pläne**, Projekte für eine weitere Zukunft. Das liegt daran, dass ihnen so etwas wie ein Ichbewusstsein fehlt. *Norbert Hoerster*

Jeremy Bentham (1748 – 1832) fragt sich, welches Merkmal das entscheidende ist, um ein Lebewesen nicht zu quälen oder auszubeuten.

Ist es die **Fähigkeit** zu denken oder vielleicht die Fähigkeit zu sprechen? Doch ein erwachsenes Pferd oder ein erwachsener Hund sind weitaus verständiger und mitteilsamer als ein Kind, das einen Tag, eine Woche oder sogar einen Monat alt ist? Doch selbst, wenn es nicht so wäre, was würde das ändern? Die Frage ist nicht: Können sie denken? oder: Können sie sprechen?, sondern: Können sie **leiden**? *Jeremy Bentham*

Albert Schweitzer (1875 – 1965) meinte:

Wie in meinem **Willen zum Leben** Sehnsucht ist nach dem Weiterleben [...] und Angst vor der Vernichtung [...] also auch in dem Willen zum Leben um mich herum, ob er sich mir gegenüber äußern kann oder ob er stumm bleibt. Ethik besteht also darin, dass ich die Nötigung erlebe, allem Willen zum Leben die gleiche **Ehrfurcht** vor dem Leben entgegenzubringen wie dem eigenen. [...] Gut ist, Leben erhalten und Leben fördern; böse ist, Leben vernichten und Leben hemmen. *Albert Schweitzer*

7 Gib mit Hilfe der hervorgehobenen Stellen die Kernaussagen der Textauszüge wieder.

8 Überprüfe, welche der drei Positionen dich am ehesten überzeugt > Kompetenzbox

9 Ordne die Textauszüge den beiden Darstellungen in M1 begründet zu.

ARGUMENTIEREN UND URTEILEN

So kannst du verschiedene Standpunkte überprüfen

- Stelle die unterschiedlichen Standpunkte kurz und knapp dar. Nutze dazu deine Ergebnisse aus Aufgabe 7.
- Jeder Standpunkt beschreibt die Stellung des Menschen in der Natur anders. Bewerte die Standpunkte anhand der Frage, welche Haltung der Mensch gegenüber Tieren einnehmen soll.
- Formuliere deine eigene Position in zwei bis drei Sätzen.

M4 Raubtierfütterung

Zebra vor den Augen der Zoo-Besucher an Löwen verfüttert!

Zoodirektor: „Das alte Tier hätte sowieso sterben müssen"

10 Recherchiere oder finde Gründe, warum es Proteste gegen solch öffentliche Raubtierfütterungen gab.

11 Beurteile die Situation aus der Schlagzeile.

Tierisch heilig

M1 Was machen denn die Kühe da?

1 Beschreibe das Bild. Was ist an der Situation besonders?

2 Stelle Vermutungen darüber an, warum die Kühe mitten auf der Straße liegen (dürfen).

3 Stell dir vor, in deiner Stadt – zum Beispiel an deiner Schule – würden sich Kühe frei bewegen. Beschreibe, was sie dort alles tun und anrichten könnten.

M2 Ach du heilige Kuh!

Autos hupen, Fahrradfahrer und Fußgänger drängeln, und mittendrin versucht ein Polizist, das Chaos zu bändigen. Vergebens! Denn mitten auf der Straße in der Altstadt von Delhi in Indien stehen zwei Kühe – und die haben hier Vorfahrt! Kühe sind nämlich in Indien heilige Tiere. Einer Kuh Gewalt anzutun oder sie zu essen ist undenkbar für einen gläubigen Hindu. So heißen die Anhänger der Religion Hinduismus. Etwa 900 Millionen Menschen gehören ihr an, viele leben in Indien. Hindus haben verschiedene Götter, und die Kuh ist in ihrem Glauben der Ursprung des Lebens. In einer alten Geschichte heißt es nämlich, dass Kühe dem Gott Krishna das Leben retteten. Seitdem werden sie verehrt.

Alexandra Frank

4 Erkläre mit Hilfe der Informationen aus dem Text, warum die Kühe im Bild M1 einfach so auf der Straße liegen dürfen.

5 Beschreibe, wie sich die Heiligkeit von Kühen der hinduistischen Religion nach auf die Ernährung auswirkt.

6 Versetze dich in einen indischen Jugendlichen hinein, der sich als gläubiger Hindu an die Regeln seiner Religion halten will und zu Gast in Deutschland ist. Erkläre, worauf er verzichten würde und was ihn irritieren könnte.

M3 Ein besonderes Fast-Food-Angebot!

Hindus glauben an die Wiedergeburt, d.h. daran, dass die Seele eines Menschen nach dem Tod des Körpers weiterlebt und in einem neuen Körper wiedergeboren wird – und zwar möglicherweise auch als Tier. Deshalb wollen gläubige Hindus keine Tiere töten, und insbesondere Kühe sind heilig. In Indien sind rund 80 Prozent der Bevölkerung gläubige Hindus – und ernähren sich deshalb vegetarisch. Vor einigen Jahren reagierte die Fast-Food-Industrie auf diese besondere Situation. Zwei große internationale Fast-Food-Ketten eröffneten in Indien Filialen mit einem neuen Angebot: Der in anderen Ländern so beliebte Rindfleisch-Burger wurde von den Speisekarten gestrichen und durch vegetarische Varianten ersetzt – wie Kartoffelklopse oder Käse – oder durch Burger aus Hammel- und Putenfleisch. Das Angebot nahm die Bevölkerung gut an, sodass weitere Filialen, sogar rein vegetarische, eröffnet wurden.

7 Erkläre, warum internationale Fast-Food-Ketten in Indien andere Angebote haben als in Deutschland.

8 Die größte Minderheit in der englischen Hauptstadt London sind Inder. Sollten Fast-Food-Ketten in London ihr Angebot so umstellen wie in Indien? Begründe deine Entscheidung. > Kompetenzbox

ARGUMENTIEREN UND URTEILEN

So kannst du eine begründete Entscheidung treffen

- Liste Gründe auf, die dafür und dagegen sprechen, das Fast-Food-Angebot umzustellen.
- Wäge ab: Welche Gründe überzeugen dich mehr?
- Formuliere deine Entscheidung, indem du deine Gründe ergänzt.
  Beispiel: Meiner Meinung nach sollten ..., damit/weil/da ...

M4 Ein Tempel für Ratten!?

Im Karni-Mata-Tempel in Indien leben rund 20 000 Ratten, die wie Heilige angebetet werden. Etwas zu essen, das die Ratten vorher anknabbern durften, gilt als Segen und Milch, die die Tiere mittrinken, als heilbringend. Die Berührungen der Ratten, die den Menschen über die bloßen Füße laufen, sollen Glück bringen.

9 Betrachte das Bild und stell dir vor, du besuchst den Karni-Mata-Tempel. Welche Aktivitäten dort kämen für dich in Frage und welche nicht? Begründe deine Einschätzung.

10 Denke dir einen Tempel für eine andere Tierart aus. Beschreibe, wie es dazu kam, dass diese Tierart für heilig erklärt wurde, und welche Regeln und Bräuche sich im Umgang mit dieser Tierart entwickelt haben.

Zeig, was du kannst!

Das Wichtigste in Kürze

Heiligenstatus – Konsum – Lebewesen – Lebensmittel – Leidensfähigkeit – Massentierhaltung – Nutztiere – Rechte – Selbstversorger – Tierprodukte – Tierschutz

Menschen und Tiere

Menschen nutzen tierische Produkte auf verschiedene Weisen: Sie essen beispielsweise Fleisch, Eier und Käse, und sie trinken Milch. All dies macht es nötig, dass Tiere gehalten und in vielen Fällen getötet werden. Bei der Art der Haltung gibt es große Unterschiede: Für Tiere, die zu Billigfleisch verarbeitet werden, bleibt beispielsweise wenig Geld; das wirkt sich natürlich auf die Qualität der Haltung aus. Abhängig davon, welchen Wert Menschen (Nutz-)Tieren und sich selbst beimessen, vertreten Menschen unterschiedliche Ansichten darüber, ob man Tiere oder Tierprodukte überhaupt konsumieren darf, welche Voraussetzungen gegebenenfalls zu berücksichtigen sind und wie Tiere gehalten werden sollen. Während manche das Recht des Menschen vertreten, Tiere als Mittel zu seinen Zwecken zu nutzen, sehen andere sie als dem Menschen gleichwertige Lebewesen, denen nicht nur Schutz, sondern echte Rechte zugestanden werden sollten. In manchen Religionen werden bestimmte Tierarten sogar für heilig gehalten und entsprechend wird mit ihnen umgegangen.

Kompetenz-Check

M Kein Ei mit der 3!

Seit einigen Jahren ist die Einzelhaltung von Legehennen in Deutschland verboten. Nicht verboten ist aber die Haltung von Legehennen in sogenannten „ausgestalteten Käfigen“ oder „Kleingruppenhaltung“. Dahinter verbirgt sich ein Käfig mit nur wenig mehr Platz als in den alten Legebatterien. Die erste Ziffer des Eierstempels gibt Auskunft über die Haltungsform. Und Vorsicht bei gefärbten Eiern: Sie müssen nicht gekennzeichnet werden. Steht nichts anderes darauf, so stammen diese in aller Regel aus Käfighaltung!

nach Bund für Umwelt und Naturschutz Deutschland e.V. (BUND)

Beim Eier-Stempel ist die erste Zahl wichtig. Die Bedeutungen:
0: Ökologische Haltung und Biofutter – Genuss für alle
1: Freilandhaltung – viel Auslauf, aber konventionelles Futter
2: Bodenhaltung – kein Käfig, aber wenig Platz
3: Käfighaltung (auch „Kleingruppen“ oder „Kleinvoliere“) – Tierquälerei

ARGUMENTIEREN UND URTEILEN

1 Finde mögliche Erklärungen dafür, dass sich viele Menschen vegetarisch (ohne Fleisch) oder vegan (ganz ohne tierische Produkte) ernähren.
2 Beurteile, welche philosophische Haltung zum Umgang mit Tieren dir richtig erscheint.
3 Erkläre, warum es verantwortungsvoll ist, (Oster-)Eier selbst zu färben.
4 Beurteile die Aktion „Kein Ei mit der 3“.

Werkstatt

Tierischer Protest: ein Plakat für eine Demonstration

Seine Meinung im Rahmen von Demonstrationen zu vertreten und kundzutun ist ein wichtiges Grundrecht in demokratischen Gesellschaften wie in Deutschland. Neben Bannern, Fahnen, Ballons, Sprechchören und oft thematisch passender Bekleidung sind Plakate fester Bestandteil von Demonstrationen.

Thema der Demonstration

Um dein Plakat zu gestalten, musst du dir natürlich überlegen, wofür oder wogegen du demonstrieren möchtest. Das Themenfeld aus diesem Kapitel bietet viele Möglichkeiten und du darfst frei wählen. Hier sind ein paar Ideen: Demonstration gegen Käfighaltung, Demonstration gegen oder für Fleischkonsum, Demonstration für die Stärkung von Tierrechten, Demonstration für bessere Haltung etc.

Plakattext

Überlege dir dann deinen Text für dein Plakat. Das müssen keine ganzen Sätze sein. Oft sind kurze Sprüche, Wörter oder auch Kombinationen aus Wörtern, Symbolen und Zahlen viel anschaulicher und einprägsamer. Wichtig ist, dass darin eine Position oder Forderung deutlich wird. Viele Demonstrantinnen und Demonstranten nutzen für den Text ihrer Plakate Wortspiele, die zusätzlich Aufmerksamkeit erzeugen und die man sich gut merken kann. Hier ein Beispiel:

Gestaltung

Überlege dir, in welchen Farben du dein Plakat und deinen Text gestalten willst. Hierbei solltest du sowohl sicherstellen, dass sich die Farben gut vom Untergrund abheben und dass sie zum Text passen. Überlege auch, ob noch Symbole oder Bilder auf dein Plakat sollen. Wenn du dich an die Gestaltung machst, benutze zunächst einen Bleistift und skizziere dein Plakat ohne fest aufzudrücken. So gelingt dir die Platzeinteilung auf dem Plakat besser und du kannst deinen Plan zur Anordnung gegebenenfalls nochmal ändern. Bist du dann mit deiner Bleistiftskizze zufrieden, leg mit Filzstiften los. Denk daran, nicht zu dünn oder zu klein zu schreiben und zu malen.

Präsentation

Wenn die Plakate fertig sind, könnt ihr sie euch gegenseitig vorstellen. Bestimmt interessiert es deine Mitschülerinnen und Mitschüler, warum du dich für dein Thema für die Demonstration entschieden hast, oder was du dir bei deinem Text oder der Gestaltung des Plakats gedacht hast. Bereite dich also darauf vor, das auch erklären zu können.

Worauf es ankommt

- ☑ deinen Standpunkt darstellen
- ☑ Aufmerksamkeit erzeugen (Text und Gestaltung)
- ☑ den Platz des Plakats gut einteilen und nutzen
- ☑ ordentlich schreiben und malen

Wie fühlt sich Freiheit an?

Wie viele Formen der Freiheit gibt es?

Kann Freiheit süchtig machen?

Warum verspricht die Werbung so viel Freiheit?

Wo endet die Freiheit?

Freiheit und Würde

> Freiheiten wahrnehmen

WERKSTATT

Ein Infoflyer zum Thema „Sucht"

Sich ausprobieren, neue Erfahrungen sammeln, sich nichts sagen lassen wollen, Hemmungen loswerden oder sich von Problemen und Sorgen ablenken – Gründe gibt es genug, warum Menschen zu Alkohol oder anderen Drogen greifen. Was zu Beginn vielversprechend erscheint, kann sich jedoch bald als verhängnisvoll erweisen und in der Ausweglosigkeit der Sucht enden.

Wähle eine Suchtkrankheit aus und informiere dich darüber. Wie entsteht diese Sucht? Wie wirkt das Suchtmittel auf den Körper und auf die Psyche der betroffenen Person? Wie auf deren Umfeld? Welche Therapiemöglichkeiten gibt es? Erstelle zu dem Thema einen Flyer und entwirf anschließend ein ansprechendes Deckblatt, das gegen diese Suchtform mobilisieren soll.

Auf Freiheiten freiwillig verzichten?

M1 Sich verpflichtet fühlen

Bettina Kumpe

1 Beschreibe, wie es dir in der Situation im Krankenhaus gehen würde. Welchen Unterschied macht es, ob dich jemand aus Pflichtgefühl besucht oder weil die Person dich vermisst?
2 Was meint die Besucherin, wenn sie sagt: „Na klar, das ist doch meine Pflicht"? Nenne mögliche Gründe, warum sie sich verpflichtet fühlen könnte.
3 Besucht sie den Jungen freiwillig oder unfreiwillig? Begründe deine Meinung.

M2 Rias größter Wunsch

Ria wünscht sich seit Langem eine Reitbeteiligung. Beim Abendessen versucht sie erneut, ihre Eltern davon zu überzeugen:

„Ich könnte mich an den Kosten beteiligen und vor der Schule Zeitungen austragen." Ihre Mutter schüttelte den Kopf. „Das werde ich keinesfalls erlauben. Du hast jetzt schon kaum noch Freizeit." „Aber Freizeit bedeutet doch, dass man tut, wozu man Lust hat. Mir würde nichts mehr Spaß machen, als mich um ein Pferd zu kümmern, auch wenn ich dafür zusätzlich einen Teil meiner Freizeit opfern müsste, um zu jobben." „Allein die Reitbeteiligung würde bereits eine große Anzahl neuer Aufgaben für dich bedeuten. Und deine schulischen Verpflichtungen darfst du auf keinen Fall vernachlässigen." „Du hast Recht: Schule ist wichtig." Sie nickte bekräftigend mit dem Kopf. „Andererseits braucht man bei so viel schulischer Arbeit einen Ausgleich. Und viel Bewegung an frischer Luft wäre da doch ideal." „Die Bewegung im Stallmist ebenfalls", warf ihr Bruder Christoph grinsend ein. Ihre Eltern zogen es vor, diese Bemerkung zu ignorieren. „Aber mal im Ernst", fuhr Christoph fort, „Ria könnte doch ihre Mitgliedschaft im Tanzstudio aufgeben. Dadurch würdet ihr die hohen Mitgliedsgebühren sparen und sie hätte mehr Zeit für ihre neuen Aufgaben." Ihre Eltern sahen Ria fragend an. Sie schluckte. Auch wenn Ria ebenso gut wie ihr Bruder wusste, dass sie eigentlich nicht besonders gern tanzte, war sie wegen der anderen Mädchen ganz gerne dort hingegangen. „Ja", sagte sie schließlich. „Das ist doch wirklich eine gute Idee."

4 Gib an, welche Pflichten Ria bereit wäre, auf sich zu nehmen.
5 Soll Rias Wunsch nach der Reitbeteiligung erfüllt werden? Beurteile die Folgen der verschiedenen Handlungsmöglichkeiten, die in der Familie diskutiert werden. > Kompetenzbox
6 Wie hättest du an der Stelle von Ria entschieden? Nimm begründet Stellung.

SICH-ORIENTIEREN UND HANDELN

So kannst du die Folgen von Handlungsmöglichkeiten bewerten

- Beschreibe die Situation und bestimme das Ziel, welches Ria erreichen möchte.
- Prüfe, welche positiven und negativen Folgen ihr erster Lösungsvorschlag (das Zeitungsaustragen) für sie und andere hätte.
- Prüfe, welche Alternativen diskutiert werden und welche positiven und negativen Folgen diese für sie und andere hätten.
- Vergleiche die Handlungsmöglichkeiten bezüglich ihrer Folgen.
- Erläutere deine Schlussfolgerung. Wie bewertest du Rias Entscheidung?

M3 Kann Pflicht Spaß machen?

Ein fiktives, d.h. ausgedachtes, Interview mit dem Dichter Friedrich Schiller (1759-1805):

Tim: Herr Schiller, manche Menschen denken, es bestehe ein Gegensatz zwischen Pflicht und Lust. Sie sind, wenn ich es recht verstehe, anderer Ansicht.

Friedrich Schiller: Ja, es ist nicht notwendig so, dass man seine Pflichten verletzt, wenn man das tut, wozu man Lust hat, oder dass man seine Pflicht nur mit Unlust erledigt. Es gibt genügend Beispiele dafür, dass jemand das, was er tun soll, auch mit Freude tut.

Tim: Dann fallen Pflicht und Lust zusammen?

Friedrich Schiller: Ja. Genauer: Sie können miteinander harmonieren. Menschen, bei denen das der Fall ist, nenne ich eine schöne Seele. Es ist ein Kennzeichen höchster Tugend, wenn Menschen ihre Pflichten mit Freuden erfüllen, wenn sie ihrer Lust folgen und damit zugleich das tun, was ihre Pflicht ist.

7 Erkläre mit Beispielen aus dem Alltag, warum Menschen häufig denken, dass zwischen Lust und Pflicht ein Gegensatz besteht.

8 Friedrich Schiller meint, es gäbe genügend Beispiele dafür, dass jemand das, was er tun soll, auch mit Freude tut. Finde solche Beispiele aus deinem Alltag.

9 Beschreibe in deinen eigenen Worten, was nach Schiller eine schöne Seele ist.

10 Wie fühlt sich Lust (Freiheit) und Pflicht (Unfreiheit) an? Umschreibe die Begriffe mit Hilfe von Adjektiven.

M4 Freiheit und Verzicht

Ich bin frei, den Kuchen, den ich vor mir habe, zu essen oder nicht zu essen; wenn ich ihn aber einmal aufgegessen habe, bin ich nicht mehr frei, ihn vor mir zu haben oder nicht. [...] Das Ernste an der Freiheit ist, dass jede freie Handlung, die ich begehe, meine Möglichkeiten, zu wählen und eine von ihnen zu realisieren, einschränkt. *Fernando Savater*

11 Erkläre mit Hilfe des Textes, warum es keine Freiheit geben kann, ohne dass wir Entscheidungen treffen.

12 Es gibt Menschen, die sich nicht oder nur sehr schwer für etwas entscheiden können, obwohl sie die freie Wahl haben. Finde Gründe dafür.

Frei ist nicht gleich frei

M1 Frei bedeutet ...

1 Versetze dich in die Situation der Schülerinnen und Schüler auf dem Bild und formuliere dazu passende Sätze mit den Worten „frei von“, „frei zu“, „ohne Pflicht“ und „unbeschränkt“.

2 Nenne weitere Bedeutungen des Begriffs „frei“.

M2 Ich will endlich frei sein!

Neigungen

Selbstvertrauen

Unabhängigkeit

Mut

Möglichkeiten

Recht

Abenteuer

Verantwortung

Willenskraft

Risiko

3 Was bedeutet für dich Freiheit? Formuliere mit Hilfe der Begriffe Aussagen über die Freiheit.

4 Finde Merkmale der Unfreiheit durch Gegenbegriffe. Beginne z. B. so: *Unfreiheit ist im Gegensatz zur Freiheit ...*

5 Nenne Freiheiten, die dir in deinem Alltag besonders wichtig erscheinen. Begründe deine Auswahl.

M3 Freiheit – mehr als Unabhängigkeit

Von Freiheit kann man auf unterschiedliche Weise sprechen. [...] In der Philosophie gibt es [...] eine systematische Unterscheidung zwischen negativer und positiver Freiheit.

Unter „negativer Freiheit" [Freiheit von ...] wird der Akt der Befreiung hin zur Unabhängigkeit verstanden. Man befreit sich von einem als unfrei erfahrenen Zustand. Ein Volk befreit sich von einem Unrechtsregime, man entflieht einer Situation, die einen in seinen Entscheidungen behindert, man kündigt etwa den Arbeitsplatz oder wechselt die Schule. Zu diesen negativen Freiheiten sagte der französische Schriftsteller und Nobelpreisträger für Literatur, André Gide, einst: „Sich zu befreien ist nichts, frei sein ist schwer." Denn was kommt nach der Befreiung? Was folgt nach der Revolution? An dieser Stelle kommt die sogenannte „positive Freiheit" [Freiheit zu ...] ins Spiel. Man könnte sagen, sie ist die Freiheit der Arbeit, der Gestaltung, der Ideen und der Kreativität. [...] Wir sind dazu aufgerufen, etwas Sinnvolles aus unseren Freiräumen zu machen, und die für unsere Identität entscheidende Frage lautet daher: Wie gestalte ich den gewonnenen Freiraum? Was unternehme ich etwa in den Ferien, am Wochenende etc.? [...] Du hast die negative Freiheit, du kannst dich entziehen, aber [...] [zum Menschsein] gehört ebenso die positive Freiheit, die dir die Aufgabe gibt, dein Leben mit Sinn zu füllen, dich zu engagieren und für deine Taten gerade zu stehen.

nach Johannes D. Balle

6 Erkläre die Begriffe „negative Freiheit" und „positive Freiheit" in deinen eigenen Worten.

7 Nenne Beispiele aus deinem Alltag für beide Arten von Freiheit. Verwende dabei z. B. folgende Formulierungen: *Freiheit (oder frei sein) von etwas erlebe ich ....* – *Freiheit (oder frei sein) zu etwas erlebe ich ...*

8 Stell dir vor, du musst heute nicht in die Schule, sondern hast frei. Entwirf einen Plan für den Tag. Welche Möglichkeiten, Verpflichtungen oder Zwänge hast du? Welche Entscheidungen musst du treffen? > Kompetenzbox

9 Frei sein ist schwer, behauptet der Schriftsteller André Gide. Überprüfe die Begründung dafür im Text und beurteile diese Aussage.

SICH-ORIENTIEREN UND HANDELN

So kannst du einen Plan entwickeln und umsetzen

- Benenne das Ziel, das du erreichen möchtest. Was ist dir bei der Planung das Wichtigste? Beispiel: *möglichst viel Spaß haben, ...*
- Bestimme, wovon du an diesem Tag befreit bist und wovon nicht. Beispiel: *befreit von den Hausaufgaben, ...*
- Gib an, wozu du frei bist, d. h. was du frei gestalten kannst.
- Erstelle deinen Tagesplan und erläutere dann, inwiefern du den Tag frei planen konntest und wo du Einschränkungen hinnehmen musstest.

M4 Freiheit – ein Menschenrecht

Freiheit ist keine private Angelegenheit. Sie wird uns in vielen Bereichen auch durch Gesetze zugesichert.

Jeder Mensch hat das Recht auf Leben, Freiheit und Sicherheit der Person.

Allgemeine Erklärung der Menschenrechte, Artikel 3

10 Erkläre, was es bedeutet, ein Recht auf Freiheit zu haben.

11 Recherchiere in der Allgemeinen Erklärung der Menschenrechte nach weiteren Artikeln. Welche Freiheitsrechte sind dort festgehalten?

Sucht – der Zwang zur Lust

M1 Besondere Urlaubsgrüße

1 Beschreibe, welche Vorstellung von Freiheit im Bild zum Ausdruck kommt.
2 Würdest du auf deine Freiheiten nur deshalb verzichten, weil sich andere darüber empören, was du machst? Nimm begründet Stellung.
3 Formuliere eine Gedankenblase. Was könnte dem Mann in der Situation auf dem Bild durch den Kopf gehen?

M2 Lust – Frust – Sucht

a Durch Zufall bin ich in eine Spielbank geraten. Da habe ich gleich einen Kick verspürt, den ich schon lange nicht mehr kannte. Ich habe zwar Geld verloren, aber ich dachte mir immer: „Das hole ich mir am nächsten Tag wieder!" Eines Tages war es so weit, dass ich einfach nicht mehr aufhören konnte. Mit dem Mantel an der Garderobe hatte ich auch meinen freien Willen abgegeben.

Klaus S.

b Meine Familie war die Clique. Da gab es so was wie Freundschaft, Zärtlichkeit und irgendwie auch Liebe. [...] Keiner belästigte den anderen mit seinem Scheiß zu Hause oder auf der Arbeit. Wenn wir zusammen waren, gab es für uns die miese Welt der anderen gar nicht. Wir redeten über Musik und Dope.

Christiane F.

c Liebe auf den ersten Blick war es nicht, damals, mit Max und dem Nikotin. „Ein Zigarillo, ich war 15", erinnert er sich. „Kam nicht ganz so gut – der Nikotinflash hat mich ziemlich umgehauen." Heute ist Max 19 Jahre alt – und bezeichnet sich selbst als „Raucher aus Leidenschaft". Fast eine Schachtel raucht er am Tag [...]. „Viele rauchen, weil sie es cool finden und kommunikativ", sagt [die Expertin] Pott.

Angelika Unger

d Alkohol ist eine Spaßgarantie. Alle sind lustig und haben Spaß.

Jugendliche

e Das Gymnasium ist purer Stress. Ich habe sogar Angst, in die Schule zu gehen. Am Wochenende will ich deshalb frei sein, feiern und Spaß haben.

Jugendlicher

4 Notiere, wie die Personen jeweils ihr Lebensgefühl beschreiben. Wie begründen sie ihre Handlungen?
5 „Mit dem Mantel an der Garderobe hatte ich auch meinen freien Willen abgegeben." Erkläre diesen Satz in deinen Worten.

M3 Sucht und Ohnmacht

Nahezu alle Süchtigen kennen das Gefühl der Ohnmacht. Obwohl sie irgendwann spüren, wie sehr sie selbst und ihr Umfeld unter ihrer Sucht leiden, trinken sie weiter, konsumieren Drogen oder setzen ihre Verhaltenssucht, wie Spielsucht oder Kaufsucht, fort. [...] So können Gefühle der Ohnmacht entstehen, wenn Versuche, das süchtige Verhalten zu beenden, immer wieder fehlgeschlagen sind. Die Betroffenen entwickeln dann irgendwann die Überzeugung, dass sie keine andere Wahl haben, als ihre Situation zu akzeptieren und weiter zu trinken oder Drogen zu konsumieren. [...]

Vor allem müssen Menschen, die sich dauerhaft als hilflos erleben, wieder lernen, Verantwortung für das eigene Handeln zu übernehmen. [...] Wichtig ist, die Opferrolle zu verlassen und die Schuld für negative Gefühle, Machtlosigkeit und Sucht, nicht länger anderen zu geben. [...]

Es geht nicht darum, Suchtkranken die Verantwortung für ihre Erkrankung zuzuschreiben, sondern darum, ihnen das Gefühl wiederzugeben, sich als autonom [selbstbestimmt] zu erleben, als selbstbewusst und nicht länger als hilflos und ohnmächtig.

Sucht- und Jugendhilfe e.V. (Hg.)

6 Erkläre die Ursachen für die Ohnmacht, die Suchtkranke erleben.

7 Erarbeite mit Hilfe des Textes die Merkmale des Gefühls der Ohnmacht und fasse diese in einem erklärenden Satz zusammen.

8 Manche Suchtkranke sehen sich als Opfer von schwierigen Umständen und rechtfertigen damit ihren Alkohol- oder Drogenkonsum. Formuliere Beispiele für solche Schuldzuweisungen.

9 Stell dir vor, dass einer deiner Freunde Drogenprobleme hat. Er begründet seine Sucht mit den schwierigen Verhältnissen in der Familie. Erläutere ihm in einem Brief, warum er für seine Suchtprobleme selbst die Verantwortung übernehmen sollte statt anderen die Schuld dafür zu geben, indem du die jeweiligen Folgen aufzeigst. > Kompetenzbox

M4 Eine Mauer des Schweigens

Die Vertuschung von Suchtproblemen, Scham, Schweigen und Verheimlichen sind der Motor jeder Sucht.

10 Beurteile die Aussage. Wie wichtig oder schädlich ist es, offen über Suchtprobleme zu sprechen?

11 Erkläre, welche Gründe es dafür geben kann, dass Menschen (Betroffene und ihr Umfeld) Suchtprobleme vertuschen. Berücksichtige dabei, wer alles zum Umfeld gehört und welche Interessen die jeweiligen Personen haben.

12 Recherchiere Hilfsangebote für Jugendliche mit Suchtproblemen und gestalte einen Informationszettel.

SICH-ORIENTIEREN UND HANDELN

So kannst du die Folgen von Handlungsmöglichkeiten bewerten

- Beschreibe die Situation und bestimme das Ziel, das durch die Übernahme der Verantwortung erreicht werden soll.
- Prüfe, welche positiven und negativen Folgen es hätte, wenn dein Freund sich weiterhin als Opfer sieht.
- Prüfe, welche Alternativen er hätte und welche positiven und negativen Folgen diese hätten.
- Vergleiche die Handlungsmöglichkeiten bezüglich ihrer Folgen.
- Erläutere deinem Freund in einem Brief deine Schlussfolgerungen. Wie bewertest du die Alternativen?

Ohne Grenzen keine Freiheit!

M1 Freiheit – nur ein Traum?

1 Beschreibe das Bild. In welchem Zusammenhang steht es mit der Überschrift?

2 Grenzenlose Freiheit: Ist das ein Traum oder ein Alptraum der Menschheit? Finde Argumente für jeden der beiden Standpunkte.

3 Was stellst du dir unter einer „grenzenlosen Freiheit" vor? Beschreibe, wie du leben würdest, wenn du alles machen könntest, was du wolltest.

M2 Ich könnte, wenn ich wollte – stimmt das?

a Alina will mit ihrem Freund ins Freibad, aber ihre Eltern haben es verboten.

b Ivan will für seinen Bruder nicht den Mülldienst übernehmen, aber der hat gedroht, sonst den Eltern zu erzählen, dass Ivan sich auf dem Schulhof geprügelt hat.

c Joe hat Angst vor der Mathearbeit und kann nicht einschlafen.

d Joyce muss unbedingt eine Zigarette rauchen, obwohl er sich vorgenommen hatte, mit dem Rauchen aufzuhören.

e Ayla hat die Hausaufgabe nicht gemacht, weil sie die nicht verstanden hat.

f Marvin kann nicht schlafen, weil die Musik vom Nachbarn sehr laut ist.

4 Unterscheide äußere und innere Einschränkungen der Handlungsfreiheit und ordne die Beispiele zu.

5 Finde für die verschiedenen Arten von Einschränkungen weitere Beispiele.

6 Äußere und innere Einschränkungen können noch weiter unterschieden werden. Finde weitere Unterteilungen. Beispiel: *Man muss machen, was man nicht will.*

7 Wie würdest du handeln? Wähle von den Beispielen zwei aus und entwickle mindestens zwei Handlungsalternativen. Bewerte jeweils die Folgen deines Handlungsvorschlags. > Kompetenzbox

SICH-ORIENTIEREN UND HANDELN

So kannst du die Folgen von Handlungsmöglichkeiten bewerten

- Beschreibe die Situation und dann das Ziel, das du durch deine Handlung anstrebst.
- Prüfe, welche positiven und negativen Folgen deine erste Handlungsmöglichkeit hätte (d. h., wenn du die Einschränkung hinnimmst).
- Prüfe, welche Alternativen du hast und welche positiven und negativen Folgen diese hätten.
- Vergleiche die Handlungsmöglichkeiten bezüglich ihrer Folgen.
- Erläutere deine Schlussfolgerungen. Wie bewertest du deine Alternativen?

M3 Grenzen der Freiheit

Erstens: Wir sind nicht frei, auszuwählen, was uns passiert (an dem Tag, von diesen Eltern und in diesem Land geboren zu werden; an Krebs zu leiden oder von einem Auto überfahren zu werden; […] usw.), sondern wir sind frei, auf das, was uns passiert, auf diese oder jene Weise zu reagieren (zu gehorchen oder zu rebellieren, vorsichtig oder waghalsig, rachsüchtig oder ergeben zu sein, uns nach der letzten Mode anzuziehen oder als Höhlenbär zu verkleiden […] usw.). Zweitens: Frei zu sein, etwas zu *versuchen*, hat nichts damit zu tun, es auch ganz sicher zu *erreichen*. Freiheit (die darin besteht, aus dem Möglichen auszuwählen) ist nicht das gleiche wie Allmacht (die bedeuten würde, immer das zu erreichen, was man will, auch wenn es unmöglich scheint). Wir können jedoch desto größeren Nutzen aus unserer Freiheit ziehen, je größer unsere Fähigkeit zu handeln ist. Ich bin frei, den Mount Everest zu besteigen zu wollen, aber aufgrund meiner jämmerlichen Kondition und der völlig fehlenden Praxis im Bergsteigen ist es praktisch unmöglich, dass ich mein Ziel erreiche. Dagegen bin ich frei zu lesen oder nicht zu lesen, und da ich von klein auf Lesen gelernt habe, wird es mir nicht allzu schwerfallen, mich dafür zu entscheiden. Es gibt Dinge, die von meinem Willen abhängen (und das heißt, frei zu sein), aber nicht alles hängt von meinem Willen ab (sonst wäre ich allmächtig).

Fernando Savater

8 Erkläre die verschiedenen Formen von Freiheitsbeschränkungen an Beispielen aus M2.

9 Arbeite aus dem Text heraus, inwiefern wir trotz Einschränkungen frei sind.

10 Fasse den Vorschlag des Autors in deinen eigenen Worten zusammen: Wann haben wir die besten Erfolgsaussichten zu erreichen, was wir wollen?

M4 Sich Grenzen setzen

Aber Freiheit ist nicht nur der eigene Wille, Freiheit betrifft nicht nur das eigene Wollen und Handeln. Freiheit heißt auch, an die anderen Menschen zu denken und sie nicht in ihrer Freiheit einzuschränken. Jeder soll sein Leben möglichst so leben können, wie er will. Jeder einzelne. Immer. Um der Freiheit willen.

Artikel 2

Jeder hat das Recht auf die freie Entfaltung seiner Persönlichkeit, soweit er nicht die Rechte anderer verletzt und nicht gegen die verfassungsmäßige Ordnung oder das Sittengesetz verstößt.

Grundgesetz der Bundesrepublik Deutschland

11 Fasse in deinen eigenen Worten zusammen, von welcher Grenze der Freiheit in den beiden Texten jeweils die Rede ist.

12 Prüfe, ob es sich in den Texten um eine äußere oder um eine innere Einschränkung der Freiheit handelt. Begründe deine Zuordnung.

13 Wo Rechte sind, gibt es auch Pflichten. Erkläre, welche Pflichten aus dem Recht in Artikel 2 des Grundgesetzes folgen.

14 Kann man die Freiheit missbrauchen? Erläutere deine Meinung an Beispielen.

Freiheit – ein Produktversprechen?

M1 „Must-have" – Die Sehnsüchte und Verführungen des Konsums

Der englische Begriff „Must-have" steht für eine Sache, die jeder unbedingt haben sollte, weil sie gerade besonders angesagt oder gefragt ist. Mit der zugrunde liegenden Werbung und dem Verlangen nach Konsum beschäftigen sich viele Künstlerinnen und Künstler der Gegenwart kritisch.

Duane Hanson: supermarket lady, 1970

1 Beschreibe das Werk von Duane Hanson. Mit welchen Materialien arbeitet der Künstler und was stellt er dar?

2 Deute das Werk, indem du kurz den Tag der Frau beschreibst. Für wen hat sie eingekauft? Was wird als nächstes geschehen, was könnte sie noch unternehmen? Usw.

3 Dieses Werk ist in einem großen Museum in Köln ausgestellt. Stell dir vor, du solltest den Besucherinnen und Besuchern des Museums erklären, warum es so berühmt ist. Wie würdest du das begründen?

M2 Die verkaufte Freiheit

Die Werbung benutzt die Botschaft der Freiheit, um (ganz alltägliche) Produkte attraktiv zu machen. Wer sich etwas leisten kann, so das Versprechen, dem öffnen sich ungeahnte Möglichkeiten.

4 Werde Influencer oder Influencerin für eine Zahnpasta und formuliere einen Werbeslogan, der durch das Produkt und Zahnpflege „Freiheit von" oder „Freiheit zu" etwas verspricht – und so Lust auf das Produkt weckt. Setze mindestens zwei Begriffe aus dem Wortspeicher ein.

5 Die Werbung benutzt die Botschaft der Freiheit, um ein Verlangen nach diesem Produkt zu wecken. Erkläre das Verhältnis von Freiheit oder Zwang in der Werbung.

6 Kann man Freiheit kaufen? Diskutiere, ob und inwiefern Wohlstand und Konsum uns Freiheiten ermöglichen.

Wortspeicher

Abenteuer – Chancen – nie bereuen – meine Wahl – Nein sagen – nie wieder – sich verwirklichen – Zukunft – Frische – Weite – Power – Glanz – Geschmack

M3 Zwiespalt durch Warenangebot

Ist der einzelne Mensch umso freier, je mehr Auswahlmöglichkeiten er hat? Vergrößern die 70 oder mehr Shampooflaschen im Supermarktregal […] wirklich unseren Handlungsspielraum? Machen die vielen Optionen [Wahlmöglichkeiten] freier und glücklicher, oder stehlen sie uns einfach nur Zeit? […]
Jenseits einer bestimmten Schwelle können Dinge zu Zeitdieben werden. Produkte müssen ausgewählt, gekauft, aufgestellt, genutzt, erfahren, gepflegt, aufgeräumt, abgestaubt, repariert, gelagert und entsorgt werden. […] In einer Gesellschaft mit vielen Optionen leiden die Menschen nicht an einem Mangel, sondern an einem Zuviel an Möglichkeiten … Die starke Zunahme an Wahlmöglichkeiten macht es zunehmend schwer zu wissen, was man will, zu entscheiden, was man nicht will und zu schätzen, was man hat. […]
Wir sind von unserer sozialen und medialen Umwelt beeinflusst. Gibt es daher überhaupt eine individuelle Willensfreiheit bei unseren Kaufentscheidungen? Ist es möglich, sich der immer und überall anzutreffenden Berieselung durch Werbung zu entziehen?

All We Need: Die Welt der Bedürfnisse

7 Der Text betrachtet die Vielfalt des Warenangebotes kritisch. Arbeite die Gründe für diese Kritik heraus.

8 Kann es ein Zuviel an Möglichkeiten geben? Begründe deine Antwort.

9 Werbung beeinflusst unser Kaufverhalten stark. Entwirf einen Plan, wie du deine Kaufentscheidungen möglichst unabhängig treffen kannst.
> Kompetenzbox

SICH-ORIENTIEREN UND HANDELN

So kannst du einen Plan entwickeln und umsetzen

- Benenne das Ziel, das du erreichen möchtest. Was ist für dich beim Einkaufen wichtig?
  Beispiel: *möglichst nachhaltig kaufen, möglichst günstig kaufen, …*
- Bestimme, wovon deine Freiheit beim Einkaufen eingeschränkt wird.
  Beispiel: *von deinen Bedürfnissen, den Kosten, der Werbung, …*
- Gib an, wozu du frei bist, d.h. welche Auswahlmöglichkeiten und Entscheidungshilfen du hast.
- Erstelle deinen Einkaufsplan und erläutere dann, inwiefern du deine Kaufentscheidung frei treffen konntest und wo du Einschränkungen hinnehmen musstest.

M4 Shoppen für den guten Zweck

Immer mehr Produkte werden damit beworben, dass ein Teil des Erlöses für einen guten Zweck, z.B. für die Rettung des Regenwaldes oder für gesundes Wasser in Afrika, verwendet wird.

10 Formuliere das Grundproblem solcher Werbestrategien. Was spricht für sie, was dagegen?

11 Die Organisation „Welthungerhilfe" wirbt auf ihrer Internetseite für Marken mit Charity-Shopping und fordert auf, auf diese Weise zu spenden. Recherchiere auf der Webseite, welche Projekte mit solchen Mitteln unterstützt werden. Nimm begründet Stellung, ob du eines der Produkte unterstützen würdest.

Zeig, was du kannst!

Das Wichtigste in Kürze

Verpflichtung – freiwillig – Freiheit von – Freiheit zu – Grenzen der Freiheit – Sucht – Zwang – äußere und innere Einschränkungen – Konsum – „Must-have"

Über die Freiheit

Frei zu sein ist eine tiefe Sehnsucht in uns. Es ist das, wonach wir alle streben. Aber „frei sein" kann vieles bedeuten. Von *negativer Freiheit* sprechen wir, wenn jemand *frei von* äußeren oder inneren Einschränkungen handelt und zum Beispiel nicht durch eine Erpressung zu etwas gezwungen wird, was er nicht tun oder sagen will. Mit dieser Unabhängigkeit bekommen wir erst die Möglichkeit, uns *frei zu* einer Handlung zu entschließen. Mit dieser *positiven Freiheit* steht es uns offen, unser Leben aktiv zu gestalten und auszuwählen, was wir aus unseren Möglichkeiten im Leben machen wollen. Weil wir aber nicht alles um uns herum bestimmen können und wir auch die Freiheitsrechte unserer Mitmenschen respektieren müssen, hat unsere Freiheit Grenzen.

Eine grenzenlose Freiheit wird uns oft in der Werbung versprochen – vorausgesetzt, wir kaufen das angepriesene Produkt. Wer aber solchen Versprechen Glauben schenkt, kann herbe Enttäuschungen erleben. Die unerfüllte Sehnsucht nach Ungezwungenheit oder Genuss kann der Auftakt zu einer riskanten Spirale der Sucht werden.

Kompetenz-Check

M Leotrims Entscheidung

Montagnachmittag. In der 8. Klasse ist es, wie schon im ganzen letzten Monat, laut. Der junge Lehrer schafft es einfach nicht, die Schülerinnen und Schüler zu bändigen … Plötzlich reißt der strenge Direktor die Tür auf, schimpft lautstark über das freche Verhalten, das schlechte Benehmen und den fehlenden Respekt vor dem Lehrer. Als er fertig ist, lässt er Leotrim aufstehen. Dieser ist neu in der Klasse und kennt kaum jemanden. „Du nennst mir jetzt die drei, die am häufigsten gestört haben! Die werden jetzt bestraft! Oder du sagst nichts, dann kriegen alle eine Strafe!" „Das ist aber gemein von Ihnen, Sie …!", sagt Leotrim und kann gerade noch die Hände vor den Mund halten, bevor er ausspricht, was er gerade denkt. „Na, sag nur was du willst, aber das hat Konsequenzen!", entgegnet der Schulleiter. „Und jetzt will ich die Namen, nennst du sie nun freiwillig oder nicht? Du hast die Wahl, entscheide dich!"

1 Stelle dar, in welchem Zusammenhang positive und negative Freiheit stehen.
2 Erläutere die Grenzen von Freiheit anhand von Beispielen.

SICH-ORIENTIEREN UND HANDELN

3 Soll Leotrim die Namen der drei nennen, die am häufigsten gestört haben? Bewerte die Folgen von Leotrims Handlungsmöglichkeiten.
4 Stell dir vor, du wärst an Leotrims Stelle. Entwirf einen Plan für ein klärendes Gespräch.

Werkstatt

Ein Infoflyer zum Thema „Sucht"

In vielen Beratungsstellen liegen bunte Flyer aus. Das Ziel solcher Infoblätter ist es, Betroffene, Angehörige oder Interessierte anzusprechen, ihnen eine erste Orientierung zu bieten und verlässliche Informationen zu einem Thema zu geben. Deshalb werden sie möglichst kurz und ansprechend formuliert. Auch dein Flyer soll diese Ziele verfolgen. Damit dir dies gelingt, solltest du folgende Hinweise beachten.

Informationen zum Thema sammeln und auswählen

Recherchiere über die Suchtkrankheit, die du ausgewählt hast. Sammle Informationen über Merkmale, Ursachen und Folgen des Suchtverhaltens sowie über Therapiemöglichkeiten und Hilfsangebote. Wähle dann die wichtigsten Informationen aus und ordne diese sinnvoll auf den Seiten des Flyers an.

Den Flyer gestalten

Damit Betroffene den Flyer überhaupt in die Hand nehmen und diesen lesen, ist es sinnvoll, einige bewährte Gestaltungsregeln zu beachten. Gut merken kannst du dir diese Regeln durch die Abkürzung AIDA:

A ttention (Aufmerksamkeit)
I nterest (Interesse)
D esire (Wunsch, Begierde)
A ction (Aktion, Handeln)

- Aufmerksamkeit weckst du mit Hilfe der Auftaktseite des Flyers. Wähle ein passendes Bild und einen ansprechenden Titel und Untertitel. Dieser soll etwas über das Thema verraten, aber auch neugierig machen.
- Das Interesse für das Thema förderst du durch die Gestaltung der Innenseiten. Hier trägst du die wichtigsten Informationen zusammen. Formuliere deinen Text gut verständlich und beachte dabei deine Zielgruppe, also den Personenkreis, den du ansprechen möchtest. Anschauliche und gut verständliche Schaubilder oder aussagekräftige Diagramme lockern diese Seiten sinnvoll auf. Beachte: Alles wirst du aber über die Suchtkrankheit nicht darstellen können.
- Den Wunsch und die Bereitschaft zu erzeugen, mehr über das Thema zu erfahren, ist deshalb umso wichtiger. Es soll trotz Ängsten und Vorbehalten der Wunsch entstehen, sich dem Suchtproblem zu stellen und Angebote anzunehmen. Informiere deshalb über Hilfsangebote und Therapiemöglichkeiten.
- Die, die aktiv werden und Hilfsangebote in Anspruch nehmen wollen, sollten die wichtigsten Adressen, Telefonnummern oder Webseiten gut sichtbar erkennen.

Worauf es ankommt

- ☑ über das gewählte Thema Bescheid wissen
- ☑ Informationen auswählen und ordnen
- ☑ AIDA-Regeln beachten
- ☑ ansprechend gestalten

Erlebt man Armut überall gleich?

Warum brauchen Kinder eigene Rechte?

Ist es schlimm, wenn Kinder arbeiten (müssen)?

Was ist die Menschenwürde?

Wie können Hilfsorganisationen Kindern am besten helfen?

Freiheit und Würde

> Kindern Recht geben

WERKSTATT

Ein Hilfsprojekt „Von Kindern für Kinder“

Es gibt zahlreiche Hilfsprojekte, die sich für andere Menschen und besonders für Kinder einsetzen. Diese Projekte sind dabei auf die Unterstützung durch möglichst viele Menschen angewiesen – durch Spenden, um ihre Vorhaben finanzieren zu können, aber auch durch aktive Mitarbeit und Mithilfe bei einzelnen Tätigkeiten und Aktionen. Auch ihr als Schülerinnen und Schüler könnt euch sozial engagieren – und damit anderen Kindern helfen.

Informiert euch über verschiedene Projekte, Kinderhilfswerke und deren Arbeit und organisiert ein kleines Hilfsprojekt oder eine Hilfsaktion, mit dem ein Kinderhilfswerk unterstützt werden soll. Ihr könnt aber auch eine ganz eigene Idee entwickeln, die Kindern in eurer Stadt oder Region zugutekommt – immer unter dem Motto „Von Kindern für Kinder“.

Arm oder reich?

M1 Annalyns neunter Geburtstag

1 Beschreibe das Bild. Welche Gedanken und Fragen gehen dir durch den Kopf, wenn du es ansiehst?
2 Vergleiche Annalyns Geburtstagsfeier mit deinem eigenen letzten Geburtstag. Nenne Gemeinsamkeiten und Unterschiede.

M2 Verschieden arm

Annalyn ist chronisch unterernährt und daher zu dünn und zu klein für ihr Alter [von neun Jahren]. Sie sieht aus wie ein fünfjähriges Mädchen. Seit drei Jahren wohnt sie mit ihrer Familie am Rande der riesigen Müllkippe „Aroma Smokey Mountain" in Manila. [...] Wie die meisten Kinder in dieser Siedlung muss Annalyn täglich in den Müllbergen nach Holz für den Ofen suchen. Deshalb geht sie nicht zur Schule. Trotzdem ist ihr Traum, später einmal Lehrerin zu werden. [...]"

nach Helga Kuhn

Jenny aus Hamburg ist zwölf Jahre alt, ein freundliches, noch sehr kindliches Mädchen. Ihr Vater und ihre Mutter haben sich getrennt. Sie lebt bei ihrer Mutter und deren neuen Freund in einer kleinen Zweizimmerwohnung. Ihre Hausaufgaben erledigt sie im Schlafzimmer. Zum Mittagessen geht Jenny ins Löwenhaus, wo der Arbeiter-Samariter-Bund Essen an Arme ausgibt. An Taschengeld ist für Jenny nicht zu denken. Auf Handy usw. muss sie verzichten. Wenn sie einmal etwas Neues zum Anziehen braucht, dann geht sie zur Kleiderkammer der Caritas, denn dort kann sie unter den Sachen, die andere Leute nicht mehr brauchen, etwas finden, das ihr passt.

nach Ulrike Meyer-Timpe

3 Gehe arbeitsteilig vor: Lass dir von einem Partner oder einer Partnerin Annalyns Leben beschreiben. Höre dabei aktiv zu. Tausche dann die Rollen für den zweiten Text. > Kompetenzbox
4 Vergleiche das Leben der beiden Kinder und nenne Gemeinsamkeiten und Unterschiede.
5 Beurteile, ob Jenny im Vergleich zu Annalyn reich ist.
6 Stelle Vermutungen darüber an, warum Annalyn Lehrerin werden möchte.

INTERAGIEREN UND SICH-MITTEILEN

So kannst du aktiv zuhören

- Schau deinen Partner an, wenn er mit dir spricht.
- Falle ihm nicht ins Wort und zeige Interesse (z. B. durch Nicken).
- Frage gezielt nach, um sicherzustellen, dass du die Aussagen so verstanden hast, wie sie gemeint waren. Beispiel: *Meinst du, dass…? Verstehe ich es richtig, dass …?*
- Fasse Gesagtes in eigenen Worten zusammen.
- Lass dein Gegenüber ausreden und falle ihm nicht ins Wort.

M3 Fragen an den Kinderschutzbund

Wann gilt jemand als arm?

Kinderschutzbund: Arm ist ein Mensch, wenn es ihm an materiellen Gütern mangelt, insbesondere an Nahrung, aber auch Kleidung, Wohnung usw. Das trifft besonders auf die Menschen in den Entwicklungsländern zu.

Was heißt das genau?

Kinderschutzbund: Absolut arm ist ein Mensch, wenn er umgerechnet weniger als einen Dollar pro Tag zur Verfügung hat. Dann kann er sich nämlich nicht mehr ausreichend ernähren und muss Hunger leiden. So geht es rund einem Achtel der Weltbevölkerung.

Gibt es auch Arme in Deutschland?

Kinderschutzbund: Ja, auch in der reichen Bundesrepublik gibt es Armut. Viele Menschen bemerken das nur nicht. Sie leben in schönen Wohngebieten und haben keinen Kontakt zu armen Menschen. Oder sie gucken nicht hin. Anders als in Afrika, Asien und Südamerika muss bei uns niemand verhungern. Bei uns stirbt auch niemand, weil es für ihn keine medizinische Hilfe gibt. Allerdings haben arme Menschen auch bei uns stark eingeschränkte Lebenschancen. Und das gilt ganz besonders für Kinder.

nach Heinz Hilgers/Walter Wilken

7 Erarbeite die verschiedenen Arten von Armut, die im Text genannt werden.

8 Arme Menschen in Deutschland haben „stark eingeschränkte Lebenschancen", heißt es im Text. Erkläre an Beispielen, was damit gemeint sein könnte.

9 Erläutere, woran man Armut erkennen kann, wenn man sie von außen doch nicht immer sieht.

M4 Weltweite Ungleichheit

Die Nothilfe- und Entwicklungsorganisation Oxfam weist immer wieder auf die große Ungleichheit von Arm und Reich auf der Welt hin. Hierzu zwei Beispiele:

- Das reichste Prozent [der Menschen] besitzt […] mehr Vermögen als der gesamte Rest der Weltbevölkerung.
- In nur vier Tagen verdient der Vorstandsvorsitzende von einem der fünf größten Modekonzerne so viel wie eine Näherin in Bangladesch in ihrem ganzen Leben.

Oxfam Deutschland e.V.

10 Stelle die beiden Beispiele grafisch als Schaubild dar (z. B. als Kreisdiagramm).

11 Nenne mögliche Gründe für diese ungerechte Verteilung von Reichtum.

12 Recherchiere, wie viel eine Näherin im Monat in Bangladesch verdient. Vergleiche ihren Lohn mit deinem Taschengeld.

Brauchen Kinder eigene Rechte?

M1 Aktionstag an einer Schule

1 Deine Schule plant zum Tag der Kinderrechte einen Aktionstag. Nenne Ideen für Programmpunkte, wie dieser Tag gestaltet werden soll.
2 Formuliere ein Kinderrecht, das dir besonders wichtig erscheint. Beginne z. B. so: *Kinder sollen .../ Kinder dürfen ...*
3 Gestalte ein eigenes Plakat zum Tag der Kinderrechte, mit dem auf seine Wichtigkeit hingewiesen werden soll.

M2 Kinder- und Menschenrechte

Die allgemeinen Menschenrechte sind für alle da, auch für Kinder und Jugendliche. Dennoch haben die Vereinten Nationen ein Übereinkommen über die Rechte des Kindes getroffen, und zwar am 20.11.1989. Dabei muss man wissen, dass mit dem Begriff „Kind" hier nicht nur die Kinder gemeint sind, sondern alle Menschen, die jünger als 18 Jahre alt sind. „Kinder- und Jugendlichenrechte" wäre ein besserer Begriff, der nicht so missverständlich wäre. Wenn man sich die allgemeinen Menschenrechte anschaut, merkt man bald, dass jüngere Kinder gar nicht immer gemeint sein können: Zwei Beispiele: Wahlrecht für alle (Artikel 21) oder das Recht, zu heiraten und eine Familie zu gründen (Artikel 16).

4 Gib die wichtigsten Aussagen des Textes in eigenen Worten wieder.
5 Nenne mögliche Gründe, warum die Vereinten Nationen ein eigenes Abkommen zu Kinderrechten getroffen haben, obwohl es doch schon Menschenrechte gibt. Warum sind Kinder besonders schutzbedürftig?
6 Erstelle eine Liste von Rechten, die aus deiner Sicht nur Kinder haben sollten.
7 Prüfe, was beim besonderen Schutz für Kinder zu beachten ist. Wer ist für den Schutz verantwortlich? Wie kann sichergestellt werden, dass die Kinderrechte auch beachtet werden?

M3 Konvention der Kinderrechte

Die Kinderrechtskonvention gilt für alle Menschen, die jünger als 18 Jahre alt sind. Bis auf Somalia und den USA haben ihr alle Länder der Erde zugestimmt. Die Konvention beruht auf vier Grundregeln:

1. Das Recht auf Gleichbehandlung: Kein Kind darf benachteiligt werden – sei es wegen seines Geschlechts, seiner Herkunft, seiner Staatsbürgerschaft, seiner Sprache, Religion oder Hautfarbe, einer Behinderung oder wegen seiner politischen Ansichten.

2. Wohl des Kindes hat Vorrang: Wann immer Entscheidungen getroffen werden, die sich auf Kinder auswirken können, muss das Wohl des Kindes vorrangig berücksichtigt werden – dies gilt in der Familie genauso wie für staatliches Handeln.

3. Das Recht auf Leben und Entwicklung: Jedes Land verpflichtet sich, in größtmöglichem Umfang die Entwicklung der Kinder zu sichern – zum Beispiel durch Zugang zu medizinischer Hilfe, Bildung und Schutz vor Ausbeutung und Missbrauch.

4. Achtung vor der Meinung des Kindes: Alle Kinder sollen als Personen ernst genommen und respektiert und ihrem Alter und Reife gemäß in Entscheidungen einbezogen werden. Aus diesen Prinzipien leiten sich zum Beispiel das Recht auf medizinische Hilfe, auf Ernährung, auf den Schutz vor Ausbeutung und Gewalt sowie auf freie Meinungsäußerung und Beteiligung ab.

Deutsches Komitee für UNICEF (Hg.)

8 Fasse die vier Grundregeln in eigenen Worten zusammen.

9 Formuliere für jede Grundregel ein bis zwei mögliche Kinderrechts-Artikel.

10 Nenne Beispiele dafür, dass die genannten Grundsätze nicht eingehalten werden (in Deutschland oder anderen Ländern).

11 Erkläre, was mit der Regel „Das Wohl des Kindes hat Vorrang" gemeint ist. Berücksichtige dabei z. B. folgende Fragen: Wovor hat das Wohl des Kindes Vorrang? Was trägt zum Wohl eines Kindes bei?

12 Wähle eine der Grundregeln aus und erläutere an einem Beispiel, warum diese Regel für Kinder wichtig ist. > Kompetenzbox

INTERAGIEREN UND SICH-MITTEILEN

So kannst du einen fremden Gedanken erläutern

- Lies den Text durch und notiere den wichtigsten Gedanken daraus.
- Notiere mögliche Beispiele, die diesen Gedanken veranschaulichen können.
- Lies dir deine Beispiele durch und wähle das aus, welches zu dem Gedanken am besten passt.
- Formuliere den Zusammenhang zwischen dem Gedanken aus dem Text und dem Beispiel in ein oder zwei Sätzen.

M4 Kinderrechte-Schulen

In Hessen besteht die Möglichkeit der Teilnahme von Schulen am Projekt der „Kinderrechte-Schulen". Ziel ist es, die besonderen Menschenrechte für Kinder und damit die Konvention der Kinderrechte an Schulen umzusetzen. Der Weg dorthin soll dabei von allen mitgestaltet werden – von Schulleitungen und Lehrkräften über die Schülerinnen und Schüler bis hin zu den Eltern.

13 Was muss es an einer Schule deiner Meinung nach geben, damit sie den Titel „Kinderrechte-Schule" auch verdient? Nenne Beispiele.

14 Schreibe einen Brief an die Schulleitung, in dem du sie begründet aufforderst, an diesem Projekt teilzunehmen.

15 Gestalte ein Logo für Kinderrechte-Schulen.

Wenn Kinder arbeiten (müssen) ...

M1 Nebenher verdienen

Lea

„Ich bin zwölf Jahre alt. Darf ich da schon einen Ferienjob machen? Und wenn ja, welchen? Denn ich würde sehr gerne in den Ferien ein bisschen Geld verdienen."

1 Nenne mögliche Gründe, warum Sina gerne in den Ferien Geld verdienen möchte.

2 Hast du selbst schon einen Ferienjob oder würdest gerne einen haben? Begründe deine Antwort.

3 Für Kinder unter 13 Jahren ist es in Deutschland nach dem Jugendarbeitsschutzgesetz verboten zu arbeiten. Begründe, ob du diese Regelung gut findest oder nicht. Welchen Zweck könnte das Gesetz haben?

M2 Kinderarbeit weltweit

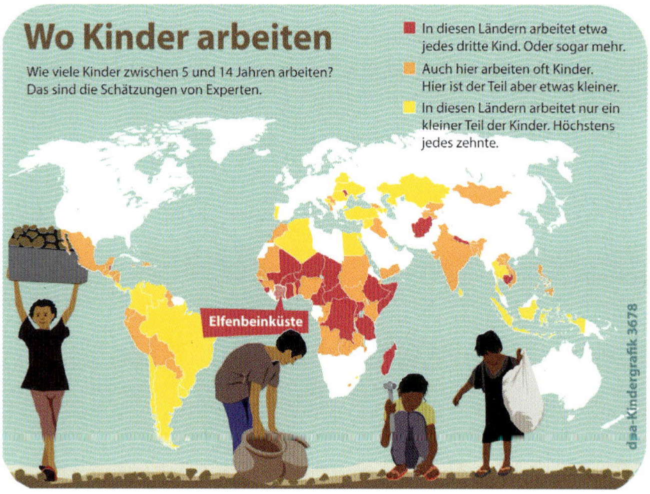

4 Fasse die wesentlichen Aussagen der Grafik in eigenen Worten kurz zusammen. In welchen Teilen der Welt arbeiten (viele) Kinder, in welchen nicht?

5 Stelle Vermutungen an, warum Kinder in diesen Ländern so viel arbeiten.

6 Stell dir vor, du müsstest bzw. würdest neben der Schule noch jeden Tag arbeiten. Beschreibe einen möglichen Tagesablauf: Wie viel Freizeit hättest du noch? Wie sieht es mit der Zeit für Hausaufgaben aus? Usw.

M3 Warum Kinderarbeit problematisch ist

Was sind die Ursachen von Kinderarbeit – und welche Folgen hat sie? Darüber informiert UNICEF, das Kinderhilfswerk der Vereinten Nationen (UN).

[Ursache] Nummer eins: Armut, meist in Kombination [Verbindung] mit anderen Umständen. Konflikte und Naturkatastrophen verschärfen die wirtschaftliche Not, weil der Haupternährer tot oder von der Familie getrennt ist, weil Felder nicht bestellt werden können oder andere Einnahmequellen wegfallen. Auch Mädchen und Jungen, die durch HIV/Aids oder Ebola zu Waisen oder Halbwaisen gemacht wurden, sind besonders häufig von Kinderarbeit betroffen. Im

östlichen und südlichen Afrika haben Wetterextreme wie Dürren im Wechsel mit schweren Regenfällen dazu geführt, dass Kinder die Schule abbrechen, um zum Lebensunterhalt der Familie beizutragen.
Aus verschiedenen Gründen wollen oder müssen Kinder und Jugendliche also Geld verdienen oder ohne Bezahlung mithelfen, und häufig sehen ihre Familien auch nichts Falsches darin. [...] Es muss auch nicht generell schlecht sein, wenn Mädchen und Jungen zum Beispiel bei der Ernte oder im Familienbetrieb mit anpacken und Erfahrungen sammeln – solange es sich in Grenzen hält und sie trotzdem zur Schule gehen können. [...] Insgesamt geht [jedoch] rund ein Drittel der Kinder, die arbeiten müssen, gar nicht zur Schule. Außerdem müssen Millionen von Schulkindern parallel arbeiten. Viele brechen deshalb die Schule vorzeitig ab oder kommen im Unterricht schlechter mit, weil sie erschöpft sind und ihnen die Zeit zum Lernen zu Hause fehlt. Heranwachsende ohne Bildung und Schulabschluss wiederum haben schlechtere Chancen, jemals eine gut bezahlte Arbeit zu finden. *nach Ninja Charbonneau*

7 Erstelle mit Hilfe des Textes eine Liste mit Gründen für Kinderarbeit. Ergänze gegebenenfalls deine eigenen Vermutungen aus Aufgabe 5.

8 Erläutere, worin die Autorin das Problem der Kinderarbeit sieht und wie sie ihre Meinung begründet. > Kompetenzbox

9 Es muss nicht immer schlecht sein, wenn Kinder mit anpacken und helfen, heißt es im Text. Nimm Stellung dazu, ob bzw. wann Kinderarbeit problematisch ist und wann nicht.

INTERAGIEREN UND SICH-MITTEILEN

So kannst du einen fremden Gedanken erläutern

- Lies den Text durch und notiere den wichtigsten Gedanken der Autorin zum Problem der Kinderarbeit.
- Notiere die Begründungen, die sie für ihre Meinung anführt.
- Lies dir die Begründungen durch und wähle diejenige aus, welche zu dem Gedanken am besten passt.
- Formuliere den Zusammenhang zwischen dem Problem von Kinderarbeit und der Begründung in ein oder zwei Sätzen.

M4 Für ein Kinderrecht auf Arbeit?

Die 15-jährige Cristina ist eine von knapp einer Million Kinderarbeitern in Bolivien – und Mitglied einer Kindergewerkschaft, die auch von einer Kinderhilfsorganisation unterstützt wird.

[Cristina] ist stolz auf ihr selbst verdientes Geld, arbeitet vormittags und am Wochenende, nachmittags geht sie in die Schule. Lehrerin möchte sie später einmal werden, oder Ingenieurin. [...] Die Kindergewerkschaft kämpft für ein Kinderrecht auf Arbeit, für schulkompatible [zur Schule passende] Arbeitszeiten, faire Arbeitsbedingungen und eine Krankenversicherung. *terre des hommes Deutschland*

10 Nach Artikel 32 der Kinderrechtskonvention der Vereinten Nationen (s. S. 163, M3) ist Kinderarbeit verboten. Finde mögliche Erklärungen dafür, warum dieses Verbot nicht überall eingehalten oder durchgesetzt wird.

11 Die Kindergewerkschaften kämpfen sogar für ein Kinderrecht auf Arbeit. Beurteile, ob das bestehende Kinderrecht umgeschrieben werden sollte und begründe deine Meinung.

Der Mensch hat eine Würde!

M1 Stop!

1 Beschreibe das Bild. Was fordert das Kind?
2 Begründe, ob du der Forderung zustimmst.

M2 Mit Kindern handeln

Offiziell gilt die Sklaverei als abgeschafft – doch auch heute noch gibt es Menschenhandel. Besonders hart trifft das Kinder […]. Doch nicht nur in armen Ländern gibt es Kinderhandel. Weltweit werden Jungen und Mädchen als Arbeitssklaven, Bettler und sogenannte „Klau-Kinder" missbraucht. […] Hauptsächlicher Antriebsmotor des Kinderhandels ist die Armut. Sie fördert die Bereitschaft armer Familien, ihre Kinder, die sie oft kaum ernähren können, an einen Mittelsmann abzugeben, der ihnen verspricht, dass ihr Kind einen bezahlten Job bekommt, beispielsweise als Haushaltshilfe oder in der Gastronomie. Doch statt der versprochenen Arbeit werden die Kinder dann gezwungen, sich zu prostituieren, oder die Händler verkaufen sie an Fabriken. Nur wenigen gelingt es, sich zu befreien. *terre des hommes Deutschland*

3 Formuliere mit Hilfe des Textes eine Antwort auf das Plakat des Kindes (M1) aus der Sicht einer Mutter. Warum hat sie ihr Kind abgegeben? Was wollte sie damit erreichen – für sich, die Familie und ihr Kind?
4 Begründe, ob der Vorwurf des Plakats an die Mütter berechtigt ist. An wen könnte (oder müsste) jemand, der gegen Kinderhandel ist, seine Forderungen und Vorwürfe sonst richten?
5 Schreibe das Plakat aus M1 um, indem du eine Forderung formulierst, die sich an die Verantwortlichen für den Kinderhandel aus Aufgabe 4 richtet.
6 Erläutere, warum man Kinder nicht ebenso verkaufen darf wie z. B. ein Fahrrad oder ein Auto.
> Kompetenzbox

INTERAGIEREN UND SICH-MITTEILEN

So kannst du einen eigenen Gedanken erläutern
- Notiere in Stichworten, was dir zu der Frage alles einfällt.
- Veranschauliche diese Gedanken an Beispielen.
- Wähle die Gedanken aus, die dir am wichtigsten erscheinen.
- Formuliere anhand der ausgewählten Beispiele deine Gedanken zur Frage, warum man Kinder nicht einfach verkaufen darf.

M3 Jeder Mensch hat einen Wert!

Dem Begriff der Menschenwürde liegt die Idee zugrunde, dass jeder Mensch allein durch seine Existenz wertvoll ist. Der Begriff wurde dabei in verschiedenen Zeiten unterschiedlich verstanden und begründet – und wird bis heute diskutiert. Einige Beispiele:

Antike sowie jüdische und christliche Tradition

Bereits in der Antike wurde von Würde gesprochen. Hier allerdings in zwei unterschiedlichen Zusammenhängen […]. Da gab es zum einen die Würde als Kennzeichnung einer gesellschaftlichen Position. Menschen hatten unterschiedlich viel davon und die Menschen an der Spitze der Gesellschaft wurden als Würdenträger bezeichnet. Sie erkannte man an ihrer Kleidung und an Symbolen der Macht. Beispiele dafür sind heute die Bürgermeisterkette oder das Kardinalsgewand. Würde war zum anderen auch schon in der Antike [genauer: in der Philosophenschule der sogenannten Stoa] das, was allen Menschen gleichermaßen zukommt und sie gegenüber Tieren auszeichnet. Als Grund dafür wurden die Vernunft und in der christlichen und jüdischen Tradition die Gottesbildlichkeit des Menschen angeführt.

Der Philosoph Immanuel Kant

Der Philosoph Immanuel Kant leitete Menschenwürde vor allem von der Autonomie des Menschen ab. Der Mensch hat die Wahl – er kann entscheiden, wie er handeln will, und die Entscheidung hängt von seinen sittlich-moralischen Werten ab, die von den Menschen über die Jahrtausende selbst entwickelt wurden.

Politisches Schlagwort im 19. Jahrhundert

In der Mitte des 19. Jahrhunderts wurde der Begriff dann zu einem politischen Schlagwort der Arbeiterbewegung, die menschenwürdige Arbeits- und Lebensbedingungen einforderten.

Nach 1945

Unter dem Eindruck der den Menschen entwürdigenden Vorgänge während der nationalsozialistischen Herrschaft in Deutschland wurde die Menschenwürde nach 1945 zum Mittelpunkt des deutschen Wertesystems und hat auch in anderen nationalen und internationalen Verfassungen und Erklärungen einen zentralen Stellenwert bekommen.

nach Jugendstiftung Baden-Württemberg, www.menschenrechte.jugendnetz.de

7 Stelle die verschiedenen Bedeutungen des Begriffs „Würde“ in der Antike gegenüber.

8 Liste die verschiedenen Begründungen der Menschenwürde auf: Warum ist der Mensch danach jeweils besonders?

9 Führe ein Gedankenexperiment durch: Auf dem Planeten X werden die Bewohner wie Dinge behandelt. Wie würde das aussehen? Würdest du dort gerne leben? Begründe deine Antwort.

10 Wähle die Begründung zur Menschenwürde aus, die dir am überzeugendsten erscheint, und erläutere damit, warum Menschen bzw. Kinder nicht verkauft werden dürfen.

11 Erkläre, warum die Menschenwürde nach 1945 z. B. im deutschen Grundgesetz eine zentrale Rolle erhalten hat.

M4 Eine Verpflichtung

„Die Würde des Menschen ist unantastbar. Sie zu achten und zu schützen ist Verpflichtung aller staatlichen Gewalt.“

Grundgesetz der Bundesrepublik Deutschland, Artikel 1

12 Erläutere den Artikel 1: Was heißt unantastbar? Wie kann ein Staat oder auch ein Einzelner die Menschenwürde „achten und schützen“? Was muss er z. B. dafür tun – und was darf er nicht tun?

13 Nimm Stellung zu der Frage, ob ein Mensch selbst freiwillig auf seine Menschenwürde verzichten und sich z. B. an jemanden verkaufen lassen kann. Was spricht dafür – und was dagegen?

Wie Kindern geholfen wird

M1 Treffer!

1 Beschreibe das Bild und die Gedanken, die dir dabei durch den Kopf gehen.

2 Denk dir eine kleine Geschichte aus: Warum hilft der Mann dem Mädchen? Was könnte der Szene vorausgegangen sein oder wie könnte es weitergehen?

M2 Hilfe für Kinder – zwei Beispiele

1 In der Großstadt Davao [auf den Philippinen] gibt es schätzungsweise etwa 3000 Straßenkinder. Besonders Mädchen fliehen vor häuslicher Gewalt und landen auf der Straße. [...] terre des hommes unterstützt Straßenkinder mit Schutz und Hilfe zur Selbsthilfe. In den Projekten bekommen sie etwas zu essen, einen Schlafplatz und können wieder die Schule besuchen. *terre des hommes Deutschland*

2 Manchmal können Kinder nicht bei ihren Eltern leben. Dafür gibt es ganz unterschiedliche Gründe. Eines der Hilfsangebote für sie sind SOS-Kinderdörfer. Vier bis sechs Kinder oder Jugendliche leben dort jeweils in einer SOS-Kinderdorffamilie mit einer Kinderdorfmutter bzw. einem Kinderdorfvater. Geschwister sollen dabei zusammen aufwachsen. In Deutschland gab es im Jahr 2022 35 SOS-Kinderdörfer und es wurden rund 450 Kinder und Jugendliche betreut.

3 Gehe arbeitsteilig vor: Lass dir von einem Partner oder einer Partnerin eines der Hilfsprojekte beschreiben. Höre dabei aktiv zu. Tausche dann die Rollen für einen weiteren Text. > Kompetenzbox

4 Prüfe die Projekte: Wie wird den Kindern und Jugendlichen jeweils geholfen? Verändert sich das Leben der Kinder dadurch – und wenn ja, wie? Ist diese Veränderung nur kurzfristig oder können die Projekte auch Auswirkungen auf das weitere Leben haben?

INTERAGIEREN UND SICH-MITTEILEN

So kannst du aktiv zuhören

- Schau deine Partnerin an, wenn sie mit dir spricht.
- Falle ihr nicht ins Wort und zeige Interesse (z. B. durch Nicken).
- Frage gezielt nach, um sicherzustellen, dass du die Aussagen so verstanden hast, wie sie gemeint waren. Beispiel: *Meinst du, dass...? Verstehe ich es richtig, dass ...?*
- Fasse Gesagtes in eigenen Worten zusammen.
- Lass dein Gegenüber ausreden und falle ihm nicht ins Wort.

M3 Der Auftrag von UNICEF

Die Organisation UNICEF ist ein Kinderhilfswerk der Vereinten Nationen (UN), das dabei helfen will, Kinderrechte für jedes Kind zu verwirklichen.

Gegründet wurde die UNICEF am 11. Dezember 1946 von der ersten UN-Generalversammlung mit dem Ziel, nach dem Zweiten Weltkrieg den in Europa lebenden Kindern zu helfen. Heute ist die UNICEF [...] vor allem in Entwicklungsländern tätig. [...] Jedes Länderprogramm wird im jeweiligen Land selbst von der UNICEF entwickelt, anschließend vom Verwaltungsrat der Organisation gebilligt und ist dann fünf Jahre lang gültig. Die Bevölkerung des jeweiligen Landes wird in die Entwicklung und Durchführung des Länderprogrammes stark mit eingebunden. Dabei versucht die UNICEF, die Bevölkerung in der Weise zu unterstützen, dass sie in der Lage ist, selbst für sich zu sorgen. Eine Beteiligung der Bevölkerung ist nach Auffassung der UNICEF auch deshalb von zentraler Bedeutung, da Aufgebautes dadurch auch langfristig instand gehalten und genutzt wird. Ein weiterer Bestand dieses UNICEF-Konzepts „Hilfe zur Selbsthilfe" ist die Stärkung bereits vorhandener lokaler Initiativen [Projekte]. [...] Ihr Ziel sieht die UNICEF darin, Kindern auf der ganzen Welt zu Bildung, Gesundheit und Schutz zu verhelfen.

www.globalisierung-fakten.de

5 Gib das Ziel und das Vorgehen von UNICEF in eigenen Worten wieder.

6 Erläutere, warum „Hilfe zur Selbsthilfe" laut UNICEF so wichtig ist.

7 Nenne eigene Beispiele, wie ein Projekt „Hilfe zur Selbsthilfe" leisten kann.

8 Finde Beispiele für Hilfsangebote, die ein Kinderhilfswerk in Deutschland machen könnte.

M4 Fisch oder Angel?

Willst du einen Menschen
satt machen,
so schenke ihm einen Fisch.
Willst du ihn
ein Leben lang satt machen,
so schenke ihm eine Angel.

Chinesisches Sprichwort

9 Erkläre das Sprichwort an einem Beispiel.

10 Wende das Sprichwort auf das Thema „Hilfsorganisationen" an.

11 Recherchiere Informationen über eine Gruppe oder Organisation, die Kindern hilft, und präsentiere sie in geeigneter Form. Welche Ziele verfolgt sie? Welche Projekte gibt es? Spielt Hilfe zur Selbsthilfe eine Rolle? Du kannst auch Organisationen recherchieren, die nicht auf der Doppelseite genannt werden.

Zeig, was du kannst!

Das Wichtigste in Kürze

Armut und Reichtum – absolut arm – Kinderrechte – Konvention – Menschenwürde – Kinderarbeit – Kinderhandel – Kindergewerkschaft – Hilfe zur Selbsthilfe

Von Kinderarmut, Kinderarbeit und Menschenwürde

Armut und Reichtum sind auf der Welt sehr verschieden verteilt. Während in Deutschland oft nicht auf den ersten Blick erkennbar ist, dass jemand arm ist, lebt rund ein Achtel der Weltbevölkerung in absoluter Armut und die Menschen leiden Hunger. Es gibt zahlreiche Hilfsprojekte und Organisationen, die sich besonders für Kinder einsetzen. Die Probleme auf der Welt sind vielfältig und umfassen neben Kinderarmut u.a. auch Kinderarbeit. Dabei muss es nicht generell schlecht sein, wenn ein Kind arbeitet und seiner Familie hilft. Wichtig ist jedoch, dass sich die Arbeit in Grenzen hält und die Kinder weiter zur Schule gehen können. Denn ohne Bildung sind die weiteren Chancen im Leben geringer. Für ein Recht auf Bildung setzt sich auch die Kinderrechtskonvention der Vereinten Nationen ein. Mit dieser Konvention verpflichten sich die Länder, alles zu tun, um Kindern menschenwürdige Lebensbedingungen zu bieten. Die Menschenwürde ist auch im Grundgesetz der Bundesrepublik Deutschland ein zentraler Begriff. Er beinhaltet, dass jeder Mensch – und damit auch jedes Kind – allein schon durch seine Existenz wertvoll ist und kein Unterschied zwischen Geschlecht oder Herkunft usw. gemacht werden darf.

Kompetenz-Check

M Warum Kinderrechte ins Grundgesetz gehören

- **Kinderrechte stärken dich.** Da du deine Meinung zum Beispiel nicht bei den Wahlen einbringen kannst, ist es umso wichtiger, dass die Kinderrechte ins Grundgesetz kommen. Damit wäre es für alle Kinder viel einfacher, die eigene Meinung und Interessen durchzusetzen.
- **Kinderrechte stärken die Eltern.** Die Kinderrechte sorgen dafür, dass alle Kinder sicher und gut aufwachsen können. Wenn diese im Gesetz fest drinstehen […], können sich die Eltern besser darauf beziehen und im Notfall Unterstützung anfordern. […]
- **Eine Gesellschaft, in der sich Kinder und Jugendliche wohl fühlen.** Kinder sind ein wichtiger Teil der Gesellschaft und die Rechte der Gesellschaft sind im Grundgesetz festgeschrieben. Ist es nicht selbstverständlich, dass deine Kinderrechte da genauso reingehören?

www.kindersache.de

INTERAGIEREN UND SICH-MITTEILEN

1 Nenne eine Begründung für Menschenwürde. Erläutere damit, warum Kinder nicht verkauft werden dürfen.

2 Nenne die vier Grundregeln, auf denen die Kinderrechtskonvention beruht.

3 Erläutere an einem Beispiel, warum die Kinderrechtskonvention wichtig ist.

4 Erläutere einen der Gedanken des Textes zum Thema „Kinderrechte und Grundgesetz“.

Werkstatt

Ein Hilfsprojekt „Von Kindern für Kinder"

Du hast in diesem Kapitel viel über die Probleme von Kindern auf der Welt erfahren, aber auch Hilfsprojekte und Kinderrechte kennengelernt. Starte nun zusammen mit deinen Mitschülerinnen und Mitschülern ein eigenes kleines Projekt „Von Kindern für Kinder", das sich für andere Kinder einsetzt. Bezieht bei eurer Planung jeden mit ein und teilt die zu erledigenden Aufgaben in verschiedene Gruppen auf.

1. Projektdefinition

Möchtet ihr ein Kinderhilfswerk unterstützen oder gibt es vielleicht ein (Projekt in einem) Kinderkrankenhaus in eurer Stadt, das sich über Spenden freuen würde? Das Kapitel kann hier viele Ideen liefern, ihr könnt euch aber auch selbst über weitere Möglichkeiten der Hilfe für Kinder informieren. Wenn ihr das „Ziel" definiert habt, solltet ihr überlegen, wie die Hilfe konkret aussehen soll und welche Art von Projekt ihr planen möchtet (z. B. Spendenlauf, Flohmarkt, dessen Erlös gesammelt wird, oder aktive Mithilfe bei einem Projekt).

2. Projektplanung

Was ist am Projekttag/im Projektzeitraum alles zu organisieren? Erstellt eine „To-do-Liste" und verteilt die Aufgaben. Wichtige Punkte, die fast immer zu erledigen sind, sind zum Beispiel:

- Genehmigung durch Schulleitung
- evtl. Kontakt zu dem Hilfsprojekt, das unterstützt werden soll
- Terminfestlegung
- Werbung (Plakatgestaltung, Flyer)
- …

3. Projektdurchführung

Führt eure zugeteilten Aufgaben aus und achtet darauf, dass ihr nichts vergesst.

4. Projektabschluss

Sammelt die Ergebnisse (z. B. Spenden) und ermittelt den Gesamtbetrag. Leitet die Spenden usw. an die Organisation, für die sie bestimmt waren, weiter. Prüft auch den Verlauf des gesamten Projektes:

- Was hat gut geklappt?
- Was kann verbessert werden?
- Wurde das festgelegte Ziel erreicht?
- Wie wurden unsere Spenden verwendet?
- Wie ist das Feedback zu eurer Aktion in der Schule?

Dokumentiert das Projekt in Bild und Text. Ihr könnt dafür z. B. eine Collage anfertigen und diese in eurer Schule ausstellen.

Worauf es ankommt

- ☑ Hilfsprojekt definieren und auswählen
- ☑ To-do-Liste erstellen und Aufgaben verteilen
- ☑ Projekt durchführen und nichts vergessen
- ☑ Ergebnisse prüfen
- ☑ Projekt dokumentieren

Wo begegnen mir Religionen im Alltag?

Was ist der Glaube Abrahams?

Was ist die Aufgabe von Propheten?

Wer schreibt die Heilige Schrift?

Kann man Gott malen?

Religionen, Weltbilder und Kulturen

> Einem Gott folgen

WERKSTATT

Juden, Christen, Muslime – ein fiktives Tagebuch zum Leben in der Diaspora

Das Wort „Diaspora" bedeutet so viel wie „Zerstreuung" oder „Verstreuung". Der Ausdruck bezieht sich auf religiöse Minderheiten. Wer in der Diaspora lebt, findet in seiner Umgebung nur wenige Menschen, die demselben Glauben angehören.

Informiere dich über Juden, Christen und Muslime, die in der Diaspora leben. Schreibe Tagebucheinträge aus der Sicht von Jugendlichen, in denen sie ihr Leben und ihre Situation in der „Diaspora" darstellen.

Spuren der Religionen in meinem Alltag

M1 Gemeinsam etwas erleben

1 Ordne die Bilder zu: Welches zeigt religiöses Erleben, welches nicht?
2 Nenne die Merkmale, nach denen du die Bilder zugeordnet hast.

M2 Die Besonderheit religiöser Symbole

3 Bestimme für jedes Bild, welches Symbol zu sehen ist.
4 Die Symbole haben hier unterschiedliche Funktionen: Information geben – Zugehörigkeit schaffen – einen Bereich abgrenzen – Trost spenden. Ordne jedem Bild eine dieser Funktionen zu.
5 Nenne die Religionen, für die sich ein zugehöriges Symbol auf den Bildern finden lässt.
6 Bestimme für jedes Bild, wo und warum das Symbol jeweils angebracht worden ist.
7 Erkläre, weshalb die Symbole einer Religion von Anhängerinnen und Anhängern dieser Religion mit besonderem Respekt behandelt werden. Wähle dafür das Symbol einer Religion aus, der du nicht angehörst. > Kompetenzbox
8 Nenne andere Zusammenhänge, in denen religiöse Symbole Verwendung finden.

WAHRNEHMEN UND DEUTEN

So kannst du unterschiedliche Kulturen verstehen

- Beschreibe die Bildelemente und den Ort, an dem sich das von dir gewählte Symbol auf dem Bild befindet.
- Gib mit Hilfe der Ergebnisse aus Aufgabe 4 an, welche Aufgabe das Symbol bzw. Zeichen erfüllt.
- Beschreibe, was ein Angehöriger der Religion empfinden könnte, wenn er das Symbol sieht.
- Erkläre, weshalb das Symbol für einen Angehörigen der Religion eine besondere Bedeutung besitzt.

M3 Bekenntnisse

In den drei monotheistischen Religionen bekennen sich Menschen zu Gott. Auch wenn diese Bekenntnisse unterschiedlich sind, so geht es immer darum, wie diese Menschen Gott verstehen.

Judentum

[Im Morgen und im Abendgebet wird das Sch'ma Jisrael vorgetragen.] „Sch'ma Jisrael" bedeutet „Höre, Israel!". So heißt das Glaubensbekenntnis der Juden. Es steht in der Tora [der wichtigsten Heiligen Schrift der Juden] im 5. Buch Mose Kapitel 6 und ist das wichtigste Gebet im Judentum. Wenn sie es sprechen, legen viele Juden die Hand über die Augen. Damit schützen sie sich vor Ablenkungen, denn auf dieses Gebet wollen sie sich ganz konzentrieren. Das Sch'ma Jisrael ist in hebräischer Sprache geschrieben. So lautet eine Übersetzung [der ersten Zeilen]: *Höre Israel! Gott ist einzig, darum sollst du ihn lieben mit ganzem Herzen, mit ganzer Seele und mit ganzer Kraft!*

www.religionen-entdecken.de

Christentum

In jedem Gottesdienst, insbesondere bei Taufen, spricht die Gemeinde das Glaubensbekenntnis. Es gibt zwei traditionelle Formen [...]. Beide [...] sprechen sie von Gott in drei Artikeln: von Gott, dem Schöpfer der Welt, und von Gott, dem Sohn, der als Mensch Jesus zu den Menschen kam [...]; von Gott, dem Heiligen Geist, der die Menschen beflügelt, vereint, lenkt und tröstet.

Bundeszentrale für politische Bildung (Hg.)

Islam

Das erste fundamentale Gebot im Islam ist das Bekenntnis zu Allah und seinem Propheten: „Es gibt keinen Gott außer Allah, Mohammed ist der Gesandte Allahs." Jeder Gläubige sagt diese Worte zweimal am Tag, und wer sie in Zweifel zieht, gilt nicht mehr als Teil der muslimischen Gemeinschaft. [...] Jemand, der zum Islam konvertieren [übertreten] möchte, muss diese Erklärung vor Zeugen wiederholen, und er muss das Bekenntnis mit Aufrichtigkeit und mit reinem Herzen sprechen.

Bundeszentrale für politische Bildung (Hg.)

9 Gib jeweils in einem Satz wieder, woran die Angehörigen dieser drei Religionen jeweils glauben

10 Beschreibe das Gemeinsame der drei Bekenntnisse.

11 Begründe, warum in den drei Religionen von den Menschen ein Bekenntnis verlangt wird.

M4 Merkt man das?

Ach, Sie sind Christ! Das merkt man gar nicht.

12 Beschreibe eine Situation, in der diese Aussage positiv gemeint ist.

13 Beschreibe eine Situation, in der diese Aussage negativ gemeint ist.

14 Formuliere deine Erwartungen daran, wie sich bei einem Menschen der Glaube an eine Religion zeigen sollte.

An den einen Gott glauben

M1 Gott ist ...

Das Bild zeigt auf einer Kirchentür den ersten und den letzten Buchstaben des griechischen Alphabets: Alpha und Omega. Von Gott wird in der Bibel gesagt:

Ich bin das Alpha und das Omega,
der Erste und der Letzte,
der Anfang und das Ende.

Offenbarung 22, 13

1 Gib in eigenen Worten wieder, was der Satz über Gott aussagen könnte.
2 Einen solchen Satz könnte man auch über andere Dinge oder Sachverhalte sagen, z. B.: *In der Beziehung zwischen Menschen ist Ehrlichkeit „das A und das O".* Finde weitere Beispiele.
3 Erkläre, warum auf einer Eingangstür zu einer Kirche diese Zeichen stehen. Beschreibe dabei die mögliche Wirkung auf die Kirchenbesucherinnen und -besucher.

M2 Der Gott Abrahams

Abraham wird im Koran als ein Mensch beschrieben, der Zweifel am Götterglauben seiner Eltern bekam. Besonders das Opfern vor Götterstatuen konnte er nicht nachvollziehen – er suchte nach etwas „Größerem". Im Koran wird eine Geschichte erzählt, in der Gott Abraham zeigt, was sich alles in der Welt befindet (Sure 6, 74-79). Zusammengefasst geht es um Folgendes:

In der Nacht sah Abraham einen Stern. Er dachte, das muss Gott sein. Als der Stern verschwand, erkannte Abraham, dass Gott nicht etwas sein kann, was verschwindet. Dann sah er den Mond und dachte: Das ist Gott. Als der Mond am Tag verschwand, erkannte Abraham, dass auch der Mond nicht Gott sein konnte. Selbst die Sonne verschwand am Abend und konnte deshalb auch nicht Gott sein. Gott brachte Abraham damit zur Erkenntnis: Es ist falsch, etwas in der Welt als Gott zu verehren.

4 Für Abraham können Sterne, der Mond oder die Sonne keine göttliche Macht sein. Erkläre mit Hilfe des Textes, warum er das so sieht.
5 In vielen Religionen sind Naturkräfte etwas Göttliches. Erkläre, warum Menschen diese Vorstellung haben.
6 Nenne das Gemeinsame der Religionen, die das Göttliche in der Natur sehen, und der Religion Abrahams.
7 Schreibe eine Gegenrede zu Abrahams Kritik aus der Sicht einer Religion, in der die Sonne als Gott verehrt wird.

M3 An viele Götter oder an einen Gott glauben

Im Mittelpunkt von Religionen steht der Glaube an etwas Göttliches. Aber schon die Frage, wie die Welt und das Göttliche zusammengehören, wird unterschiedlich beantwortet.

Ob man an einen Gott oder an viele Götter glaubt, ist nicht nur eine Frage der Zahl. Der Unterschied geht viel tiefer. In Religionen, die an viele Götter glauben, gibt es nicht das Eine, das die ganze Welt zusammenhält, wie in Religionen, die nur an einen Gott glauben. In Religionen mit vielen Göttern gibt es nicht den einen einzigen Gott, der dafür sorgt, dass Sonne und Eiche, Löwe und Tintenfisch einander wunderbar ergänzen und nach demselben großen Plan existieren. Das bedeutet, dass es Religionen, in denen die Menschen an viele Götter glauben, schwerer fällt, einen einzigen Grund dafür zu finden, warum alles auf der Welt funktioniert. In Religionen mit einem Gott wurde alles, was existiert, von diesem Gott erschaffen. Alles ergänzt sich in einem universalen Plan, der von dem einzigen Gott gemacht wurde. […] Religionen, die an viele Götter glauben, fällt es leichter, das Schlechte auf der Welt zu erklären, als Religionen, die nur an einen Gott glauben. Viel-Götter-Religionen können sagen: „Das Schlechte kommt von den bösen Göttern, und das Gute kommt von den guten Göttern." […] Ein-Gott-Religionen lehren, dass das Gute von Gott kommt und das Schlechte von den Menschen, die sich von Gott abgewandt haben. Diese Religionen erklären, dass Gott den Menschen die Freiheit gegeben hat, Gutes oder Schlechtes zu tun. Die Freiheit der Menschen, sich für das Schlechte zu entscheiden, ist die Quelle, der das meiste Übel der Welt entspringt. Gott ist gut, aber er schenkte den Menschen die Freiheit, schlecht zu sein.

Rabbi Marc Gellmann/Monsignor Thomas Hartman

8 Erkläre mit Hilfe des Textes den Unterschied zwischen Viel-Götter-Religionen und Ein-Gott-Religionen.

9 Der Text behauptet, dass Viel-Götter-Religionen das Schlechte in der Welt leichter erklären können als Ein-Gott-Religionen. Erkläre, warum das so sein soll. > Kompetenzbox

10 Würdest du gerne auf die Freiheit verzichten, „schlecht zu sein"? Begründe deine Antwort.

WAHRNEHMEN UND DEUTEN

So kannst du unterschiedliche Kulturen verstehen

- Sammle aus dem Text Aussagen darüber, wie die zwei verschiedenen Arten von Religion jeweils das Funktionieren der Welt erklären.
- Begründe, weshalb Menschen in der Ein-Gott-Religion nicht von Gott verlangen können, dass er eingreift und das Schlechte abschafft.
- Überlege dir Beispiele aus deiner Lebenswelt, in denen etwas Schlechtes geschieht, und erkläre es aus Sicht der beiden Arten von Religion.
- Erkläre, weshalb man sagen kann, dass die Begründung für eine Religion mit vielen Göttern einfacher ist.

M4 Kritik an der Religion

Ein religiöser Mensch denkt nur an sich.

Friedrich Nietzsche

11 Verdeutliche an dir bekannten Glaubensinhalten, in welcher Weise ein gläubiger Mensch auch an sich denkt.

12 Formuliere, was ein religiöser Mensch Friedrich Nietzsche antworten könnte.

Von Botschaften und Gesandten

M1 Botschaften von Gott

Judentum, Christentum und Islam werden auch die abrahamitischen Religionen genannt, da sie sich jeweils auf Abraham beziehen. In diesen Religionen verkünden Propheten, was sie von Gott erfahren haben.

1 Beschreibe die Bilder und vergleiche die beiden Darstellungen eines Propheten.
2 (Wie) Kommt Gott auf diesen Bildern vor? Nenne die Bildelemente, die das Göttliche darstellen.
3 Nenne die Eigenschaften, die ein Mensch aus Sicht einer Religion haben sollte, damit er oder sie ein Prophet oder eine Prophetin werden kann.
4 Gib in wörtlicher Rede wieder, was der jeweilige Prophet auf dem Bild sagen könnte.

M2 Eine Herausforderung

In prophetischen Religionen werden oft Zweifel oder Ängste der Propheten beschrieben.

[11] Mose antwortete Gott: Wer bin ich, dass ich zum Pharao gehen und die Israeliten aus Ägypten herausführen könnte? [12] Er aber sagte: Ich bin mit dir; ich habe dich gesandt und als Zeichen dafür soll dir dienen: Wenn du das Volk aus Ägypten herausgeführt hast, werdet ihr Gott an diesem Berg dienen. [13] Da sagte Mose zu Gott: Gut, ich werde also zu den Israeliten kommen und ihnen sagen: Der Gott eurer Väter hat mich zu euch gesandt. *2. Mose 3, 11-13*

Mohammed wird um 570 n. Chr. in Mekka geboren. Aber erst mit 40 Jahren, also ca. 610 n. Chr. widerfährt ihm die Offenbarung durch den Engel Gabriel, die seinem Leben eine völlig neue Richtung gibt. Nach anfänglich heftigem Zweifel und verwirrter Ratlosigkeit nimmt er seine Berufung zum Gesandten und Propheten Allahs an.

[36] Darauf kam Jesus mit ihnen zu einem Grundstück, das man Getsemani nennt, und sagte zu den Jüngern: Setzt euch hier, während ich dorthin gehe und bete! [37] Und er nahm Petrus und die beiden Söhne des Zebedäus mit sich. Da ergriff ihn Traurigkeit und Angst [38] und er sagte zu ihnen: Meine Seele ist zu Tode betrübt. Bleibt hier und wacht mit mir! [39] Und er ging ein Stück weiter, warf sich auf sein Gesicht und betete: Mein Vater, wenn es möglich ist, gehe dieser Kelch an mir vorüber. Aber nicht wie ich will, sondern wie du willst. *Matthäus 26, 36-39*

5 Beschreibe mit Hilfe der Texte jeweils das Problem des Propheten und erläutere es an Beispielen aus dem Leben eines normalen Menschen.
> Kompetenzbox
6 Was könnte den Propheten dennoch motivieren, die Aufgaben, die er erhält, zu erfüllen? Nenne mögliche Beispiele.
7 Verfasse ein fiktives Interview mit einem der Propheten über sein Leben.

WAHRNEHMEN UND DEUTEN

So kannst du die Situation anderer nachvollziehen und beschreiben

- Beschreibe die Aufgabe, welche die Propheten von Gott erhalten haben.
- Versetze dich jeweils in die Situation des Propheten und beschreibe, was ihm Sorge bereiten könnte. Gehe dabei davon aus, dass Propheten nicht an Gott zweifeln, sondern an ihren eigenen Fähigkeiten.
- Beschreibe Ängste oder Sorgen aus dem „normalen" Leben, die vergleichbar sind.

M3 Propheten und ihre Aufgabe

Propheten und Prophetinnen sind Menschen, die von einer Begegnung mit Gott berichten und seine Botschaften verkünden. Es gibt sie in allen Ein-Gott-Religionen. Der folgende Text beschreibt sie aus Sicht der Religionen.

Viele Menschen glauben, dass Gott Propheten dazu auserwählt hat, den Menschen an seiner Stelle wichtige Dinge mitzuteilen. Dazu gehören zum Beispiel die Lehre und die Lebensregeln einer Religion. Wenn ein Prophet mit einer neuen Lehre eine neue Religion einführt, dann nennt man ihn auch Religionsstifter.

Ein Religionsstifter war zum Beispiel der Prophet Mohammed. Er brachte den Menschen den Koran und mit dieser Botschaft von Gott den Islam. Schon lange vor Mohammed hatte der Prophet Mose den Menschen von Gott erzählt. Er überbrachte das Judentum und damit viele Dinge, die auch für Muslime, Christen, Aleviten und Bahai gelten. Auch Jesus erzählte viel von Gott. Aus seinen Berichten entstand das Christentum. Für Christen ist Jesus jedoch mehr als ein Prophet, nämlich Gottes Sohn und damit Gott selbst. Im Islam gilt Jesus dagegen als Prophet. Muslime nennen ihn Isa. [...]

Das Wort „Prophet" bedeutet „Ankündiger" oder „Vorhersager". Darum benutzen wir es manchmal auch im täglichen Leben. Zum Beispiel nennen wir einen Wetterexperten einen Wetterpropheten, wenn er einen Sturm oder einen tollen Sommer vorhersagt. Streng genommen ist das Wort an dieser Stelle fehl am Platz.

www.religionen-entdecken.de

8 Stelle Gemeinsamkeiten und Unterschiede der genannten Propheten dar.

9 Erläutere, warum dem Text zufolge „Wetterexperten" keine Propheten sind.

10 Vergleiche das Verhältnis eines Propheten zu Gott mit dem der anderen Menschen dieser Religion.

11 Nenne mögliche Gründe, warum Menschen einem Propheten glauben (könnten).

M4 Berufung und nicht Beruf

Auf die die spöttische Aufforderung, er solle sich fortmachen und in seiner Heimat als Prophet für seinen Lebensunterhalt wirken, antwortet der biblische Prophet Amos wie folgt:

> 14 [...] Ich bin kein Prophet und kein Prophetenschüler, sondern ich bin ein Viehzüchter und ich ziehe Maulbeerfeigen. 15 Aber der Herr hat mich von meiner Herde weggeholt und zu mir gesagt: Geh und rede als Prophet zu meinem Volk Israel!
>
> *Amos 7,14-15*

12 Erkläre mit Hilfe des Textes die Überschrift „Berufung und nicht Beruf".

13 Nenne Gründe, weshalb es Amos wichtig sein könnte, seinen Lebensunterhalt nicht als Prophet zu verdienen.

14 Nenne Beispiele aus der heutigen Zeit für Menschen, die als „Vorhersager" (M3) Geld verdienen.

Die heiligen Schriften

M1 Eine „heilige Schrift" entsteht

Auf diesem Bild wird Matthäus dargestellt, der als Autor eines Evangeliums der christlichen Bibel verehrt wird.

1 Beschreibe, was auf dem Bild zu sehen ist.
2 Gib wieder, wie das Bild die Entstehung heiliger Texte erklärt.
3 Nimm an, der schreibende Mann auf dem Bild ist ein Prophet. Formuliere aus seiner Sicht, warum er diesen Text schreibt.

M2 Schrifttafeln – Die zehn Gebote

In der Bibel wird berichtet, dass Gott dem Propheten Mose die folgenden Gebote auf Steintafeln für die Menschen überreicht habe.

1 Ich bin der Herr, dein Gott, der dich aus dem Land Ägypten geführt hat, aus dem Knechthaus.
2 Du sollst neben mir keine fremden Götter haben. Du sollst dir kein Gottesbild machen.
3 Du sollst den Namen des Herrn, deines Gottes, nicht aussprechen.
4 Gedenke des Schabbattages, ihn zu heiligen.
5 Ehre deinen Vater und deine Mutter.
6 Du sollst nicht morden.
7 Du sollst nicht die Ehe brechen.
8 Du sollst nicht stehlen.
9 Du sollst wider deinen Nächsten kein falsches Zeugnis ablegen.
10 Du sollst nicht begehren das Haus deines Nächsten, und alles, was deinem Nächsten gehört.

4 Wähle das Gebot aus, nach dem sich Menschen deiner Meinung nach besonders richten sollten.
5 Gib an, welche der Gebote nur dann überzeugend sind, wenn man an Gott glaubt.
6 Macht es einen Unterschied, ob diese Gebote der Überlieferung nach dem Propheten auf Steintafeln mitgegeben oder ihm mündlich mitgeteilt wurden? Begründe deine Antwort.
7 Formuliere ein weiteres Gebot, das zur heutigen Zeit passt.
8 Wenn etwas unveränderlich ist, sagt man, es sei „in Stein gemeißelt". Erkläre die Bedeutung dieses Spruchs.

M3 Die Heilige Schrift als „Rechtleitung"

Besonders im Koran wird deutlich, was diesen schon für die ersten Gläubigen im Islam zur „heiligen Schrift" machte: Die Schrift ist für sie eine von Gott gegebene Anleitung für das Leben.

Der neue Glaube basiert […] auf einem Buch, das einen leitet. Das Wort für Leitung im Koran ist zentral für das Verständnis von Erlösung. Erlösung erfolgt durch die Leitung zum rechten Pfad, durch die Anleitung zur rechten Verhaltensweise.
In einer Umwelt, so groß wie Indien oder ganz Europa, entfaltet Arabien eine gewaltige Ausdehnung, eine Angst einflößende, endlose, hügelige, trockene Ausdehnung. Hier seinen Weg zu verlieren, bedeutet den Tod. Hier verloren zu gehen, ist eine Ur-Angst. Geleitet zu sein indes, heißt hier, gerettet zu sein, den Weg gezeigt zu bekommen. Dieses neue Buch weist den Weg. […]
Ferner vertrauen die neuen Gläubigen auf das Leben nach dem Tod, auf die Welt, die da kommen wird. Für Heiden war das zweifelsohne am schwersten zu akzeptieren. Wiederauferstehung war für sie eine kindische Vorstellung und eine Beleidigung ihres Verstandes. Schließlich ist noch niemand vom Tod zurückgekehrt. Der Tod ist das Ende. *Walid Saleh*

9 Erkläre mit Hilfe des Textes, welche Bedürfnisse der Menschen durch den Koran erfüllt werden.
10 Überprüfe, ob du nachvollziehen kannst, dass Menschen eine Schrift als heilig verehren und nach dieser Schrift leben wollen. > Kompetenzbox
11 Überprüfe, ob sich die Zehn Gebote (M2) ebenfalls als eine Rechtleitung verstehen lassen.
12 Formuliere aus der Sicht nicht religiöser Menschen eine Kritik an dem Glauben an eine „Rechtleitung" durch eine religiöse Schrift.

WAHRNEHMEN UND DEUTEN

So kannst du das Verhalten anderer nachvollziehen und bewerten
- Manche Menschen glauben, dass Gott sich den Menschen mitteilt, damit sie richtig handeln. Finde Gründe dafür.
- Beschreibe eigene Situationen, in denen dir feste Vorgaben und Regeln geholfen haben.
- Beurteile nun, ob du verstehen kannst, dass Menschen an eine heilige Schrift glauben und nach ihr leben wollen.

M4 Bücherverbrennungen in der Geschichte

Seit der Antike wurden immer wieder Bücher aus religiösen, politischen oder moralischen Gründen verbrannt. […] Mit der nationalsozialistischen Machtübernahme 1933 kam es in zahlreichen deutschen Städten zu öffentlich inszenierten Bücherverbrennungen, die eine beispiellose Vertreibung und Verfolgung von Autoren nach sich zogen. Bis heute kommt es zu Bücherverbrennungen: 1989 verbrannten Muslime in Bradford in Großbritannien auf einer Demonstration den Roman Die *satanischen Verse* von Salman Rushdie und 2012 warfen US-Soldaten den Koran auf einem US Stützpunkt in Afghanistan ins Feuer. *Deutsches Buch- und Schriftmuseum der Deutschen Nationalbibliothek*

13 Erkläre, warum das Verbrennen von Büchern für die Autorinnen und Autoren oder Leserinnen und Leser dieser Bücher als eine Verletzung ihrer Würde empfunden wird.
14 Erläutere den folgenden Ausspruch des Dichters Heinrich Heine: „Dort wo man Bücher verbrennt, verbrennt man auch am Ende Menschen."

Religion in der Kunst

M1 Bilder des Göttlichen

1 Gib für jedes Bild an, was auf ihm zu sehen ist. Wenn du es nicht weißt, stelle Vermutungen an.
2 Erkläre, in welcher Weise durch diese Dinge das Göttliche dargestellt werden soll.
3 Ordne jeden Gegenstand einer der drei Religionen zu: Judentum – Christentum – Islam.

M2 Gott sehen

In der Bibel wird erzahlt, was Gott zu Mose gesagt hat, als dieser sich wünschte, Gott sehen zu dürfen.

Du kannst mein Angesicht nicht schauen; denn kein Mensch kann mich schauen und am Leben bleiben. Dann sprach der HERR: Siehe, da ist ein Ort bei mir, stell dich da auf den Felsen! Wenn meine Herrlichkeit vorüberzieht, stelle ich dich in den Felsspalt und halte meine Hand über dich, bis ich vorüber bin. Dann ziehe ich meine Hand zurück und du wirst meinen Rücken sehen. Mein Angesicht kann niemand schauen. *2. Mose 33, 20-23*

4 Aus welchem Grund will Gott sich Mose nicht zeigen? Finde die Antwort im Text.
5 Im Judentum besagt das zweite Gebot: „Du sollst dir kein Gottesbild machen". Finde Gründe dafür, warum Gott nicht bildhaft dargestellt werden soll.
6 Nenne mögliche Gründe, weshalb Mose Gott sehen möchte.

M3 Schriftkunst und Verzierungen

Im Koran gibt es kein ausdrückliches Bilderverbot. Es finden sich allerdings andere frühe Texte im Islam, die den Malern von Bildern sogar Höllenqualen androhen.

Das ist verständlich, wenn man an die Anfänge des Islam denkt: Im damaligen Arabien glaubten Menschen, dass Bilder und Statuen Götter wären, die verehrt werden müssen. Mohammed verkündete jedoch den einzigen und unsichtbaren Gott; ihn konnte und sollte man nicht abbilden. Nie sollte ein Bild mit dem großen Gott verwechselt werden! Im Kampf gegen den Polytheismus (Glaube an mehrere Götter) war ein Bilderverbot hilfreich, um den Unterschied zum neuen Glauben auch äußerlich ganz deutlich zu machen. Den muslimischen Künstlern war dadurch aber die Möglichkeit genommen, ihre Kunst in figürlichen Bildern auszudrücken; dennoch wollten sie den Koran, Moscheen und Paläste prächtig schmücken. Sie schufen daher kostbare Muster und Verzierungen, so dass die Ornamentik eine große Blütezeit erlebte. Auch die Schrift wurde gleichsam „neu erfunden": Statt einfach nur Worte zu formen, wurden die Buchstaben und Silben in arabischer Schrift zu einer regelrechten Kunstform, zur „Kalligraphie" (von griech. „*kalos*" = schön; „*graphein*" = schreiben). Kunstvolle und verzierte Schreibweisen gibt es zwar schon, solange es die Schrift gibt. Die arabische Schrift brachte es jedoch zu besonderen Höhepunkten.

7 Erkläre mit Hilfe des Textes das Bilderverbot im frühen Islam.

8 Nenne Beispiele für Schriften mit Verzierungen, die dir im Alltag begegnen.

9 Beschreibe, wie die Buchseiten des Korans im Bild B (M1) mit Verzierungen gestaltet sind. Wie sind die Seiten aufgebaut? Welche Farben werden verwendet? Welche Muster?

10 Formuliere aus der Sicht eines früheren islamischen Künstlers eine Erklärung, weshalb er den Koran nur mit Ornamenten verzieren möchte.
> Kompetenzbox

WAHRNEHMEN UND DEUTEN

So kannst du die Situation anderer nachvollziehen und beschreiben

- Ein islamischer Künstler wird beauftragt einen „schönen Koran" zu gestalten. Beschreibe die Aufgabe, die sich ihm stellt. Welche Möglichkeiten gibt es? Für wen gestaltet er den Koran?
- Versetze dich in die Situation des Künstlers. Berücksichtige das Bilderverbot und beschreibe die Probleme, die sich dadurch für die Gestaltung ergeben.
- Erkläre aus Sicht eines islamischen Künstlers, weshalb er Ornamente benutzt.

M4 Wissen und Glauben

Ich glaube nur, was ich sehe!

11 Diese Aussage machen oft Menschen, die nichts von Religion halten. Erkläre, was sie damit sagen wollen.

12 Nenne Dinge, die es gibt, die man aber nicht sehen kann.

13 Nicht nur das Göttliche ist schwer darzustellen. Male ein Bild, das „Freundschaft" oder „Vertrauen" darstellt.

Zeig, was du kannst!

Das Wichtigste in Kürze

Abraham – Bekenntnis – Prophet – religiöse Symbole – Heilige Schrift – Ein-Gott-Religion – Viel-Götter-Religion – Zehn Gebote – Unsichtbarkeit Gottes – Kalligraphie

Abrahamitische Religionen

Die Bezeichnung „abrahamitische Religionen“ leitet sich von „Abraham“ ab. Von Abraham wird zuerst in den heiligen Schriften des Judentums erzählt: Er verkündet den Glauben an den einen und einzigen Gott. Dieser Ein-Gott-Glaube Abrahams wird von drei Weltreligionen geteilt: dem Judentum, dem Christentum und dem Islam. Diese Religionen teilen die Überzeugung, dass Gott als Schöpfer dieser Welt seine Absichten den Menschen durch Propheten offenbart. Er kommt durch die heiligen Schriften „in die Welt“. Wie man diese Schriften zu verstehen hat und welche die „richtigen“ sind, ist eine Frage, die unterschiedlich beantwortet wird.

Lange Zeit haben diese drei Religionen miteinander darum gestritten, welche die richtige Auffassung von Gott besitzt. Inzwischen werden aber zunehmend die Gemeinsamkeiten betont. Diese bestehen z. B. im Glauben an den einen Gott und an seine Gebote. Diesen Geboten sollen die Menschen folgen, um gut und richtig zu leben.

Kompetenz-Check

M Einheit und Vielfalt

A

B

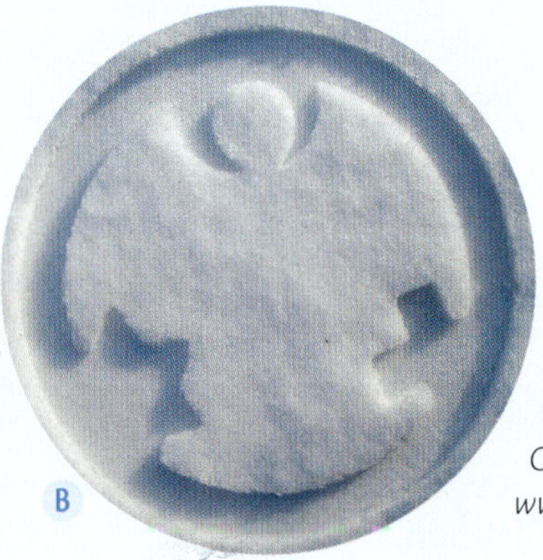

Gregor Merten und Carmen Dietrich, www.engel-der-kulturen.de

WAHRNEHMEN UND DEUTEN

1 Formuliere aus der Sicht eines Propheten, worin die besondere Situation seines Lebens besteht.
2 Erkläre Abrahams Auffassung von der „richtigen“ Religion.

3 Man kann im Bild B, dem Abdruck des Kunstwerks (Bild A) im Schnee, einen „Engel“ erkennen. Erkläre aus der Sicht der beiden Künstler, warum sie das Kunstwerk so gestaltet haben.
4 Beschreibe das Kunstwerk (es gehören beide Bilder dazu!) aus der Sicht eines gläubigen Menschen und aus der Sicht eines Menschen, der Religion ablehnt.

Werkstatt

Juden, Christen, Muslime – ein fiktives Tagebuch zum Leben in der Diaspora

In diesem Kapitel hast du die drei abrahamitischen Religionen Judentum, Christentum und Islam kennengelernt. Aber nicht überall auf der Welt sind alle drei Religionen gleich stark vertreten. Mitunter leben Gläubige in einem Land oder einer Region in der „Minderheit". Dieses Leben in der Diaspora nimmst du bei dieser Aufgabe genauer unter die Lupe.

Informationen und Beispiele recherchieren

Prüfe das Kapitel noch einmal gründlich, denn darin findest du einige Hinweise zu der Gottesvorstellung und den Bekenntnissen der drei abrahamitischen Religionen. Ergänze diese durch eigene Recherchen: Wie sieht der Alltag von gläubigen Jüdinnen und Juden, Christinnen und Christen und Muslimas und Muslimen aus und wie zeigt sich ihre Religion in ihrem Leben?

Tagebucheinträge schreiben und gestalten

Wähle Beispiele für die Diaspora aus, die du in deinen Tagebucheinträgen schildern möchtest. Versetze dich in die jeweilige Situation der gläubigen Jugendlichen in der Diaspora und stelle ihr Leben in dem Tagebuch so dar, als ob du es selbst erlebst. Das heißt: Schreibe in der Ich-Form alles auf, was der oder die Jugendliche wahrnimmt, denkt oder fühlt. Was andere denken oder fühlen, weiß er oder sie nicht.

Bei den Tagebucheinträgen solltest du auf mögliche Schwierigkeiten achten und darauf, wie sich die gläubigen Menschen eventuell an das Umfeld anpassen. Beschreibe beispielsweise den möglichen Tagesablauf einer Person in der Diaspora. Versuche auch die möglichen Vorteile dieser besonderen Situation in einem Tagebucheintrag zu notieren.

Die Einträge kannst du mit Bildern, eigenen Zeichnungen, Sprüchen, Fragen usw. ergänzen. Dann wirkt das Tagebuch lebendiger.

Worauf es ankommt

- ☑ Informationen über das Alltagsleben in der Diaspora gewinnen
- ☑ gute Beispiele recherchieren
- ☑ lebhafte Einträge erstellen
- ☑ in Ich-Form schreiben
- ☑ mit zusätzlichem Material (Bilder, Zeichnungen, Sprüchen) ergänzen

Was sind Rituale?

Wie zeigt sich,
was Menschen
heilig ist?

Welche Rolle spielen
Traditionen heute?

Gibt es etwas,
woran alle glauben?

Wozu soll ich
das normale Leben
verlassen?

Religionen, Weltbilder und Kulturen

> Mit Ritualen leben

WERKSTATT

Sonntag feiern: eine Anleitung für die schöne Gestaltung eines Tages

Der Sonntag ist in unserer Gesellschaft ein besonderer Tag. Das hat nicht nur religiöse Gründe. Menschen, die arbeiten, brauchen auch eine Zeit, in der man Abstand vom Alltag bekommt, und für Kinder und Jugendliche sollte auch nicht an jedem Tag Schule sein.

Manche finden aber: Der Sonntag ist oft langweilig. Ob das so sein muss, kannst du jetzt entscheiden! Überlege dir, wie man den Sonntag für alle Menschen in dieser Gesellschaft am besten gestalten könnte. Was sollte so bleiben, wie es ist, und wo besteht dringend ein Bedarf an Verbesserungen? Bestimme, wie der Sonntag in unserer Gesellschaft gefeiert werden sollte, und gestalte hierfür eine Anleitung. Auf die unterschiedlichen Bedürfnisse der Menschen und die Vielfalt an Religionen und Kulturen solltest du dabei Rücksicht nehmen.

Vorschriften für den religiösen Alltag

M1 Vorsicht – heilig!

Mose ist ein Prophet der abrahamitischen Religionen. In der Bibel wird erzählt, wie er auf einem Berg Schafe und Ziegen hütet. Da sieht er etwas Merkwürdiges:

Er schaute hin: Der Dornbusch brannte im Feuer, aber der Dornbusch wurde nicht verzehrt. Mose sagte: Ich will dorthin gehen und mir die außergewöhnliche Erscheinung ansehen. Warum verbrennt denn der Dornbusch nicht? Als der HERR sah, dass Mose näher kam, um sich das anzusehen, rief Gott ihm mitten aus dem Dornbusch zu: Mose, Mose! Er antwortete: Hier bin ich. Er sagte: Komm nicht näher heran! Leg deine Schuhe ab; denn der Ort, wo du stehst, ist heiliger Boden.

2. Mose 3, 2-5

1 Erkläre, was an der Beobachtung merkwürdig ist.
2 Was für einen Sinn hat es, dass Mose die Schuhe ausziehen soll? Beantworte die Frage, indem du einen Zusammenhang mit dem Wort „heilig“ herstellst.
3 Nenne andere Orte, die Menschen als „heilig“ bezeichnen.

M2 Verehrung des Heiligen

Zum religiösen Leben gehört es, dass Menschen sich gegenüber dem, was sie als „heilig“ verehren, besonders verhalten.

4 Beschreibe die Bilder in ihren Gemeinsamkeiten und Unterschieden.
5 Finde Gründe für die Handlungen der Menschen auf den Bildern. Was kommt darin zum Ausdruck?
6 Ordne die Bilder jeweils einer Religion zu. Begründe deine Zuordnung.
7 Wähle ein Bild aus und formuliere mögliche Gedanken der Person bzw. Personen in ein oder zwei Sätzen.
8 Nenne weitere Handlungen oder Möglichkeiten, mit denen Menschen ihre Verehrung des Heiligen zum Ausdruck bringen können.

M3 Speisevorschriften

In vielen Religionen gibt es Speisevorschriften, so auch im Judentum. Solche Regeln können im Alltag Probleme bereiten. So treffen Michael und Harun in der folgenden Geschichte ihren Schulkameraden Simon und wollen mit ihm Döner essen und Ayran (ein Joghurtgetränk) trinken gehen. Simons Vater, der die jüdischen Speisevorschriften streng befolgt, erlaubt das nicht.

„Das Einzige, was ich ihm erlauben könnte, ist, mit euch zusammen eine Cola zu trinken." „Warum das denn?", wundert sich Harun. „Ihr wisst doch, dass ich Jude bin", sagt Simon, „und wir Juden richten uns nach der Tora – das ist unsere heilige Schrift. Dort sind alle Regeln enthalten, die verlangen, dass wir koscher leben." „Koscher? Den Begriff habe ich noch nie gehört", unterbricht Harun seinen Klassenkameraden. „Das erkläre ich euch jetzt", sagt Simons Vater, „koscher bedeutet in unserer Sprache rein; und rein sind nach der Tora alle Früchte und Milchprodukte und das Fleisch von wiederkäuenden Säugetieren mit gespaltenen Hufen. Damit sind Kühe, Schafe, Ziegen und Wild gemeint. Schweine haben zwar auch gespaltene Hufe, aber sie sind keine Wiederkäuer, und damit gelten sie als unrein. Verboten ist es auch, Fische zu essen, die keine Schuppen besitzen, und Schalentiere, weil sie keine Gräten und Flossen haben." „Dann dürfen Juden also geschuppte Fische, Hühner und Tauben essen, oder nicht?", will Michael wissen. „Ja", entgegnet Simons Vater, „aber nur, wenn die Tiere koscher geschlachtet wurden."

9 Beschreibe mit Hilfe des Textes, was es heißt, koscher zu leben.

10 Formuliere ein Gespräch der zwei Freunde mit Simon, in dem Simon alleine ist und die Freunde ihn überreden wollen, zu ihrem geplanten Essen mitzukommen. Simon möchte aber nicht gegen die Speisevorschriften verstoßen und lieber nicht mitkommen. > Kompetenzbox

11 Beschreibe andere mögliche Probleme, die sich für Menschen aufgrund von Vorschriften ihrer Religion ergeben können.

INTERAGIEREN UND SICH-MITTEILEN

So kannst du einen Dialog entwickeln

- Finde für beide Standpunkte zwei Argumente bzw. Aussagen.
- Formuliere eine Aussage aus der Sicht der Freunde.
- Antworte darauf mit einer Aussage von Simon.
- Wiederhole die beiden vorherigen Schritte.
- Formuliere einen Satz zum Abschluss des Gesprächs.

M4 Bilder von Menschen

In einer Erzählung erklärt eine Fotografin, warum sie nur Landschaftsaufnahmen macht:

Ich glaube, das Fotografieren ist für mich ein indiskreter Eingriff in fremdes Leben. Die Vorstellung, ich könnte jemanden auf einem Bild festbannen, ist ohnehin unsinnig. Irgendwo habe ich gelesen, dass es Naturvölker gibt, die es aus religiösen Gründen ablehnen, sich fotografieren zu lassen.

Christoph Hein

12 Erkläre, warum es als unsinnig bezeichnet werden kann, einen Menschen auf einem Foto festzuhalten.

13 Was würde die Fotografin zu Selfies sagen? Formuliere eine kurze Stellungnahme aus ihrer Sicht.

14 Vergleiche die Einstellung der Fotografin mit der Einstellung religiöser Menschen gegenüber „Heiligem".

Wozu Rituale?

M1 Bekannte Rituale

1 Beschreibe jeweils die Handlungen, die auf den einzelnen Bildern zu sehen sind.

2 Erläutere den möglichen Sinn und Zweck der verschiedenen Handlungen.

3 Nimm an, die Bilder wären in einer Zeitung zu sehen. Formuliere entsprechende Bildunterschriften.

M2 Gewohnheit oder Ritual?

- mit einem Freund oder einer Freundin jeden Tag nach der Schule reden
- auf einem Konzert am Ende eines Stückes klatschen
- abends Zähne putzen
- morgens prüfen, ob man alles für den Schultag dabei hat
- Geburtstagsgeschenke machen
- zum Abschied winken
- den Wecker stellen

4 Erstelle eine Tabelle mit zwei Spalten: a) „Rituale“ und b) „Gewohnheiten“. Ordne jede Tätigkeit einer der Spalten zu. Begründe kurz deine Zuordnung.

5 Beschreibe weitere Gewohnheiten und Rituale.

6 Erkläre aus deiner Sicht den Unterschied zwischen einer Gewohnheit und einem Ritual.

7 Stell dir vor, du hättest in deinem Alltag keine wiederkehrende Rituale – keine Geburtstagsgeschenke machen, kein Klatschen am Ende eines Musikstückes usw. Was würdest du davon halten? Formuliere deine begründete Meinung.

M3 Rituale

Rituale sind Handlungen, die nach einem Muster ablaufen und etwas Besonderes oder Feierliches ausdrücken.

Rituale sind Handlungen, die in bestimmten Situationen immer gleich ablaufen. Dazu gehört es zum Beispiel auch, sich abends die Zähne zu putzen oder die Oma bei der Begrüßung zu umarmen. Auch jede Religion hat für jede Gelegenheit ihre eigenen Rituale – zum Beispiel beim Beten, im Gottesdienst, beim Essen, beim Fasten, beim Pilgern, beim Feiern der Feste im Jahresverlauf und für die Abläufe aller persönlichen Feste, angefangen von der Aufnahme in die Gemeinde bis hin zur Bestattung der Toten.

www.religionen-entdecken.de

8 Gib die im Text genannten Merkmale eines Rituals in eigenen Worten wieder.

9 Beschreibe ein dir bekanntes religiöses Ritual.

10 Manche Fußballer ziehen jedes Mal, wenn sie eingewechselt werden, ihre Schuhbänder fest. Erkläre, was daran Ritual und was daran Gewohnheit ist.

11 Manche Menschen haben eigene Rituale entwickelt, mit denen sie sich z. B. auf eine schwierige Situation vorbereiten. Überlege dir ein solches Ritual und beschreibe oder zeichne es.

12 Nimm an, jeden Sonntagmorgen läuten die Glocken der Kirche direkt neben eurer Wohnung und du kannst deshalb nicht ausschlafen. Anderen Nachbarinnen und Nachbarn geht es ebenso – dennoch besteht die christliche Gemeinde auf ihrem Recht, die Glocken zu läuten. Beschreibe, wie man diesen Konflikt lösen könnte. > Kompetenzbox

INTERAGIEREN UND SICH-MITTEILEN

So kannst du einen Konflikt austragen

- Stelle begründet deine eigene Position dar.
- Fasse die Position der christlichen Gemeinde zusammen.
- Finde mögliche Gründe für die Position der Gemeinde.
- Formuliere Vorschläge zur Lösung des Konflikts. Was könnten beide Seiten dazu beitragen?
- Halte die Vereinbarung schriftlich fest.

M4 „So wahr mir Gott helfe"

In vielen Ländern wird vor Gericht „auf die Bibel geschworen".

13 Beschreibe die Situation auf dem Bild.

14 Erkläre, was mit dieser Handlung beabsichtigt wird.

15 Darf man Menschen zwingen, vor Gericht zu schwören? Begründe deine Ansicht.

Tradition heute

M1 Tradition und das moderne Leben

1 Beschreibe die Bilder. Achte dabei besonders auf die Kleidung der Personen.
2 Stelle Vermutungen darüber an, warum diese Menschen jeweils traditionelle Kleidung tragen.
3 Nenne Gründe, weshalb es manchen Menschen wichtig ist, mit der Tradition zu leben.

M2 Andere Länder – andere Sitten

Wer in andere Länder reist, sollte gegebenenfalls die dort geltenden Kleidervorschriften beachten. Auf der Internetseite einer Tageszeitung finden sich folgende Hinweise zum Iran:

In Iran bestimmt der Islam das Alltagsleben und damit auch die Kleidungsvorschriften – ausländische Besucher müssen sich ebenso daran halten, wenn auch nicht so streng wie die IranerInnen. Männer tragen zurückhaltende europäische Kleidung: kurze Hosen oder Krawatten sind nicht üblich, ebenso wenig ärmellose T-Shirts. Aufgrund der überwiegend hohen Temperaturen ist leichte Baumwollkleidung passend. Für Touristinnen ist in den letzten Jahren einiges leichter geworden, aber noch immer müssen die Haare mit einem Kopftuch bedeckt und die Körperformen verhüllt sein. Dafür genügt z. B. eine Hose mit nicht auftragender Bluse oder Jacke oder auch ein leichter Mantel. [...] Das Betreten von Moscheen ist in aller Regel in normaler Kleidung gestattet, bei einigen Heiligtümern müssen Frauen Ganzkörperschleier am Eingang entleihen.

https://taz.de

4 Gib wieder, welche Vorschriften für Männer und Frauen im Iran gelten.
5 Formuliere mögliche Ziele, die mit diesen Vorschriften erreicht werden sollen.
6 Übertrage die beschriebenen Vorschriften auf Traditionen in Deutschland – welche Vorschriften würden dann hier gelten?
7 Formuliere ein kurzes Gespräch zwischen einem Iraner, der die traditionelle Kleidung befürwortet, und einem jungen Menschen, der sich modern kleiden will. > Kompetenzbox

INTERAGIEREN UND SICH-MITTEILEN

So kannst du einen Dialog entwickeln
- Finde für beide Standpunkte Argumente bzw. Aussagen.
- Formuliere eine Aussage aus der Sicht des jungen Menschen.
- Antworte darauf aus Sicht der Person, der die Tradition wichtig ist.
- Wiederhole die beiden vorherigen Schritte in vertauschten Rollen.
- Formuliere einen Satz zum Abschluss des Gesprächs.

M3 Den Koran verstehen

Wie kann man den Koran als Offenbarung ernst nehmen, ohne seine doch zum Teil offenkundig veralteten Vorschriften heute anwenden zu müssen? Dies war die Ausgangsfrage für den muslimischen Theologen Fazlur Rahman, der ein dreischrittiges Vorgehen vorschlägt: Um den Koran zu verstehen, müsse man ihn im Kontext der Zeit seiner Verkündigung auslegen. [...] Der erste Schritt ist also die Rückkehr in die Offenbarungszeit. Man muss versuchen zu verstehen, was die Aussagen des Koran zur Zeit Mohammeds bedeutet haben. Der zweite Schritt besteht darin, die den Einzelregelungen zugrunde liegenden allgemeingültigen ethischen Prinzipien zu erschließen. Drittens folgt der Schritt in die Gegenwart. Es muss herausgearbeitet werden, was diese Prinzipien in der heutigen Zeit bedeuten. Eine solche Methode macht es möglich, den Koran ernst zu nehmen, ohne ihn sklavisch zu befolgen. Dann geht es eben nicht mehr ums Hände-Abschlagen bei Diebstahl (Sure 5, 38), sondern darum, dass der Respekt vor dem Eigentum anderer wichtig ist.

nach Felix Körner

8 Erkläre die Ausgangsfrage des Textes an einem Beispiel.

9 Gib die drei Schritte zum Verständnis des Korans wieder.

10 „Die heiligen Schriften der Religionen müssen immer im Kontext ihrer Zeit gelesen werden. Die Gebote und Regeln gelten für uns heute so nicht mehr." Nimm Stellung zu dieser Aussage.

11 Deute aus heutiger Sicht die folgende Aussage der Bibel zur Arbeit am Sabbat: „Jeder, der an ihm arbeitet, hat den Tod verdient" (2. Mose 35,2). Beziehe dabei das Verbot auf die Arbeit am Sonntag.

M4 Schleier ganz anders

In der Mode wird der Schleier auch als „Accessoire" genutzt.

12 Beschreibe die Gestaltung des Schleiers auf dem Bild.

13 Formuliere eine Sprechblase, in der die junge Frau erklärt, warum ihr dieser Schleier gefällt.

14 Darf man den Schleier trotz seiner religiös geprägten Bedeutung so (wie auf dem Bild) einsetzen? Formuliere eine begründete Antwort auf diese Frage.

Warum so viele? – Konkurrenz von Religionen

M1 Toleranz?

Peter Nicholson

1 Erkläre, worüber diese Religionsvertreter lachen.
2 Bewerte das Verhalten der Religionsvertreter.
3 Beschreibe die Gründe, die zu einem Streit zwischen Religionen führen können.

M2 Vielfalt an Religionen

Kurt Goldammer, der sich als Wissenschaftler mit vielen verschiedenen Religionen befasst hat, kommt zu dem Ergebnis, dass Religionen so unterschiedlich sind, dass es für sie keine gemeinsame Beschreibung geben kann.

Es gibt *nicht eine Religion, sondern nur Religionen*, nicht ein stets gleiches Religiöses, sondern nur eine vielgestaltige Religiosität im Reichtum und in der Wandelbarkeit ihrer Formen. Diese Formen prägen sich manchmal sehr fest aus, oft für Jahrhunderte und Jahrtausende der geschichtlichen Entwicklung. An ihnen orientieren sich dann ungezählte Generationen religiöser Menschen. *Kurt Goldammer*

4 Gib Beispiele für unterschiedliche Formen, in denen Menschen ihr religiöses Leben gestalten.
5 Beschreibe Unterschiede zwischen Religionen.
6 Nimm an, ein religiöser Mensch hält seine Religion für die einzig richtige Religion. Formuliere, was er über die vielen anderen Religionen sagen könnte.
7 Nimm an, dieser religiöse Mensch (Aufgabe 6) möchte sich nicht mit den Nachbarinnen und Nachbarn streiten, obwohl diese eine aus seiner Sicht „falsche" Religion vertreten. Schreibe ein Selbstgespräch, in dem er eine Lösung findet.
> Kompetenzbox

INTERAGIEREN UND SICH-MITTEILEN

So kannst du mit Meinungsverschiedenheiten umgehen

- Formuliere die Ansicht des religiösen Menschen. Berücksichtige dabei die Ergebnisse aus Aufgabe 6. Beginne z. B. so: *Ich denke zwar, dass …*
- Beschreibe eine mögliche Situation, in der er gemerkt hat, dass die Nachbarinnen und Nachbarn einer anderen Religion angehören.
- Beschreibe, wie Menschen dazu kommen, einer Religion anzugehören (Herkunft, Erziehung, Vorbilder usw.).
- Formuliere eine Erklärung aus der Sicht des religiösen Menschen, in der er Verständnis für die Religion der Nachbarinnen und Nachbarn zum Ausdruck bringt.

M3 Eine gemeinsame Ethik

Religionen sind zwar unterschiedlich, doch sie haben einen gemeinsamen Kern. So sieht es Hans Küng (1928-2021), der mit Vertreterinnen und Vertretern verschiedener Religionen daran gearbeitet hat, eine gemeinsame Grundlage von Werten zu bestimmen.

Gewiss sind sich die Religionen dieser Welt in Bezug auf Fragen der Lebensführung keineswegs einig. Die von ihnen vertretenen moralischen Normen sind verschieden, zum Teil sogar widersprüchlich. Trotz solcher Unterschiede gibt es aber ein gemeinsames Fundament, das alle Religionen teilen. Allen Religionen geht es letztlich um das Wohl des Menschen, und alle Religionen stellen ethische Grundnormen, die dazu dienen sollen, dieses Wohl zu erreichen. In fünf großen Geboten sind sich alle großen Weltreligionen einig:

1 nicht töten;
2 nicht lügen;
3 nicht stehlen;
4 nicht Unzucht treiben;
5 die Eltern achten und die Kinder lieben.

[…] Aber die Gemeinsamkeit der Religionen in ethischen Fragen geht noch weiter. Alle Religionen fordern nämlich so etwas wie eine Goldene Regel, die besagt, dass man das, was man selbst nicht wünscht, anderen nicht antut bzw. andere so behandelt, wie man selbst behandelt werden möchte. Diese Regel […] kann ein Fundament darstellen, auf dem sich ein gemeinsames Weltethos begründen lässt.

nach Hans Küng

8 Gib wieder, was Hans Küng als die Gemeinsamkeiten zwischen Religionen beschreibt.

9 Nenne Beispiele für die Anwendung der Goldenen Regel im Alltag.

10 Begründe mit mindestens einem Argument, ob es mit den Ideen von Hans Küng gelingen kann, den Streit zwischen Religionen zu schlichten.

M4 Sunday Assembly – Andacht ohne Gott

In London wurde 2013 die Bewegung „Sunday Assembly" (Sonntagsversammlung) gegründet. Diese Bewegung bringt Menschen, die nicht an einen Gott glauben, wie in einem Gottesdienst zusammen. Es soll dabei ein positives Gemeinschaftserlebnis vermittelt werden. Hierzu zwei Ansichten:

Es gibt auch bei Menschen, die nicht glauben, ein Bedürfnis nach Gemeinschaft – egal, ob man nun radikaler Atheist ist oder nur ein bisschen.

Rainer Sax, Begründer einer Hamburger Gruppe von Sunday Assembly

Sie sind vereint durch das, was sie nicht haben, dass sie nicht glauben, kann sie für gewisse Zeit verbinden. Aber damit die Gruppe Bestand hat, brauchst du etwas, an das alle glauben, was alle bejahen. Das fehlt ihnen.

Nick Spencer, Atheismusforscher

11 Entwickle Ideen, wie du einen „Gottesdienst" ohne Gott gestalten würdest. Welche Themen wären dir wichtig?

12 Recherchiere Informationen über diese Bewegung. Beschreibe, wie der „Gottesdienst" ohne Gott abläuft.

13 Beurteile, ob die „Sunday Assembly"-Bewegung auf lange Zeit Erfolg haben kann. Berücksichtige dabei die beiden Aussagen.

14 Beschreibe Möglichkeiten, durch die unabhängig von Religionen ein Gemeinschaftsgefühl geschaffen werden kann.

Heilige Orte und Pilgerreisen

M1 Besondere Orte

1 Beschreibe das Bild und wie es auf dich wirkt.
2 Formuliere Gründe, weshalb Menschen an diesen Ort wollen.
3 Nenne andere besondere Orte, die Menschen erreichen bzw. besuchen wollen.

M2 Sieben Jahre in Shaolin

Die chinesische Kampfkunst ist weltberühmt. Der Dokumentarfilm „Sieben Jahre in Shaolin" berichtet von dem einzigen Ausländer, der es zur Zeit des Films geschafft hat, Teil der „Shaolin" zu werden.

Ein Deutscher im weltberühmten buddhistischen Shaolin Kloster in China (Provinz Henan): Christoph heißt dort Shan Li. Zum Zeitpunkt des Films gehört er schon über sieben Jahre zum „inneren Kreis" des Tempels. Das ist eine große und seltene Ehre, denn nur sehr wenige Nicht-Chinesen werden dort aufgenommen. In den vergangenen 500 Jahren schafften es nur fünf Ausländer. Der aus Leipzig stammende Shan Li musste dafür zahlreiche Prüfungen absolvieren. Im Tempel muss er strenge Regeln befolgen und die Bedingungen sind hart: Im Zimmer können die Temperaturen minus 25 Grad betragen, die Tage verbringt er mit stundenlangem Kampfkunsttraining und Meditation.

4 Gib wieder, was der Deutsche, der in China zu Shan Li geworden ist, erreicht hat.
5 Beschreibe, welche Schwierigkeiten Shan Li zu bewältigen hatte.
6 Warum möchte jemand wohl in einem Shaolin-Kloster leben? Nenne mögliche Gründe.
7 Es gibt sicher Menschen, die der Ansicht sind, Shan Li hätte in Deutschland bleiben und sich z. B. um seine Mutter kümmern sollen. Formuliere aus der Sicht von Shan Li eine Erklärung für seine Entscheidung. Berücksichtige dabei, dass er sich als Klosterschüler gut und rücksichtsvoll verhalten möchte. > Kompetenzbox

INTERAGIEREN UND SICH-MITTEILEN

So kannst du mit Meinungsverschiedenheiten umgehen

- Formuliere eine mögliche Kritik an Shan Lis Weggang nach China in einem Behauptungssatz.
- Beschreibe die Grundlage dieser Kritik anhand der Lebensweise derjenigen, die sie vertreten (Wünsche, Bedürfnisse, Erziehung, Vorbilder usw.).
- Beschreibe die mögliche Grundlage von Shan Lis Entscheidung.
- Formuliere eine Erklärung aus der Sicht von Shan Li, in der er Verständnis für die entgegengesetzte Ansicht zum Ausdruck bringt.

M3 Pilgern zu Heiligen Orten

In jedem Jahr begeben sich Millionen Menschen auf eine Pilgerreise. Ihr Ziel ist ein Ort, der für ihre Religion ganz besonders wichtig ist. Entweder kam dort ihr Glaube in die Welt oder es trugen sich dort einmal außergewöhnliche Dinge zu. Einige Orte sind sogar mehreren Religionen wichtig. Dazu gehört Jerusalem. Viele heilige Orte sind über einen Pilgerweg zu erreichen. Diese Wanderwege sind manchmal einige hundert Kilometer lang und führen in Etappen durch mehrere Länder. Wer auf einem Pilgerweg wandert, hat die Gelegenheit, einmal ungestört über seinen Glauben und sein Leben nachzudenken oder sich in Gedanken auf das Ziel vorzubereiten. In manchen Religionen ist eine Pilgerreise sogar vorgeschrieben. Viele Gläubige machen sich aber aus eigenem Antrieb auf den Weg.

www.religionen-entdecken.de

8 Gib wieder, was eine Pilgerreise ist.

9 Beschreibe mit Hilfe des Textes das religiöse Bedürfnis, das zu einer Pilgerreise führt.

10 Formuliere einen Grund, weshalb manche Religionen eine Pilgerreise vorschreiben.

M4 Auf dem Weg

Heutzutage pilgern auch Menschen, die nicht gläubig sind. Die Gründe dafür können sehr verschieden sein. Die meisten wollen ihren Alltag vergessen, manche eine Entscheidung für die Zukunft treffen, einige trauern um einen Menschen. Egal, aus welchem Grund man sich entschließt, den Ausflug zu machen: nicht das Ziel ist wichtig. Bedeutsam ist der lange Weg, auf dem der Pilger Erfahrungen sammelt und eine Reise zu sich selbst unternimmt.

www.kindersache.de

11 Das Buch von Hape Kerkeling war ein Bestseller. Finde mögliche Gründe dafür, dass viele Menschen das Buch lesen wollten.

12 Erkläre, weshalb der lange Weg beim Pilgern wichtig ist.

13 Vergleiche einen Spaziergang mit einer Pilgerreise. Nenne die Gemeinsamkeiten und die Unterschiede.

14 Nimm an, du willst in deinem Leben wenigstens einmal pilgern gehen. Welches Alter wäre am besten dafür geeignet? Begründe deine Antwort.

Zeig, was du kannst!

Das Wichtigste in Kürze

Pilgerreise – koscher – Verehrung – Kleidervorschrift – Gewohnheit – Tradition – Speisevorschrift – Ritual – heiliger Ort – Toleranz – gemeinsame Ethik

Vielfalt religiöser Erscheinungen

Religionen sind ein wichtiger Teil des Lebens in der Gesellschaft. Sie bestimmen die Vorstellungen von Menschen. Auch Menschen, die nicht religiös sind, müssen sich mit den religiösen Vorstellungen anderer Menschen auseinandersetzen. Im Alltag begegnen uns Symbole, Zeichen und Rituale, die manchmal religiösen Ursprung und religiöse Bedeutung haben, manchmal aber nur noch eine Gewohnheit sind, an der wir festhalten. Gegen etwas zu verstoßen, was anderen „heilig" ist, führt mitunter zu Konflikten. Manche Konflikte lassen sich nicht vermeiden, wenn gegensätzliche Werte und unterschiedliche Zielvorstellungen über das Leben der Menschen aufeinandertreffen. Entscheidend ist, wie wir mit solchen Konflikten umgehen. Es geht um die Bereitschaft, sich mit den Auffassungen der Anderen auseinanderzusetzen, und um die Fähigkeit, eigene Vorstellungen so zu formulieren, dass sie von anderen verstanden werden können.

Kompetenz-Check

M Streit um „Raum der Stille"

An der TU Dortmund waren muslimische Studierende auf der Suche nach einem Platz zum Beten. Es wurde ein „Raum der Stille" eingerichtet. Die Studierendenvertretung AStA sollte sich um die Regelungen zur Nutzung kümmern.

Der AStA hatte im Jahr 2012 eine Nutzungsordnung erlassen, die vorsieht, dass der „Raum der Stille (...) weltanschaulich und religiös neutral zu halten [ist]." Doch schon nach wenigen Monaten hätten „Gebetsteppiche und Korane sowie Flugblätter in arabischer Schrift und [mit] deutschsprachige[n] Belehrungen" ausgelegen [...]. Der AStA schloss den Raum vorübergehend und sprach mit den Verantwortlichen.

Doch nach vier Jahren schließt das Rektorat [...] den Raum der Stille. Wieder hatte es Beschwerden gegeben, dass die Gleichberechtigung von Mann und Frau im Raum der Stille von Einzelnen nicht geachtet worden sei, zudem waren Bücherregale als Raumteiler benutzt worden, um getrennte Gebetsbereiche für Männer und Frauen zu schaffen.

Lilith Becker

INTERAGIEREN UND SICH-MITTEILEN

1 Kann man einen solchen Raum der Stille als „heilig" bezeichnen? Begründe deine Antwort.

2 Begründe, ob man den Raum offen lassen oder schließen sollte.

3 Entwickle einen Dialog zwischen den Studierenden, die den Raum nutzen wollen, und dem Verantwortlichen, der ihn schließen will.

4 Beschreibe, wie man den Raum der Stille so nutzen kann, dass es zu keinem Streit zwischen den Nutzerinnen und Nutzern kommt.

Werkstatt

Den Sonntag feiern: eine Anleitung für die schöne Gestaltung eines Tages

Das Besondere des Sonntags beschreiben

Beschäftige dich zunächst mit den traditionellen Formen, den Sonntag zu gestalten, und betrachte die besonderen Regeln, die für den Sonntag gelten. Überlege dir, weshalb oder wozu wir den Sonntag zu einem besonderen Tag gemacht haben.

Den üblichen Sonntag bewerten

Halte dann die Rituale, Gewohnheiten und Abläufe fest, die du gut und die du weniger gut findest. Beispiele: Sollte man am Sonntag arbeiten müssen? Zieht man sich sonntags besonders an? Ist „Sonntagsruhe" gut oder langweilig?

Ziel deines Sonntags formulieren

Formuliere, was das Besondere an diesem Tag für dich (und die anderen) sein sollte und überlege dir, welche gemeinschaftlichen Erlebnisse möglich sein könnten.

Vorschlag gestalten

Entwickle einen Vorschlag für eine besondere Gestaltung und den Ablauf des Tages. Beschreibe auch besondere Abschnitte des Tages – wie sollte man z. B. den Tag abschließen und sich auf die üblichen Tage der Woche vorbereiten?
Formuliere als Ergebnis eine Anleitung, die du passend zum Thema mit Farben, Bildern und anderen Elementen gestaltest.

Bedürfnisse der anderen achten

Achte bei deinem Vorschlag auch auf die unterschiedlichen religiösen Vorstellungen, die in unserer Gesellschaft bestehen, und gib diesen Raum.

Worauf es ankommt

- ☑ die übliche Gestaltung des Sonntags betrachten und bewerten
- ☑ auf die verschiedenen Bedürfnisse der Menschen achten
- ☑ einen Ablauf gut nachvollziehbar beschreiben
- ☑ neue Rituale oder Gewohnheiten erfinden
- ☑ die Anleitung ansprechend gestalten

Was machen Vorurteile mit uns?

Wer oder was ist rassistisch?

Sind Vorurteile nur schlecht?

Wie schwer ist es, tolerant zu sein?

Wo hört der Spaß auf?

Wahrheit und Wirklichkeit

> Vorurteile hinterfragen

WERKSTATT

Ein Raum für Begegnungen

Ali Can (*1993) wurde bekannt als Initiator der Anti-Rassismus-Bewegung #MeTwo. Er ist der Überzeugung, dass Vorurteile durch direkte Kontakte abgebaut werden: „Persönliche Treffen und wertschätzende Gespräche können Räume des Miteinanders sein, in denen Gemeinsamkeiten gefunden und Verallgemeinerungen widerlegt werden können." Deswegen gründete er gemeinsam mit einem Freund das „Vielrespektzentrum" in Essen. Das ist eine Begegnungsstätte, in der sich Menschen treffen und austauschen können, die das sonst eher nicht tun würden.

Auch du kannst einen solchen Kontaktraum ins Leben rufen. Entwirf einen Plan für einen Ort, wo Menschen, die sich sonst fremd bleiben würden, austauschen und ihr Wissen über fremde Kulturen erweitern können. So ein Ort muss kein richtiges Haus wie das von Ali Can in Essen sein. Raum für Begegnungen können auch gemeinsame Aktionen schaffen, wie z. B. ein Workshop oder eine Ausstellung.

Vorsicht: Vorurteil!

M1 Mehr Hautfarben

Ein Verein aus Berlin machte vor einiger Zeit Schlagzeilen, weil er Päckchen mit zwölf Buntstiften nur für Hautfarben anbietet. Der Erlös des Verkaufs der Stifte wird zur Unterstützung von Integrationsprojekten verwendet.

1 Finde Gründe, warum der Verein die Stifte auf den Markt gebracht hat.

2 Bewerte die Idee des Vereins, diese Stifte anzubieten.

M2 Plötzlich schlechte Noten

Die Journalistin Alice Hasters (*1989) schildert, wie sich ihre Leistungen in der Grundschule zunehmend verschlechterten.

Was ich weiß, ist, dass ich die einzige Schwarze in meiner Klasse war und Svenja mich behandelte, wie sie es eben tat. Selbst wenn sie mich nicht bewusst aufgrund meiner Hautfarbe ausschloss, kamen mir diese Gedanken von ganz allein. Schließlich suchte ich nach einem Grund, warum ausgerechnet mit mir niemand befreundet sein wollte. Wer nicht gerne in die Schule geht, verliert auch schnell die Freude am Lernen. Ich hörte auf, meine Hausaufgaben zu machen, wurde immer schlechter in Mathe, und in Diktaten schrieb ich nur Sechsen.

Alice Hasters

3 Formuliere Gedanken, die die Autorin in der beschriebenen Situation gehabt haben könnte.

4 Finde weitere Beispiele, in denen Menschen durch Vorurteile entmutigt werden.

5 Nenne Beispiele von Vorurteilen, die dir im Alltag begegnen oder von denen du gehört oder gelesen hast.

M3 Angst vor Stereotypen

„Stereotype" sind starre, oberflächliche, oft abwertende Vorstellungen über andere Gruppen (beispielsweise „Menschen, die zur Gruppe XY gehören, sind faul"). Sie können bei Betroffenen eine Verschlechterung ihrer Leistungen bewirken.

Dass dieser Effekt sehr schnell eintreten kann, hat wohl kein anderes Experiment immer wieder so bewährt gezeigt wie das von Jane Elliott. Die Grundschullehrerin aus den USA entwickelte es in den 1960er-Jahren und führt es bis heute immer wieder vor. Sie unterteilte ihre Schülerinnen in zwei Gruppen: Blauäugige und Braunäugige. An einem Tag erzählte sie, dass blauäugige Kinder braunäugigen überlegen seien. Sie bevorteilte blauäugige Schülerinnen und verbot ihnen, mit Kindern der anderen Augenfarbe zu spielen. Und siehe da: Die blauäugigen Kinder schnitten bei der anschließenden Vokabelabfrage besser ab als ihre braunäugigen Mitschülerinnen. Am nächsten Tag behauptete sie das Gegenteil. Und auch das Ergebnis kehrte sich um, auf einmal waren die braunäugigen Kinder die leistungsstärkeren. *Alice Hasters*

6 Gib wieder, welches Stereotyp zu einer Verschlechterung der Schulleistungen der braunäugigen Kinder geführt hat.

7 Beschreibe das Problem, auf das der Text hinweisen will. > Kompetenzbox

8 Nenne andere Beispiele für Stereotype, die die Leistung von Kindern und Jugendlichen beeinflussen können.

9 Stell dir vor, du hättest an dem beschriebenen Experiment teilgenommen. Einmal hast du zu den „Überlegenen" und einmal zu den „Unterlegenen" gehört. Beschreibe, welche Gefühle und Gedanken du jeweils gehabt hättest.

ANALYSIEREN UND REFLEKTIEREN

So kannst du ein Problem beschreiben

- Notiere stichwortartig, was im Text über die Wirkung von Stereotypen gesagt wird.
- Nenne Merkmale von Stereotypen, die sich negativ auf die Betroffenen auswirken können.
- Beschreibe in ein oder zwei Sätzen das Problem, auf das die Autorin aufmerksam macht.

M4 Jetzt erst recht!

Um sich vor Stereotypen oder negativen Erwartungen anderer Menschen zu schützen, können Trotzreaktionen helfen.

Untersuchungen konnten zum Beispiel zeigen, dass Frauen besser verhandelten, wenn man ihnen davon berichtete, dass sie das Stereotyp „Frauen können nicht verhandeln" beeinträchtigen könnte. [...] Man kann [es] dann trotzig angehen: „Denen zeig ich's. Jetzt erst recht!" *Jens Förster*

10 Finde weitere Beispiele für negative Stereotype, auf die man so reagieren kann: „Euch zeig ich's. Jetzt erst recht!"

11 Trotz ist eine Möglichkeit. Mache andere Vorschläge, wie man Versagensängste aufgrund der Erwartungen anderer überwinden kann.

Ablehnen, abwerten, ausgrenzen

M1 Getrennte Welten

Solche Sitzbänke sah man an verschiedenen Plätzen in Südafrika, bevor die Rassentrennung 1994 beendet wurde.

1 Schildere, wie die Bilder auf dich wirken.

2 Beschreibe, wie das Leben in einem Land, in dem solche Bänke stehen, aussehen könnte.

M2 Sich wider-setzen

In den südlichen Bundesstaaten der USA gab es Gesetze der Rassentrennung, die auch vorschrieben, wo Schwarze Menschen im Bus nicht sitzen durften (s. S. 231).

Im Jahr 1955 geschah in Montgomery, der Hauptstadt von Alabama, Folgendes: Rosa Parks fuhr mit dem Bus zur Arbeit wie die meisten Schwarzen. Sie saß auf einem Platz in der Mitte, wo sie sitzen durfte, neben ihr drei Männer. Als sich ein Weißer in die Reihe setzen wollte, forderte der Busfahrer die Schwarzen auf, ihren Platz zu räumen. Die Männer standen auf und gingen nach hinten. Dort mussten sie stehen. Nur Rosa Parks blieb sitzen. Der Busfahrer rief die Polizei und verlangte die Verhaftung von Rosa Parks. Sie wurde festgenommen und ins Gefängnis gesteckt. Sie musste nur eine kleine Strafe bezahlen, verlor aber ihre Arbeit, und es gab Morddrohungen. Die Bürgerrechtsvereinigung, zu der auch Rosa Parks und ihr Mann gehörten, rief zum Boykott der Busse auf. Länger als ein Jahr wurden in Montgomery die Busse nur von Weißen benutzt. Die Schwarzen bildeten Fahrgemeinschaften oder gingen lange Strecken zu Fuß. Den Bus-Boykott leitete der später so berühmte Schwarze Pastor Martin Luther King. Das Ergebnis des Boykotts: Das Oberste Gericht der USA urteilte 1956, dass die Rassentrennung in Bussen verfassungswidrig war.

3 Nenne Gründe, warum sich Rosa Parks den Anordnungen des Busfahrers widersetzt hat.

4 Beschreibe, wie du dich als Fahrgast in der Situation verhalten hättest.

5 Nenne mögliche Gründe, warum die Rassentrennung von einem großen Teil der weißen Bevölkerung im Süden der USA unterstützt wurde.

6 Beurteile, ob die Ziele, für die sich Rosa Parks und ihre Unterstützerinnen und Unterstützer damals stark machten, heute immer noch wichtig sind.

M3 Papa, was ist ein Rassist?

Das fragt die (damals) zehnjährige Mérièm ihren Vater, den Schriftsteller Tahar Ben Jelloun. Er antwortet:

Ein Rassist ist jemand, der sich anderen überlegen fühlt, nur, weil sie nicht die gleiche Hautfarbe haben, die gleiche Sprache sprechen und auf die gleiche Art feiern wie er. Er verrennt sich in die Idee, dass es verschiedene Rassen gibt und sagt: „Meine Rasse ist edel und gut, die anderen sind hässlich und bestialisch." [...] In Amerika gibt es auch heute noch viel Rassismus gegen Schwarze. Das hat mit der Geschichte der Sklaverei dort zu tun. Denn [viele der] schwarzen Amerikaner sind Nachkommen der Sklaven, die die frühen amerikanischen Siedler sich aus Afrika holten. Sklaverei ist das Eigentumsrecht über einen anderen Menschen. Der Sklave besitzt keine Freiheit. [...] Die schwarzen Amerikaner mussten schwer um ihre Bürgerrechte kämpfen, um ihre Menschenwürde und ihr Recht auf Freiheit und Gleichberechtigung. Denn auch nach der Aufhebung der Sklaverei 1865 hatten Schwarze in einigen Bundesstaaten nicht das Recht, dasselbe Schwimmbad oder dieselbe Toilette wie Weiße zu benutzen. Sie durften nicht auf denselben Friedhöfen bestattet werden, nicht in denselben Bus steigen oder in dieselbe Schule gehen. [Vor] einigen Jahren regierte [in Südafrika] die weiße Minderheit und unterdrückte die schwarze Mehrheit. Sie bestimmte, dass die Schwarzen getrennt von den Weißen leben mussten. Diese südafrikanische Politik nannte man Apartheid.

Tahar Ben Jelloun

7 Stelle Vermutungen an, wieso Mérièm diese Frage gestellt haben könnte.

8 Verfasse einen Lexikonartikel zum Begriff „Rassismus". Nutze dazu die Informationen aus M2 und M3. > Kompetenzbox

9 Der Autor spricht vom Rassismus in den USA und in Südafrika. Berichte, was du über den Rassismus in Deutschland und seine Geschichte weißt.

ANALYSIEREN UND REFLEKTIEREN

So kannst du einen Lexikonartikel verfassen

- Werte dein Informationsmaterial (hier: M2 und M3) aus, indem du wichtige Begriffe und Aussagen herausschreibst.
- Formuliere zuerst eine kurze Definition des Begriffs. Beispiel: *Unter „Rassismus" versteht man ...*
- Beschreibe dann, welche besonderen Formen von „Rassismus" du kennst.
- Verdeutliche diese durch Beispiele (z. B. aus M2).

M4 Menschen ohne Rasse

Die biologischen Unterschiede zwischen allen heute lebenden Menschen sind winzig, das haben weltweit angelegte, genetische Studien gezeigt. [...] Eine Einteilung in „Rassen" ist daher willkürlich und unwissenschaftlich. Äußere Merkmale wie die Haut- oder Augenfarbe, die häufig als Beispiel für angeblich große Unterschiede herhalten müssen, sind nur eine oberflächliche und leicht wandelbare biologische Anpassung an die jeweiligen örtlichen Gegebenheiten.

Michael Stang

10 Gib aus dem Text die Gründe wieder, warum es falsch ist, Menschen in biologische Rassen einzuteilen. Recherchiere nach weiteren Gründen.

11 Einige Politikerinnen und Politiker wollen den Begriff „Rasse" aus dem Grundgesetz streichen. Recherchiere, welche Motive sie haben.

Vorteile von Vorurteilen?

M1 Ordnung muss sein

1 Beschreibe, welche Vorteile die rechte gegenüber der linken Schublade hat.

2 Stelle einen Zusammenhang zwischen den Schubladen und dem Thema „Vorurteile" her.

3 Nenne Beispiele für Schubladendenken.

M2 Plötzlich cool

Als 15-Jährige wurde Alice Hasters (*1989) von vielen Jungen und Mädchen ihrer Klasse bewundert. Doch so richtig gut ging es ihr damit nicht (s. auch S. 231).

Die beliebten Jungs aus meiner Klasse trugen Baggy-Jeans und Oversize Pullover mit dem Logo von Mobb Deep oder dem Wu-Tang-Klan [beides Hip Hop Bands aus New York]. „Ich wäre auch gern Schwarz", sagten sie mir. Wäre man Schwarz, könnte man coole Dinge mit den Haaren machen […]. Man hätte einen viel besseren Flow beim Rappen, außerdem sei man witzig und schlagfertig.

Auf der einen Seite war ich geschmeichelt und nach vier Jahren Mobbing in der Grundschule erleichtert. Jetzt war ich nicht mehr grundlos uncool, sondern grundlos cool. Das Problem war, dass ich dem Bild der Schwarzen, das alle so beneideten, in den meisten Punkten nicht entsprach. Ich konnte nicht singen, rappen schon gar nicht, kein Basketball spielen, ich war weder schlagfertig noch besonders witzig. Wenn sich Schwarze aus einer Handvoll spezifischer Talente zusammensetzten und ich diese nicht besaß – war ich dann überhaupt richtig Schwarz? *Alice Hasters*

4 Gib die Meinungen wieder, die die Klassenkameraden von Alice Hasters über Schwarze Menschen hatten.

5 Beurteile, ob es sich dabei um Vorurteile handelt oder nicht.

6 Beurteile, ob diese Meinungen auch „rassistisch" genannt werden können.

7 Erkläre, warum sich die Autorin nicht ganz wohl dabei fühlte, beneidet zu werden.

8 Beurteile, ob die Jungs irgendwelche Vorteile davon hatten, dass sie so über Schwarze Menschen dachten.

M3 Kategorien und Vorurteile

Im Alter von vier bis fünf Jahren lernen Kinder, in Kategorien zu denken [d. h. sie lernen, Personen, Sachen oder Sachverhalte in Gruppen oder Klassen einzuordnen]. […] Die Grundlagen der Kategorien – Normen und Werte – lernen Kinder von den Eltern, Großeltern, Geschwistern und von Freunden. Vorurteile liegen also nicht in den Genen, sondern kommen aus der Umwelt und werden erlernt. Wir denken in Kategorien, man könnte auch sagen: in Schubladen. Das Gehirn muss im Alltag Unmengen an Informationen in Sekundenbruchteilen verarbeiten. Die Schubladen erleichtern uns die Orientierung und machen uns schneller handlungsfähig. Nicht die Kategorien im Kopf sind das Problem, sondern die Inhalte: Vorurteile, die nicht selten falsch sind. So gefährden unreflektierte Vorurteile das friedliche Zusammenleben in der Gesellschaft und grenzen viele Menschen aus. Meist nur, weil sie anders sind, als man es gewohnt ist. Deshalb sollte man seine Ansichten ein Leben lang hinterfragen und an die Realität anpassen. Denn: Vorurteile steuern unbewusst nicht nur unser Denken, sondern auch unser Handeln!

Tanja Fieber/Julia Fritzsche

9 Gib wieder, welchen Vorteile Menschen aus Vorurteilen ziehen können.

10 Veranschauliche die genannten Vorteile am Beispiel von M2.

11 Verfasse einen Lexikonartikel über die Vor- und Nachteile von Vorurteilen. > Kompetenzbox

ANALYSIEREN UND REFLEKTIEREN

So kannst du einen Lexikonartikel verfassen

- Werte dein Informationsmaterial (hier: M3) aus, indem du wichtige Begriffe und Aussagen herausschreibst.
- Formuliere zuerst eine kurze Erklärung des Begriffs, um den es geht.
  Beispiel: *Unter einem Vorurteil versteht man …*
- Beschreibe, welche Vor- und Nachteile sich aus Vorurteilen ergeben.
- Verdeutliche diese durch Beispiele (z. B. aus M2).

M4 Verstehen durch Vorurteile

Für den Philosophen Hans-Georg Gadamer (1900–2002) sind Vorurteile erst einmal nichts Schlechtes, sondern notwendig.

Menschen versuchen ständig zu verstehen: die Worte anderer Menschen, ihre Handlungen, Kunstwerke und vieles mehr. Vorurteile, so Gadamer, sind dabei nicht etwas Hinderliches oder Schlimmes, sondern spielen eine wichtige Rolle. Wenn wir eine Sache – beispielsweise einen neuen Film – verstehen wollen, fangen wir nicht bei Null an. Wir stützen uns auf Vormeinungen bzw. auf Vorurteile. Es ist gar nicht möglich, einen Film „vorurteilsfrei" zu sehen. Jeder von uns ist in eine bestimmte Sprachgemeinschaft oder Tradition hineingeboren, von der aus wir die Welt verstehen. Ohne unsere Vorurteile könnten wir das Neue oder Besondere an dem Film gar nicht begreifen. Es ist aber wichtig, dass wir uns diese Vorurteile bewusst machen, sie prüfen und, wenn sie falsch sind, ändern.

12 Berichte von Erfahrungen, bei denen ein neues Buch oder ein Film dich mit Vorurteilen konfrontiert hat. Konntest du schon einmal (eigene) Vorurteile ändern bzw. kennst du dafür Beispiele aus Literatur und Film?

13 Zeige an Beispielen, welche Vorurteile helfen, andere besser zu verstehen, und welche uns daran hindern.

Anderssein akzeptieren

M1 Spatzenhirne

Das Lied „Wellensittich und Spatzen" von Gerhard Schöne (*1952) stammt aus dem Jahr 1985. Der Refrain geht so:

Als mein gelber Wellensittich
aus dem Fenster flog,
hackte eine Schar von Spatzen
auf ihn ein,
denn er sang wohl etwas anders
und war nicht so grau wie sie
und das passt in Spatzenhirne
nicht hinein.

Gerhard Schöne

1 Erläutere, wer hier mit den „Spatzen" und dem „Wellensittich" gemeint ist.
2 Beschreibe „bunte Vögel", auf die „Spatzen" einhacken könnten.
3 Stelle einen Zusammenhang zwischen dem Lied und dem Thema „Toleranz" her.

M2 Toleranz durch Dialog

Diese Stahl-Skulptur des Bildhauers Eduardo Chillida (1924–2002) trägt den Titel „Toleranz durch Dialog". Sie steht im Innenhof des Rathauses von Münster (Westfalen).

4 Beschreibe Form und Material der Skulptur und wie sie auf dich wirkt.
5 Erläutere, wie der Künstler Toleranz darstellt. Gehe dabei auch auf den Titel des Werks ein: Was hat Toleranz mit Dialog zu tun?
6 Schildere, wann im Alltag Toleranz von dir gefordert wird. Beschreibe auch, wie du das erlebst.

M3 Toleranz ist nicht immer leicht

Rainer Erlinger erklärt, warum Toleranz Überwindung kostet, aber niemand ohne sie auskommt.

In die Toleranz ist die Ablehnung sozusagen eingebaut. Man muss sich klarmachen, dass man tolerant nur gegenüber etwas sein kann, das man im Grunde ablehnt. [...] Was aber kann einen Menschen dann dazu bewegen, Toleranz zu üben? Gegen seine Ablehnung? [...] Der praktische Grund ist, dass ohne ein Minimum an Toleranz, an Akzeptieren des Andersseins, das Leben zur Hölle würde. Jeder ist auf irgendeine Art anders. [...] Man mag bei noch so vielen Aspekten des Lebens zur Mehrheit gehören, in irgendeinem Punkt tut man es nicht. Und grundsätzlich kommt man um die Toleranz nicht herum, wenn man jeden Menschen als frei und mit gleichen Rechten versehen betrachtet. Wie soll man einem anderen Menschen die Entscheidung für eine bestimmte Einstellung, Haltung oder Lebensweise verbieten, wenn man für sich selbst in Anspruch nimmt, seine eigene Einstellung, Haltung oder Lebensweise zu haben?

nach Rainer Erlinger

7 Erläutere mit Beispielen die Aussage, dass das Leben ohne Toleranz zur Hölle wird.

8 Erläutere, welche Aussagen des Textes durch das Kunstwerk (M2) verdeutlicht werden können.

9 Beschreibe, wie ein toleranter Mensch auf einen „bunten Vogel“ (M1) reagieren könnte. Gib dazu an, was dieser Mensch ablehnt und aus welchem Grund er den „bunten Vogel“ dennoch akzeptiert.

10 Das Wort Toleranz kommt von dem lateinischen Wort „tolerare“, das „erdulden“ oder „ertragen“ bedeutet. Untersuche aus unterschiedlichen Fachrichtungen, warum es wichtig ist, dass wir uns gegenseitig ertragen. > Kompetenzbox

11 Ist es immer schwer, tolerant zu sein? Beziehe Stellung zu dieser Frage.

ANALYSIEREN UND REFLEKTIEREN

So kannst du eine Frage aus verschiedenen Fachrichtungen untersuchen

- Notiere die Frage, die du untersuchst.
- Suche zu dieser Frage Antworten in verschiedenen Bereichen, z. B. im Lied von Gerhard Schöne (M1), im Kunstwerk von Eduardo Chillida (M2) und im philosophischen Text von Rainer Erlinger (M3).
- Notiere dir zu jeder Antwort das Wichtigste in Stichpunkten.
- Fasse in einem kurzen Text zusammen, was du aus den Antworten der unterschiedlichen Fachrichtungen (Kunst, Dichtung, Philosophie) erfahren hast.

M4 Grenzen der Toleranz

Toleranz ist nicht immer das richtige Rezept gegen Intoleranz,

meint der Philosoph Rainer Forst.

12 Erläutere an Beispielen, warum Toleranz nicht das richtige Rezept gegen Intoleranz ist. Was kann passieren, wenn man zu tolerant ist?

13 Stell dir vor, wie jemand, den du kennst, gemeine fremdenfeindliche Sprüche macht. Mache Vorschläge, wie man damit umgehen sollte.

14 Fertige eine Skizze für eine Skulptur mit dem Titel „Grenzen der Toleranz“ an. Mache dabei auch Angaben zu Form, Material und Größe.

Schluss mit lustig!?

M1 Socken und Sandalen

1 Beschreibe, über welche Gruppe und welche Stereotype sich die Karikatur lustig macht.
2 Begründe, ob du die Karikatur witzig findest oder nicht.

M2 Slaviks Mountainbike

Auch Slavik Junge trägt Socken und Schlappen. Er ist eine Kunstfigur des Schauspielers Mark Filatov. Slavik erzählt vom Leben in einer Plattenbau-Siedlung. Dabei verwendet er viele russische Flüche.

Slavik Junge fährt ab sofort mit nagelneuem Fahrrad durch den Block. So komplett weißes Mountainbike. Weiß eh beste Farbe und mit mehr Gängen als der Palast von kirgisischem Präsidenten [russischer Fluch ...]. Endlich muss ich nicht mehr mit diesem Schrottding rumfahren, das [mein Onkel] Samat irgendwann mal beim Saufen abgezogen hat. [...] Jetzt kann ich auf jeden Fall schön n Dicken machen.

Bin jetzt offiziell der mit dem heftigsten Fahrrad in unserer Siedlung. [Russischer Fluch], damit bei Mädchen ankommen ist wie S-Klasse. King Slavik fährt vor und lädt ein zur Spritztour. Dowajst schon, was ich meine. Hab natürlich keinen Gepäckträger, bin ja kein Postbote, [russischer Fluch]. Mädchen können auf dem Lenker mitfahren.

Mark Filatov

3 Beschreibe, welche Stereotype Slavik Junge verkörpert. Was ist er für ein Typ?
4 Begründe, ob du Slavik witzig findest oder nicht.
5 In die Figur „Slavik Junge" bringt Mark Filatov auch eigene Erfahrungen ein. Seine Familie kam aus Kirgisistan nach Deutschland, als er fünf Jahre alt war. Versuche zu erklären, warum manche Menschen Witze über ihre eigene soziale Gruppe machen.
6 Nenne Beispiele für andere Comedians, die sich über die Eigenheiten von bestimmte Gruppen lustig machen. Beurteile auch ihren Humor, beispielsweise als wichtig und kritisch, eher derb und grob oder verletzend und diskriminierend.

M3 Braucht Humor Grenzen?

Der Philosoph Michael Schmidt-Salomon findet, beim Humor muss die größtmögliche Freiheit herrschen:

Es gibt nun wirklich keinen Grund sich in irgendeiner Weise für Humor zu entschuldigen! [...] In einer offenen Gesellschaft ist [...] das Recht, beleidigen zu dürfen, sehr viel wichtiger, als das Recht, nicht beleidigt zu werden [...].

Michael Schmidt-Salomon

Auf die Frage, ob Humor immer öfter beleidigend ist, antwortet der Psychologe Renè Proyer:

Nein, Humor wurde schon immer so verwendet. Das Ziel kann auch nicht sein, alles zu verhindern oder gleichzumachen, aber irgendwo gibt es eine Grenze. Wenn Humor bewusst gegen unterdrückte Gruppen gerichtet wird, ist das eine Art Mobbingkultur, und das muss man verhindern.

René Proyer

Haben jüngere Komikerinnen und Komiker ein anderes Verständnis von Humor und seinen Grenzen? Der Comedian und Moderator Aurel Mertz meint ja:

Meine persönliche Grenze ziehe ich dort, wo Minderheiten beleidigt und diskriminiert werden. [...] Ich sehe keinen Mehrwert darin, auf Leuten rumzuhacken, die es sozial oder psychisch schwer haben. Wenn sich eine Person oder eine Gruppe begründet beleidigt fühlt, überschreitet Humor seine Grenze. [...] Eine Pointe kann nicht einfach nur sein, dass jemand schwarz oder eine Frau ist oder eine Behinderung hat.
Ich habe mir als Comedian vorgenommen, nicht nach unten, sondern nach oben zu treten.

Aurel Mertz

7 Wähle das Zitat aus, das deiner eigenen Vorstellung am besten entspricht. Begründe deine Wahl.

8 Untersuche die Frage, ob Humor Grenzen braucht, aus unterschiedlichen Fachrichtungen.
> Kompetenzbox

9 Formuliere deine eigene Meinung zur Frage der Grenzen von Humor und begründe sie.

ANALYSIEREN UND REFLEKTIEREN

So kannst du eine Frage aus verschiedenen Fachrichtungen untersuchen

- Notiere die Frage, die du untersuchst.
- Suche zu dieser Frage Antworten aus den verschiedenen Bereichen von M3.
  Tipp: Du kannst auch M1 und M2 berücksichtigen.
- Notiere dir zu jeder Antwort das Wichtigste in Stichpunkten.
- Fasse in einem kurzen Text zusammen, was du aus den Antworten der unterschiedlichen Fachrichtungen (Psychologie, Comedy, Philosophie sowie Karikatur und Roman) erfahren hast.

M4 Almans und Kartoffeln

Ethnophaulismen (griechisch: ethnos = Volk; phaulos = schlecht) sind Namen, mit denen man sich über Eigenheiten einer Volksgruppe lustig macht. Hier über das, was „typisch deutsch" ist.

Es gibt einen Begriff für eigensinnige und engstirnige weiße Mittelklasse-Deutsche, Frauen wie Männer, der ursprünglich aus dem Türkischen stammt: der Alman. Almans [...] sind überall und sie haben dauernd Bedenken! Almans sind sehr beunruhigt über Leute, die die Regeln nicht befolgen. Du willst bei Rot über die Straße gehen? Es könnte ein Alman daherkommen und dich daran erinnern, dass du „eine schreckliche Person bist, die Kindern ein schlechtes Beispiel gibt!" *nach Jenipher Camino Gonzalez*

10 Nenne weitere „Eigenarten", die als „typisch deutsch" gelten. Begründe, ob du sie berechtigt findest.

11 Auf manchen Schulhöfen werden häufig Ethnophaulismen gebraucht. Schülerinnen oder Schüler meinen dazu meistens, das sei nur Spaß. Beurteile, ob diese Einstellung zu Problemen führen kann.

Zeig, was du kannst!

Das Wichtigste in Kürze

Stereotype und Ängste – Rassismus – Vor- und Nachteile von Vorurteilen – Toleranz und Ablehnung – über sich und andere lachen – Grenzen des Humors

Wie Vorurteile unser Leben beeinflussen

Wir alle haben Vorurteile. Manche schüchtern andere ein oder grenzen sie aus, besonders, wenn sie auf Rassismus beruhen, also auf der Idee, dass es Menschenrassen gibt und bestimmte Rassen weniger wert sind. Eine wissenschaftliche Grundlage hat diese Annahme nicht. Vorurteile sind also oft problematisch und schlicht falsch.

Aber haben Vorurteile auch irgendeinen Nutzen? Sie können helfen, die Informationen, die auf uns einströmen, schnell in grobe „Schubladen“ einzuordnen. Eigentlich können wir neue Menschen und Situationen gar nicht vorurteilsfrei betrachten. Durch unsere kulturelle Herkunft bringen wir Vorurteile mit. Diese zeigen sich an Stereotypen über andere soziale Gruppen. Wichtig ist, dass man sich selbst über diese Denkmuster bewusst ist, sie kritisch prüft und ändert, wenn sie falsch sind. Denn jeder Mensch ist individuell, nicht nur ein Teil einer Gruppe. Andere als gleichberechtigt zu akzeptieren, auch wenn man ihre Meinungen nicht teilt, bedeutet, Toleranz zu üben. Toleranz gegenüber Intoleranten kann aber gefährlich sein.

Kompetenz-Check

M Toleranz-Ideen

1. Toleranz allein [reicht] nicht [aus], um in einer friedlichen Einwanderungsgesellschaft zu leben. „Erdulden“ – nichts anderes heißt Toleranz – reicht nicht, es braucht mehr! *Ali Can, Sozialaktivist*

2. Die Menschen gewinnen mehr dadurch, dass sie einander gestatten, so zu leben, wie es ihnen richtig scheint, als wenn sie jeden zwingen, nach dem Belieben der Übrigen zu leben.
John Stuart Mill, englischer Philosoph (1803–1873)

3. Respekt heißt doch nicht, gleicher Meinung sein zu müssen und sich sympathisch zu finden! Ich kann ablehnen, für was du stehst, und schlecht finden, was du machst oder denkst. Aber ich sehe dich trotzdem als gleichberechtigten Teil der Gesellschaft an und gestehe dir zu, deine Meinung kundzutun. Was dabei herauskommt, nennen wir Toleranz: Toleranz ist Ablehnung, die durch Respekt gebändigt wurde.
Daniela Renger, Sozialpsychologin

ANALYSIEREN UND REFLEKTIEREN

1 Erläutere, welche Vor- und Nachteile Vorurteile haben.

2 Erkläre, wie Stereotype die Leistungen von Menschen beeinträchtigen können.

3 Verfasse mit Hilfe der Zitate und deinem Wissen einen Lexikoneintrag über „Toleranz“.

4 Untersuche die Frage, wie wichtig gegenseitige Toleranz ist, aus unterschiedlichen Fachrichtungen. Formuliere dann eine eigene Antwort.

Werkstatt

Ein Raum für Begegnungen

Einen Begegnungsraum kann man in einem Haus einrichten. Aber auch eine Aktion, bei der Menschen mit ganz unterschiedlichen Erfahrungen zusammenkommen (z. B. Menschen mit und ohne Behinderung, Menschen mit und ohne Fluchterfahrung usw.), kann Raum für Begegnungen schaffen.
Arbeite mit anderen im Team und entwickle konkrete Ideen für ein Begegnungsraum-Projekt. Ziel ist, dass die teilnehmenden Menschen ihr Wissen über andere erweitern und ihre Vorurteile überdenken.
Beispiele für solche Projekte sind: ein Sport- oder Tanz-Workshop, ein interkulturelles Café, eine internationale Fahrradwerkstatt oder eine Fotoausstellung zu Themen wie „Heimat“ oder „Respekt“.

Mit deinem Team gehst du am besten in folgenden Schritten vor:

Projekt definieren

An welche Personengruppen richtet sich das Projekt? Welche Ziele verfolgt es? Welcher Name passt dazu und weckt Interesse?

Leitideen formulieren

Welche Auffassung von Toleranz verfolgt ihr? Welche Auswirkungen von Vorurteilen wollt ihr bekämpfen? Hinweise dazu findest du auf den Seiten dieses Kapitels.

Einen Plan aufstellen

Was kommt auf die „To-do-Liste“? Wie sieht der Zeitplan aus? Wer hat welche Aufgaben? Zum Beispiel:

- Unterstützerinnen und Unterstützer bzw. Sponsoren finden,
- Kontakt zu Vereinen herstellen,
- einen Veranstaltungsort organisieren,
- Werbung machen (Plakate oder Flyer gestalten und verteilen),
- …

Projektskizze präsentieren

Die Projektskizze könnt ihr beispielsweise mit einem Plakat vorstellen. Sie sollte mindestens folgende Informationen enthalten:

- Projektname
- Ziele
- Zielgruppen
- Leitideen und angestrebte Wirkung
- Projektteam und Aufgabenbereiche

Worauf es ankommt

- ☑ Ziele bestimmen
- ☑ Leitideen formulieren
- ☑ einen Plan mit Aufgabenverteilung erstellen
- ☑ Projektskizze vorstellen

Ist das Internet eine Höhle?

Was ist „Fake"?

Haben wir noch die Kontrolle über unsere Smartphones?

Machen soziale Medien glücklich?

Können gute Computerspiele ernst sein?

Wahrheit und Wirklichkeit

> Digitale Welten

WERKSTATT

Ein (analoger) Reiseführer durch die digitale Welt

Stell dir vor, deine Schule macht neuerdings ein Austauschprogramm mit Schülerinnen und Schülern aus einem fernen, abgelegenen Ort. Dort, wo sie herkommen, haben die meisten Menschen weder Smartphones noch Tablets. Sie brauchen so etwas nicht, denn sie haben keinen Anschluss an das Internet. Trotzdem leben die Menschen gerne dort, fern der digitalen Realität. Einige Jugendliche werden für mehrere Wochen bei dir und deinen Mitschülerinnen und Mitschülern zu Gast sein. Natürlich sind sie äußerst neugierig auf das Internet.

Weil man sich in der Welt der Smartphones, Apps, Games und sozialen Medien leicht verirren kann, beschließt du mit deinen Klassenkameradinnen und Klassenkameraden, einen kleinen Reiseführer zu erstellen.

Entwirf diesen Reiseführer für die digitale Welt. Er soll die Wege zu den spannenden Orten im Internet zeigen, aber auch vor Abwegen warnen.

„Always on" – rund um die Uhr im Netz

M1 Smombie-Land

„Smombie" wurde zum Jugendwort des Jahres 2015 gewählt. Es setzt sich zusammen aus „Smartphone" und „Zombie".

1 Beschreibe das Bild.
2 Erkläre den Titel durch passende Beispiele.
3 Hast du dich schon einmal wie im „Smombie-Land" gefühlt? Berichte von deinen Erfahrungen.

M2 Emil

Im September 2018 wurde der siebenjährige Emil aus Hamburg deutschlandweit bekannt. Gemeinsam mit anderen Kindern organisierte er eine Demonstration, um gegen den übermäßigen Gebrauch von Smartphones durch seine Eltern zu protestieren: „Spielt mit MIR! Nicht mit Euren Handys", war auf den Pappschildern zu lesen, die Kinder auf der Demo hochhielten. Emils Vater Martin (37) hatte seinen Sohn bei der Organisation unterstützt, war aber wohl auch ein wenig peinlich berührt. Immerhin war er der Auslöser für den Unmut seines Sohnes: Zu oft wollte Emil mit seinem Papa spielen, „der hat aber nur auf sein Handy geguckt".

Petra Grimm/Tobias O. Keber/Oliver Zöllner

4 Gib wieder, wogegen sich Emils Demonstration richtete.
5 Versuche nachzuvollziehen, warum Emil die Protestaktion durchgeführt hat. Beurteile anschließend sein Verhalten. > Kompetenzbox
6 Begründe deine Meinung: Was hältst du von einem Handy-Verbot auf dem Pausenhof?

WAHRNEHMEN UND DEUTEN

So kannst du das Verhalten anderer nachvollziehen und bewerten
- Beschreibe mögliche Situationen, in denen es Emil besonders gestört haben könnte, wie sein Vater mit dem Handy umgeht.
- Finde Gründe, warum Emil mit dem Verhalten seines Vaters unglücklich ist.
- Nenne weitere Gründe, warum es jemanden stören könnte, wie andere mit dem Handy umgehen.
- Beurteile, wie du Emils Aktion findest.

M3 Das Internet fordert auf

Jede Technologie hat einen Aufforderungscharakter, [wodurch sie] uns Anweisungen gibt, wie wir uns verhalten sollen, wie wir sie einsetzen sollen: Vor dem Fernseher sitzt man, Autos haben möglichst schnell zu sein, E-Mails sind sofort zu beantworten usw. Die Technologie des Internets lässt es als normal erscheinen, alle möglichen Details von sich preiszugeben und seine Meinungen im Netz zu posten. Wir haben zunehmend die Vorstellung, verfügbar sein zu müssen, am besten ‚24/7', also rund um die Uhr, sieben Tage die Woche. Wir empfinden diesen zwanglosen Zwang nicht als Persönlichkeitsstörung, als die man diese Neigung noch vor kaum 20 Jahren oftmals [beurteilt] hätte.

Oliver Zöllner

7 Erläutere mit Hilfe des Textes, zu welchem Verhalten die Technologie des Internets „auffordert".

8 Finde eigene Beispiele für Technologien, die zu einem bestimmten Verhalten „auffordern". Beispiel: *Ein Festnetztelefon mit Kabel fordert dazu auf, zu Hause zu bleiben und sich beim Gespräch in einem bestimmten Raum aufzuhalten.*

9 Die Art und Weise, wie die meisten Menschen heute mit dem Internet umgehen, beschreibt der Autor als „zwanglosen Zwang". Erkläre, was er damit meint.

10 Der Autor meint, manche Leute hätten es vor 20 Jahren „als Persönlichkeitsstörung" beurteilt, wie wir heute mit dem Internet umgehen. Finde Gründe dafür.

M4 Ein Museum der Unfälle

Der französische Philosoph und Architekt Paul Virilio (1932–2018) wollte ein Museum der Technik-Unfälle eröffnen. Er war der Meinung, jede technische Erfindung habe ihre ganz typischen Unfälle. Zum Flugzeug gehöre beispielsweise der Absturz, zum Atomkraftwerk der Reaktorunfall usw. Virilio fand, solche Unfälle bzw. ihre Ergebnisse und Folgen sollte man in einem eigenen Museum zeigen. Auch die sogenannten „neuen Medien" haben typische Unfälle, die man in einem solchen Museum ausstellen könnte. Zu den „neuen Medien" gehören Geräte wie Computer oder Smartphones, aber auch Internetdienste wie Suchmaschinen oder soziale Medien.

11 Wähle aus den genannten „neuen Medien" ein Beispiel aus und beschreibe mögliche Unfälle, die sie verursachen könnten. Erläutere auch, in welcher Form du diese Unfälle in Virilios Museum ausstellen würdest.

12 Finde Gründe, warum es wichtig sein könnte, Unfälle mit „neuen Medien" in der Öffentlichkeit zu zeigen – zum Beispiel in einem Museum.

Fälschern auf der Spur

M1 Falsche Bärte

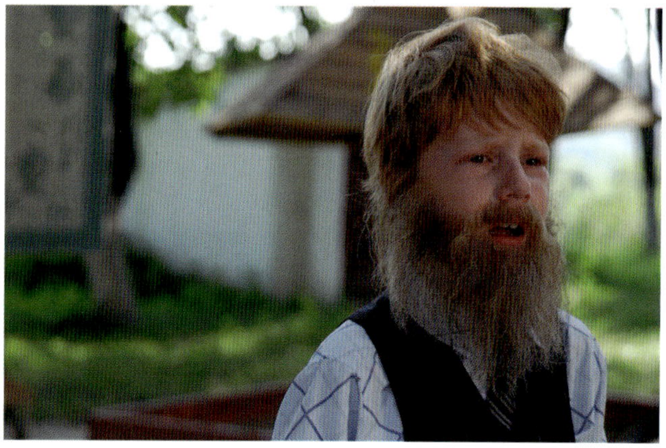

1 Der Bart ist falsch. Begründe, warum.
2 Sammle Beispiele für Fälschungen aus anderen Bereichen (z. B. Markenkleidung, Kunst). Was kann man alles fälschen?
3 Prüfe, ob es Merkmale von falschen Bärten gibt, die auch für andere Fälschungen gelten.

M2 Falsche Bilder

Das Bild zeigt die Klima-Aktivistin Greta Thunberg bei einer Demonstration im September 2019 in Montreal, Kanada.

4 Formuliere eine Bildaussage zum Foto.
> Kompetenzbox
5 Mache Vorschläge, wie man (z. B. mit Hilfe einer geeigneten App) das Foto so fälschen bzw. manipulieren könnte, dass es eine völlig andere Aussage bekommt.
6 Erläutere, woran man Fälschungen im Internet erkennen kann.

WAHRNEHMEN UND DEUTEN

So kannst du eine Bildaussage formulieren

- Beschreibe, was dir auf den ersten Blick auffällt.
- Beschreibe, was du siehst (die Menschen und was sie tun, die Gegenstände usw.). Berücksichtige dabei auch die Bildinformationen.
- Beschreibe, wie das Bild gestaltet ist (z. B.: Was steht im Mittelpunkt? Wo ist Licht, wo Schatten? Von welchem Standort ist das Bild aufgenommen?).
- Ziehe eine Schlussfolgerung aus deinen Beobachtungen. Gib dazu den Inhalt des Bildes in einem Satz wieder.

M3 Echtheitsfragen

„Wale können blitzschnell rückwärts schwimmen", „Elvis lebt". Das sind offenkundige Fake News [also gefälschte Nachrichten]. Wie aber findest du heraus, welche Fakes dir sonst noch als Wahrheit aufgetischt werden? Orientiere dich am besten an folgenden Fragen:

Woher stammt die Information? Seriöse Journalisten geben ihre Quellen an. Fehlt bei einer Nachricht eine Quellenangabe, sollte man von vornherein misstrauisch sein. […]

Wer ist der Verfasser? Gibt er seinen Namen und seine Adresse an, zum Beispiel im Impressum? Oder versteckt sich der Autor hinter einem Pseudonym, also einem Kunstnamen? Wer sich nicht zu erkennen gibt, dem sollte man nicht trauen. […]

Wer, was, wann, wo, wie, warum? Sind die wesentlichen Fragen zu dem Geschehen geklärt? Wenn nicht, legt der Verfasser offenbar keinen Wert darauf, die Hintergründe seiner Nachricht zu ermitteln, oder verschleiert sie absichtlich.

Wer berichtet noch davon? Prüfe, ob auch in anderen Medien und auf anderen Internetseiten von dem Geschehen berichtet wird. Sollte an der Nachricht etwas dran sein, wird nicht nur einer darüber schreiben. […]

Wie wird berichtet? Neigt der Verfasser zu Übertreibungen und reißerischen Darstellungen? […] Dann will der Autor womöglich nur die Aufmerksamkeit der Leser gewinnen und legt auf den Wahrheitsgehalt seiner Aussagen wenig wert.

Und wie sachlich berichtet der Verfasser? Journalisten versuchen in der Regel, eine Nachricht möglichst neutral zu vermitteln. Sie vermeiden es also, ihre persönliche Meinung kundzutun – oder wenn sie ihre Meinung sagen, dann kennzeichnen sie dies als Kommentar.

Woher stammt das Bildmaterial? Viele Fakes sind ganz simpel: Ein Bild einfach in einen falschen Zusammenhang gestellt und schon hat man den Skandal. Mit der [Bildersuche-Funktion einer Suchmaschine] kann man derartige Fakes relativ leicht enttarnen, indem man die ursprüngliche Quelle und den ursprünglichen Zusammenhang der Fotografie heraussucht.

Manfred Theisen

7 Sammle aus dem Text Kennzeichen für Fake News oder Fake-Bilder.

8 Finde Merkmale, die Fake News mit anderen Fälschungen (z. B. Produktfälschungen, Kunstfälschungen, Falschgeld) gemeinsam haben.

9 Begründe, warum Fake News gefährlich werden können.

M4 Alien-Invasion!?

Es ist der Abend vor Halloween 1938. Im US-Radiosender CBS läuft das Hörspiel „Krieg der Welten" über eine Alien-Invasion. Ein Reporter, der scheinbar vor Ort ist, berichtet von unheimlichen dreibeinigen Kampfmaschinen, die sich auf eine Stadt in seiner Nähe zubewegen. Einige Hörer geraten in Angst und Schrecken.

10 Recherchiere weitere Informationen zu dem Fall. Entscheide dann, ob die Radiogeschichte eine Lüge war.

11 Wähle aus M3 Fragen aus, die helfen können, wenn man unsicher ist, ob eine Radioreportage erfunden ist oder echt.

12 Erfinde selbst eine Radiogeschichte, die man für echt halten könnte.

Höhlen und Filterblasen

M1 Ohne Titel

Bettina Kumpe

1 Beschreibe das Bild.
2 Erkläre, was das Bild mit deinem Kommunikationsverhalten zu tun haben könnte.
3 Finde einen passenden Titel.

M2 Filterblasen

Wenn man nur mit der eigenen Meinung konfrontiert wird, nie die Gegenseite dargestellt bekommt, immer nur bestätigt wird und die kontroverse Diskussion eines Themas verpasst, lebt man in einer Meinungsblase. Dies kann passieren, wenn man ausschließlich in Freundesgruppen mit ähnlichen Interessen verkehrt und beispielsweise immer die gleiche Informationsquelle heranzieht.
Online kann es zu demselben Phänomen kommen, wenn Informationen bei Suchmaschinen oder Feeds [also in den angezeigten Listen mit Nachrichten, Bildern usw.] der sozialen Netzwerke gefiltert werden. Diese Blase nennt sich Filterblase.

Landesmedienzentrum Baden-Württemberg

4 Erkläre, wie sogenannte Meinungs- und Filterblasen zusammenhängen.
5 Beschreibe, welche Probleme sich im Umgang mit anderen ergeben können, wenn du dich ständig in einer Filterblase bewegst. > Kompetenzbox
6 Formuliere Lösungsansätze: Was könntest du gegen die Probleme tun, die du in Aufgabe 5 beschrieben hast?

WAHRNEHMEN UND DEUTEN

So kannst du mögliche Folgen deiner Handlung einschätzen

- Beschreibe eine Social-Media-Plattform und die Inhalte, die dir dort begegnen.
- Stell dir vor, du verbringst sehr viel Zeit auf dieser Plattform.
- Beschreibe, wie du dich verhalten würdest, wenn du jemanden kennenlernst, der ganz andere Informationsquellen als du benutzt und sich mit ganz anderen Themen und Inhalten beschäftigt.
- Nenne Probleme, die sich im Umgang mit diesem Menschen ergeben können.

M3 Platons Kino

[Kennst du] das? [Du sitzst] mit vielen anderen in einem großen dunklen Raum und [blickst] ganz gefesselt auf die bewegten Bilder vor [dir] auf der Leinwand. Die Bilder sind nur eine Nachahmung der Wirklichkeit, erzeugt von einem Projektor hinter ihnen. Das klingt nach Dolby Surround und riecht nach Popcorn, ist aber das *Höhlengleichnis* [des griechischen Philosophen] Platon, der mehr als zwei Jahrtausende vor den Brüdern Lumiere das Kino erfunden hat. Allerdings hatte Platon mit seinem Gleichnis etwas ganz anderes im Sinn. Er benutzte es, um seine Theorie der Ideen zu veranschaulichen: Wir Menschen seien wie in einer Höhle gefangen und sähen nur die Schatten der echten Dinge, die hinter uns an einer Lichtquelle vorbeigetragen würden. Die Schatten verhielten sich zu den Dingen wie die Dinge zu den Ideen, also den abstrakten Urbildern der Dinge. Einige Philosophen könnten sich zwar von ihren Fesseln

losreißen und in die Sonne schauen, aber sobald sie bei ihrer Rückkehr von ihren Erlebnissen erzählten, würden die anderen Höhlenmenschen sie verlachen. Aufgabe der Philosophen sei es, die Ideen zu schauen, während die übrigen Menschen blind durch den Alltag taumeln.

Philipp Hübl

7 Erläutere Platons Höhlengleichnis mit Hilfe des Bildes.

8 Vergleiche Platons Höhlenmenschen mit Menschen in einer Filterblase (M2). Achte besonders darauf, was sie jeweils sehen und was sie zu sehen glauben. Finde Ähnlichkeiten und Unterschiede.

9 Stell dir vor, jemand will dich aus deiner Filterblase (die du als solche vielleicht gar nicht bemerkst) „befreien". Beschreibe, was er dafür tun müsste und wie du reagieren würdest.

M4 Zauberei

Philosophische Fragen beginnen häufig damit, dass man sich über etwas wundert, z. B. darüber, was wirklich ist und was nur so erscheint. Manchmal, meint Alberto Knox – eine der Hauptfiguren aus dem Roman „Sofies Welt" – sei das so, …

… als wenn wir bei einem Zaubertrick zusehen: Wir können nicht begreifen, wie das, was wir sehen, möglich ist. Und dann fragen wir danach: Wie konnte der Zauberkünstler zwei weiße Seidenschals in ein lebendiges Kaninchen verwandeln? Vielen Menschen kommt die Welt genauso unfassbar vor wie das Kaninchen, das ein Zauberkünstler plötzlich aus einem eben noch leeren Zylinderhut zieht.

Jostein Gaarder

10 Vergleiche die Zuschauer bei einem Zaubertrick mit den Gefangenen in Platons Höhle (M3). Welche Gemeinsamkeiten und Unterschiede gibt es?

11 Wer sich aus Platons Höhle (M3) befreien kann, kann plötzlich Dinge verstehen, die ihm vorher wie Zauberei erschienen sind. Stell dir vor, du hättest ganz plötzlich lesen gelernt. Nenne Dinge, die dir vorher wie Zauberei erschienen sind und die du jetzt verstehen kannst.

Do you „like" me?

M1 Digitales Profil

1 Beschreibe, was die Personen im Bild tun.
2 Finde eine Erklärung für das Verhalten der Personen.
3 Unter einem „Profil" versteht man ursprünglich die Seitenansicht eines Kopfes oder Körpers. Erkläre den Zusammenhang mit einem Social-Media-Profil.

M2 Digitales Ich

Es ist kaum noch möglich, sich nicht im Internet wiederzufinden: Selbst ohne eigene Social-Media-Profile wird nahezu jeder Mensch einmal in sozialen Netzwerken erwähnt oder bei Foto- und Videoplattformen abgebildet. Deshalb gestalten viele Menschen ihr digitales Ich selbst, um sich Familie, Freunden, Fremden, Arbeitskollegen und Geschäftsleuten zu präsentieren. Das Herz des digitalen Ichs sind Social-Media-Profile […]: Name, Foto, Wohnort, Arbeitsstelle, Interessen und mehr sollen eingetragen werden. Trotzdem werden die [Standard-]Formulare als eine Aufwertung der eigenen Individualität wahrgenommen […]. Um sich abzuheben, werden die Profile möglichst individuell gestaltet. Dazu kommen die Kontakte als Fans, Freunde oder Follower, um einerseits die eigene Beliebtheit zu belegen und andererseits ein großes persönliches Publikum zu schaffen.

Christina Quast

4 Arbeite heraus, was im Text als „digitales Ich" bezeichnet wird.
5 Erläutere die Aussage, dass viele Menschen ihr Nutzer-Profil als eine „Aufwertung der eigenen Individualität" wahrnehmen. Was ist damit gemeint?
6 Versuche nachzuvollziehen, warum viele Menschen ihre Nutzer-Profile mit großem Aufwand gestalten. Beurteile anschließend dieses Verhalten.
> Kompetenzbox

WAHRNEHMEN UND DEUTEN

So kannst du das Verhalten anderer nachvollziehen und bewerten

- Beschreibe Situationen, in denen Menschen in ihrem Nutzer-Profil so aufregende Bilder posten wie in M1.
- Finde Gründe, warum diesen Menschen das so wichtig ist.
- Beschreibe Situationen, in denen es dir selbst wichtig war, über soziale Medien Bilder und Gedanken mit andern zu teilen. Begründe auch, warum.
- Beurteile, wie du es findest, dass viele Menschen ihr Nutzer-Profil mit viel Zeit und Mühe gestalten oder sogar Gefahren auf sich nehmen.

M3 Digitales Glück

Zur Frage, ob soziale Medien dabei helfen können, ein gutes und glückliches Leben zu führen, gibt es unterschiedliche Meinungen:

Viele Menschen finden es schön, ihr Leben mit Millionen anderer Menschen zu teilen. [...] Wir tragen dank Smartphone [und den beliebten Social-Media-Apps] die Welt in unseren Taschen mit uns herum. Das ist bequem. Das vernetzt uns mit Mitmenschen, von denen manche ja auch weiter weg wohnen. Das macht uns unabhängig von Ort und Zeit. Das macht auch oft Spaß. Social Media sind angetreten, unser Leben zu verbessern: leichter zu machen, schöner zu machen, bequemer zu machen. Um uns zu vernetzen, immer und überall. Das ist ihr Versprechen [...].

Oliver Zöllner

Drei Verhaltensweisen, die das gute Leben eher nicht befördern, lassen sich [...] ausmachen:

1. Macht man sich von Zahlen und Likes abhängig, kann das Selbstwertgefühl darunter leiden. Denn man gibt damit ein Stück Selbstbestimmung darüber auf, was einen als Individuum wertvoll macht.
2. Sich mit anderen in sozialen Medien ständig zu vergleichen, bringt mit sich, dass das eigene Wohlbefinden nicht erhöht wird.
3. Sich nur auf die eigene Selbstoptimierung [d. h. auf die Verbesserung der eigenen Person] und das eigene Glück zu konzentrieren, vernachlässigt die Sorge um die anderen in der Gemeinschaft [...].

Petra Grimm/Nadine Hammele

7 Gib die Vor- und Nachteile sozialer Medien aus beiden Texten wieder.

8 Beurteile die beiden Positionen. Welche überzeugt dich mehr, wenn es darum geht, glücklicher zu sein?

9 Finde eigene Argumente dafür oder dagegen, dass soziale Medien das Leben glücklicher machen.

M4 Digitales Fasten

Ich bin dann mal  ffline.

10 Begründe, warum du diese Aussage eines Freundes liken bzw. nicht liken würdest.

11 Recherchiere erst und erkläre dann, was digitales Fasten ist, wozu es gut ist und wie es am besten klappt.

12 Freiwillig längere Zeit offline zu sein, wird manchmal auch als „digitale Entgiftung" (englisch „digital detox") bezeichnet. Erkläre, welches Gift hier gemeint sein könnte.

Serious Games

M1 Spaß oder Ernst?

1 Stelle Vermutungen an, welche Art von Spiel die Jugendlichen im Bild spielen.

2 Beantworte die Titel-Frage. Denke dabei an das Bild.

3 Nenne Spiele, die auch „ernste" Absichten verfolgen.

M2 Der Serious Games Preis

Unter Serious Games versteht man digitale Spiele, die nicht primär [in erster Linie] der Unterhaltung dienen. Auszeichnungswürdig sind digitale Spiele, die ein konkret definiertes charakterisierendes Ziel haben, zum Beispiel einen Lerneffekt, eine Verhaltungsänderung, einen Gesundheitseffekt oder spielerische Aufmerksamkeit für gesellschaftlich relevante Themen wie Religion, Sicherheit oder Energie. [...] Die Kategorie „Bestes Serious Game" ist dotiert mit 40 000 Euro.

www.deutscher-computerspielpreis.de

4 Erkläre mit Hilfe des Textes den Unterschied zwischen Serious Games und Fun Games (Unterhaltungsspielen).

5 Entwirf (gemeinsam mit anderen) eine Spielidee. Wie müsste ein Spiel aussehen, das den Namen „Serious Game" (und vielleicht sogar den Preis) verdient?

6 Beschreibe, welche Auswirkungen es haben könnte, wenn du sehr häufig ein Serious Game spielst. > Kompetenzbox

7 Erkläre, warum Computerspiele oft kritisiert werden, u. a. auch als ungesund.

WAHRNEHMEN UND DEUTEN

So kannst du mögliche Folgen deiner Handlung einschätzen

- Beschreibe ein mögliches Serious Game und das Ziel des Spiels.
- Stell dir vor, du verbringst viel Zeit mit diesem Spiel.
- Beschreibe, wie das häufige Spielen dieses Spiels dein Verhalten beeinflusst.
- Nenne Vor- und Nachteile, die das Spiel für dich und andere haben kann.

M3 Gesunde Games?

In der Medizin werden Serious Games sogar zur Behandlung verschiedener Krankheiten genutzt.

Serious Games werden vor allem bei Kindern und Jugendlichen in der [...] Behandlung von Angststörungen und Depression sowie im Bereich der Verhaltensmedizin bei verschiedenen chronischen Erkrankungen [zum Beispiel bei starkem Übergewicht oder bei Diabetes, also Zuckerkrankheit] eingesetzt. [...] Ob Serious Games den Heilungsprozess beschleunigen können und damit Therapiedauer und -kosten reduzieren können, müssen [weitere Studien] zeigen. Belegt zu sein scheint jedoch, dass Serious Games die Behandlungsmotivation insbesondere bei Kindern und Jugendlichen erhöhen. [...] Bei Diabetes im Kindesalter besteht die besondere Herausforderung in der Kontrolle der Blutzuckerwerte. [...] Ein [...] Spiel, das bei jungen Diabetikern eingesetzt wird, ist Packy & Marlon, ein Abenteuerspiel für Kinder und Jugendliche, das zur Verbesserung der Selbstkontrolle bei Diabetes beitragen soll. Der Spieler muss den Charakter – der auch an Diabetes erkrankt ist – mit Insulin versorgen, die [Blutzuckerwerte] regelmäßig testen, für eine ausgewogene Nahrungsaufnahme sorgen sowie mit auftretenden diabetischen Notfällen umgehen.

Christiane Eichenberg/Sarah Marx

8 Erläutere mit Hilfe des Textes, welche Vorteile eine medizinische Behandlung durch Computerspiele bei Kindern und Jugendlichen hat.

9 Erkläre, warum das Spiel „Packy & Marlon" Kindern mit Diabetes helfen kann.

10 Wähle eine der im Text genannten Krankheiten (oder eine andere) aus. Entwickle anschließend Ideen, wie ein Computerspiel bei der Behandlung helfen könnte.

M4 Spielend lernen?

Spiele sollen auch eine Steigerung der Motivation in der Schule oder im Berufsleben erreichen. „Gamification" nennt man diesen Versuch, Lernen, Arbeit oder Gesundheit zum Spiel zu machen. Dieser Idee widerspricht der niederländische Kulturwissenschaftler Johan Huizinga (1872 – 1945). Er definiert Spielen so:

Spiel ist eine freiwillige Handlung oder Beschäftigung, die innerhalb gewisser festgesetzter Grenzen von Zeit und Raum nach freiwillig angenommenen, aber unbedingt bindenden Regeln verrichtet wird, ihr Ziel in sich selber hat und begleitet wird von einem Gefühl der Spannung und Freude und einem Bewusstsein des ‚Andersseins' als das ‚gewöhnliche Leben'.

Johan Huizinga

11 Veranschauliche die wichtigsten Punkte von Huizingas Definition an Beispielen für Spiele. Inwiefern erfüllen die von dir genannten Spiele die Definition?

12 Nimm in einem kleinen Text Stellung zu der Frage, ob Serious Games überhaupt Spiele sind. Gehe dabei auf Huizingas Definition ein.

13 Huizinga ist außerdem bekannt für den Satz: „Befohlenes Spiel ist kein Spiel mehr". Bedeutet das, dass Lernspiele in der Schule eigentlich gar keine Spiele sind? Begründe deine Antwort.

Zeig, was du kannst!

Das Wichtigste in Kürze

Smombie – Aufforderungen des Internets – 24/7 – Fake – Echtheitsfragen – Filterblasen – Platons Höhle – digitales Ich – digitales Glück – Serious Games – Spiel

Zusammenleben in der digitalen Welt

Computer und Smartphones schaffen ungeheuer viele Möglichkeiten, sich zu informieren, sich abzulenken und mit anderen in Kontakt zu treten. Daraus ergeben sich neue Freiheiten, aber auch Konflikte. Freundinnen und Freunde oder Familienangehörige fühlen sich manchmal nicht mehr genügend beachtet. Zahlreiche Bilder, Videos und Nachrichten im Internet sind *Fakes*. Echtheit kann man oft durch einfache Fragen überprüfen, beispielsweise: Woher stammt die Information? Berichten auch andere bekannte und seriöse Medien darüber? Wenn Nachrichten, Bilder und Videos in den sozialen Netzwerken so zusammengestellt bzw. gefiltert werden, dass sie die eigenen Meinungen ständig bestätigen, spricht man davon, dass man sich in einer Filterblase bewegt. Im berühmten Höhlengleichnis von Platon geht es um etwas Ähnliches. Die Höhlenbewohner sehen nur, was sie schon kennen, und stellen keine kritischen Fragen. Was sie sehen, halten sie für die ganze Wirklichkeit. Viele Menschen finden es eine Lebensbereicherung, ihre Erlebnisse, Gedanken und Gefühle mit möglichst vielen anderen über Social Media zu teilen. Dies kann belastend werden, wenn das Selbstwertgefühl von den Likes anderer abhängig wird. „Serious Games" werden unter anderem dafür entwickelt, die Gesundheit zu verbessern. Ob so etwas jedoch im Ernst noch „Spiel" genannt werden kann, ist fraglich.

Kompetenz-Check

M Clans und Gilden

Seit man über das Internet spielen kann, haben sich sogenannte Clans formiert. Clans funktionieren […] wie Vereine, sie können aber auch ganz zwanglos zwischen Freunden entstehen, die sich einander zugehörig fühlen, wenn sie in Gruppen gegen andere antreten wollen. […] In [Online Rollenspielen] spricht man nicht von Clans, sondern von Gilden. Dort werden gemeinsam erarbeitete Fortschritte gespeichert, Schätze gelagert, Kräfte gebündelt und selbstgesteckte Ziele verfolgt. […] Videospieler laufen also nicht immer Gefahr, sich zu isolieren […]. Denn online kann jeder Freunde und Verbände finden, innerhalb von Clans und Gilden Funktionen und Ämter übernehmen und verschiedene soziale und politische Strukturen kennen lernen. *Matteo Riatti*

WAHRNEHMEN UND DEUTEN

1 Gib wieder, warum Online-Games als soziale Medien bezeichnet werden.
2 Erkläre, wie ein Online-Game eine Filterblase erzeugen kann.
3 Nenne Gemeinsamkeiten zwischen einem Menschen in einer Filterblase und einem Gefangenen in Platons Höhle.
4 Erläutere, welche Folgen sich ergeben können, wenn du sehr viel Zeit mit einem bestimmten Online-Game verbringst.
5 Versuche nachzuvollziehen, warum manche Leute sich lieber in Online-Clans und Gilden mit anderen treffen als von Angesicht zu Angesicht. Beurteile anschließend dieses Verhalten.

Werkstatt

Ein (analoger) Reiseführer durch die digitale Welt

Ein Reiseführer soll Reiselust wecken, über sehenswerte Orte informieren und helfen, sich in einer fremden Region zu orientieren. Er enthält meistens eine genaue Landkarte. Darüber hinaus gibt er Hinweise über Sehenswürdigkeiten und mögliche Freizeitaktivitäten, aber auch zu No-Go-Areas, also zu Orten, von denen man sich besser fernhält. Außerdem findest du im Reiseführer häufig Erklärungen zu Dos and Don'ts, das heißt zu Dingen, die man an einem bestimmten Ort tun sollte, und solchen, die man besser sein lässt. In analoger Form (also nicht als App oder Internetseite) haben Reiseführer meistens die Gestalt eines kleinen Buches oder einer Broschüre. Um so einen Reiseführer für die digitale Welt zu gestalten, gehst du am besten so vor:

- Du stellst ein kompetentes Team zusammen.
- Zusammen mit deinem Team verschaffst du dir einen Überblick, durch welche Gegenden der digitalen Welt die Reisenden geführt werden sollen. Beispiele sind: *Der Wald der Smartphones, das Social Media-Gebirge, das Tal der Computerspiele, das Meer des digitalen Wissens …*
- Infos zu all diesen „Orten" findest du auch auf den Seiten dieses Kapitels.
- Für jede Gegend nennst du Sehenswürdigkeiten (z. B. interessante Social-Media-Plattformen oder spannende Online-Spiele) und empfehlenswerte Aktivitäten (z. B. mit dem Smartphone Videos oder Podcasts machen).
- Du gibst Hinweise zu Dos und Don'ts (z. B. für eine Social-Media-Plattform).
- In der Karte trägst du auch Orte ein, vor denen man sich in Acht nehmen sollte (No-Go-Areas).
- Mit deinem Team stellst du alles am besten in einem faltbaren Flyer mit Titelblatt und Landkarte zusammen.

Tipps:
In die Karte und den Reiseführer solltest du Bilder oder Symbole einzeichnen oder einkleben, damit man sich die beschriebenen Orte besser vorstellen kann. Du kannst in die Karte auch Reiserouten bzw. Wege einzeichnen.

Worauf es ankommt

- ☑ mindestens drei Orte der digitalen Welt vorstellen
- ☑ eine übersichtliche Karte zeichnen
- ☑ Sehenswürdigkeiten, Dos und Don'ts beschreiben
- ☑ wenigstens eine No-Go-Area nennen
- ☑ Bilder und Symbole verwenden

Methodenübersicht

Toolbox

Begriffsbestimmung

Durch die Bestimmung von Begriffen kannst du die Bedeutung eines Begriffes besser verstehen, und diesen von anderen Begriffen unterscheiden.

- **Definition:** Schreibe den Begriff auf. Suche zuerst den Oberbegriff. Der Oberbegriff bezeichnet die allgemeine Art von Dingen, zu denen der Begriff gehört (z.B.: *Hund > Haustier*). Schreibe dann die besonderen Merkmale auf, die erklären, was es mit der Sache auf sich hat. Beispiel: *Hund = ein Haustier, das bellen kann.*
- **Verbindungen zu anderen Begriffen:** Schreibe alle anderen Begriffe auf, die dir zu dem zu bestimmenden Begriff einfallen.
- **Gegenbegriffe:** Grenze die Bedeutung des Begriffs durch Gegenbegriffe ab. Wenn dir zum eigentlichen Begriff keine einfallen, könntest du Gegenbegriffe zu den Merkmalen oder Eigenschaften entwickeln, welche du notiert hast. Beispiele: *zahm – wild, schön – hässlich.*
- **Beispiele:** Finde Beispiele. Beispiele für Hunde wären: *Schäferhund, Golden Retriever, Dackel, Mops.*

> Beispiele: S. 119 A9 – S. 149 A7/A8

Mindmap

Mit einer Mindmap kannst du – wie mit einer Landkarte – ein Themengebiet besser erschließen und Zusammenhänge verstehen oder bildlich darstellen.

- Schreibe das Thema in die Mitte (z. B. das Hauptthema des Textes) und kreise es ein.
- Notiere um diesen Begriff weitere zugehörige Begriffe (Oberbegriff, Fragen zum Thema, Einsatzzweck usw.), die dir in den Sinn kommen. Verbinde diese mit dem Hauptthema durch starke Linien.
- Unter diese zusätzlichen Begriffe schreibst du weitere Stichwörter, die du über dünnere Linien wie kleine Äste verbindest.
- Auch zu den Stichwörtern kannst du weitere Wörter, Fragen oder Sätze notieren. Mit weiteren Linien verdeutlichst du, zu welchen Teilen der Mindmap diese in Verbindung stehen.
- Die so entstehenden Verästelungen deuten Ebenen verschiedener Verbindungen und Zusammenhänge des Themas an. Diese kannst du durch verschiedene Farben und Zeichen für dich markieren und hervorheben.

> Beispiele: S. 84 A6 – S. 91 A7 – S. 104 A3

Dilemma-Diskussion

Mit Hilfe von Dilemma-Diskussionen kannst du darin besser werden, schwierige Situationen zu erkennen und zu meistern. Bei einem Dilemma geht es darum, eine Entscheidung in einer besonders schwierigen Situation zu treffen. Das besondere Problem besteht darin, dass es keine eindeutig gute Entscheidung gibt: Jede Entscheidung hat auch Nachteile, die du vermeiden willst. Aber sich nicht zu entscheiden, geht auch nicht! Wenn du in einem Dilemma nichts tust, wird es meistens sogar schlimmer.

- **Dilemma erkennen:** Ein Dilemma liegt vor, wenn du nur wenige Entscheidungsmöglichkeiten hast und bei jeder Entscheidung etwas geschieht, das du vermeiden willst. Oft hast du für deine Entscheidung nur wenig Zeit.

- **Möglichkeiten unterscheiden und die Zusammenhänge erkennen:** Jetzt musst du dir jede Möglichkeit der Entscheidung genau anschauen. Was erwarten andere von dir? Wie wichtig ist das, was sie gerne hätten? Was würdest du erwarten? Was sind die Folgen, wenn du diese Erwartung nicht erfüllst? Welche Folgen kannst du akzeptieren, welche nicht? Beantworte diese Fragen, damit du eine Grundlage für eine Entscheidung hast.
- **Eine Entscheidung treffen:** Nachdem du die Alternativen gesammelt hast, musst du dich entscheiden. Wenn du auf diese Weise eine Entscheidung triffst, dann kannst du sie auch anderen erklären. Du kannst sagen, dass dir die Folgen (auch solche, die du nicht willst) deiner Entscheidung klar sind und kannst begründen, weshalb du dennoch diese Entscheidung getroffen hast.

> Beispiele: S. 13 A8 – S. 76 A5 – S. 196 A7

Gedankenexperiment

Gedankenexperimente sind „Was wäre wenn-Situationen". Damit können neue Fragen gestellt, Folgen durchgespielt, Folgerungen geklärt werden usw. Dazu braucht es eure Bereitschaft, eure Fantasie und euren Verstand mal etwas anders einzusetzen. Wichtig ist hierbei nur, dass ihr einen einmal eingeschlagenen Weg auch gedanklich bis zum möglichen Ende geht, um zu sehen, was dabei herauskommen kann.

Ausgangspunkt ist immer eine Frage, die man erst einmal erfinden muss:

- **Umkehren:** Die Welt sieht ganz anders aus, wenn Dinge einmal „anders herum" laufen oder das, was normalerweise da ist, fehlt. Was wäre, wenn z. B. Kinder die Eltern erziehen würden oder wenn es keinen Strom gäbe …? Überlege dir, wie das Leben dann aussehen würde.
- **Verwandeln:** Du kannst die Welt auch aus der Sicht von jemand anderem oder etwas anderem (z. B. einem Tier, einer Pflanze oder einem Ding wie einem Turnschuh) sehen.
- **„Herumspinnen":** Denk dir etwas aus, das es so noch nicht gibt. Z. B.: Was wäre, wenn du dich mit einem Fingerschnipsen an jeden beliebigen Ort in der Welt begeben könntest?

Die Vorstellung von einer anderen Welt kannst du auf vielfältige Weise darstellen: durch einen Text, in einem mündlichen Vortrag, einer Bildergeschichte, einem Bild, einem Plakat, einer Collage usw.

> Beispiele: S. 53 A9 – S. 122 A5 –
S. 167 A9 – S. 204 A2

Pro- und Contra-Diskussion

Bei einer solchen Diskussion könnt ihr auf faire Weise unterschiedliche Standpunkte zu einem Thema austauschen. Du kannst dabei durch gute Argumente andere von deinen Ansichten überzeugen oder selbst von ihnen Anregungen zum Nachdenken erhalten.

- **Formulieren:** Schreibe einen Satz auf, in dem du zu einem vorgegeben Thema deine Meinung formulierst. Beispiel: *Jede Familie braucht ein Haustier.*
- **Begründen:** Ergänze den Satz mit einer Begründung, indem du ihn mit „weil …" fortsetzt. Beispiel: *Jede Familie braucht ein Haustier, weil man sonst den Umgang mit Tieren nicht lernt.*
- **Ergänzen:** Überlege in der Gruppe, ob es weitere Gründe gibt, die du anführen kannst. Formuliere passende Sätze mit „weil".
- **Gegenargumente:** Überlege, ob es nicht gute Gegenargumente gibt. Bereite auf solche Argumente gute Antworten vor. Beispiel: *Auf dieses Argument lässt sich erwidern, dass …*

> Beispiele: S. 13 A6/A7 – S. 134/135 A3/A8

Kooperatives Lernen

Think-Pair-Share

Bei der Methode Think-Pair-Share (übersetzt: „denken – austauschen – teilen") kannst du zusammen mit einem Partner oder einer Partnerin arbeitsteilig eine Aufgabe lösen.

- **Think:** Löse die dir gestellte Teilaufgabe erst einmal alleine. Halte die vorgegebene Zeit ein.
- **Pair:** Nun tausche zusammen mit deinem Partner oder deiner Partnerin die Ergebnisse aus. Stellt euch nacheinander die Ergebnisse vor. Höre hierbei dem oder der anderen genau zu und halte fest, was gesagt wird. Am Ende solltest du in der Lage sein, nicht nur das eigene Thema darzustellen, sondern auch das Thema deines Partners oder deiner Partnerin.
- **Share:** Stelle die Ergebnisse in einer Gruppe (oder gleich im ganzen Kurs) vor. In der Gruppenphase entwickelt ihr ein gemeinsames Ergebnis. Hierfür gibt es viele Möglichkeiten: ein Plakat oder eine Folie erstellen, Stichpunkte sammeln, um sie vorzutragen usw.

> Beispiele: S. 105 A7 – S. 111 A9

Partnerpuzzle

Gemeinsam mit anderen kannst du schneller zum Ziel gelangen. Bei dem Partnerpuzzle sind in einer Vierergruppe zwei unterschiedliche Aufgaben zu lösen. Du selbst wirst Experte oder Expertin für eine Teilaufgabe, vermittelst das Wissen, das du dir erarbeitest, und erfährst von den anderen, was du über die andere Teilaufgabe wissen solltest.

- **Einarbeitung:** Du erarbeitest eine Teilaufgabe erst einmal alleine, dann tauscht du dich darüber mit einem Experten bzw. einer Expertin für dieselbe Teilaufgabe aus.
- **Vermittlung:** Nun besprichst du dich mit einem Experten bzw. einer Expertin für die andere Teilaufgabe. Ihr informiert euch gegenseitig über eure Ergebnisse.
- **Doppelt hält besser:** Noch einmal tauschst du dich mit einem Experten bzw. einer Expertin für die andere Teilaufgabe aus. So kannst du noch einmal Fragen klären, auf die du vorher gestoßen bist.
- **Ergebnisse:** Gemeinsam haltet ihr eure Ergebnisse fest (z. B. auf einem Plakat oder in einer Mindmap).

> Beispiele: S. 37 A8 – S. 109 A7/A8

Rollenspiel

In einer Gruppe spielst du hier mit anderen eine Situation nach. Du lernst so die verschiedenen Rollen und Perspektiven in einer Situation kennen und kannst dadurch z. B. die Verhaltensweisen anderer besser nachvollziehen oder deine Beobachtungsfähigkeit verbessern.

- **Spielsituation kennen lernen:** Du setzt dich mit der vorgegebenen Situation und dem daraus entstehenden Problem auseinander.
- **Rollen zuteilen:** Du übernimmst eine der Rollen und versetzt dich in die jeweilige Figur (Rollenkarten helfen dabei). Manchmal bist du aber auch Zuschauerin bzw. Zuschauer mit einer Beobachtungsaufgabe.
- **Spiel:** Du spielst und erlebst nun deine Rolle aus der Sicht deiner Figur.
- **Auswertung:** Du teilst deine Beobachtungen mit, bewertest die unterschiedlichen Rollen und befragst die anderen.

> Beispiele: S. 35 A9 – S. 92 A5 – S. 94 A6

Galeriegang/Marktplatz

Der Galeriegang wird auch „Museumsgang" oder „Gallery Walk" genannt. Hierbei schaust dir die Ergebnisse der Gruppenarbeit von anderen an und präsentierst die eigenen Ergebnisse.

- **Ergebnisse darstellen:** Du gestaltest mit deiner Gruppe zu den Ergebnissen eurer Arbeit ein Plakat, eine Präsentation, eine Mindmap usw. Jede Gruppe präsentiert ihre Ergebnisse an einem „Stand".
- **Rundgang:** Du gehst herum und lässt dir die Ergebnisse der anderen erklären.
- **Präsentieren:** Jeder aus einer Gruppe präsentiert dabei die Gruppen-Ergebnisse einmal am eigenen Stand

> Beispiele: S. 129 Werkstatt – S. 213 Werkstatt

Hinweis zur Schreibweise „Schwarze Menschen" auf S. 204 und 206 (jeweils M2):

Das Adjektiv „schwarz" wird hier bewusst groß geschrieben, um deutlich zu machen, dass es sich um eine sogenannte Selbstbezeichnung für Menschen handelt, die Erfahrungen mit Rassismus gemacht haben. Es handelt sich also hier nicht um das Adjektiv „schwarz" zur Bezeichnung des Hauttons einer Person.

Generell werden von rassismuskritischen Autorinnen und Autoren Fremd- und Selbstbezeichnungen unterschieden:

Fremdbezeichnungen sind Bezeichnungen, bei denen die damit bezeichneten Personen oder Gruppen nicht gefragt wurden, ob sie mit diesen Bezeichnungen einverstanden sind. Im Zusammenhang mit Rassismus handelt es sich außerdem um Bezeichnungen, die eine Gruppe von Menschen (nämlich *weiße* Menschen), die sich selbst als überlegen betrachtet hat (meist in einer früheren Zeit), einer anderen Gruppe von Menschen gegeben hat (in der Regel Menschen mit anderer Hautfarbe). Ein Beispiel für Fremdbezeichnungen ist das „N-Wort", dessen Verwendung als so verletzend empfunden wird, dass es heute gar nicht mehr ausgeschrieben wird.

Selbstbezeichnungen sind Bezeichnungen, die eine Person oder Gruppe für sich selbst ausgewählt hat. Im Zusammenhang mit Rassismus stellt eine Selbstbezeichnung auch eine „Form des Widerstands" gegen die als gewaltvoll empfundenen Fremdbezeichnungen dar, wie die Trainerin und Beraterin für Rassismuskritik Tupoka Ogette betont. So macht die Selbstbezeichnung „Schwarz" auf das Thema Rassismus bzw. die Erfahrungen mit Rassismus aufmerksam. Weitere Selbstbezeichnungen sind z. B. PoC (People oder Person of Color) und BIPoC (Black Indigenous People of Color).

Textnachweise

Kompetenzbereiche

S. 8/9: M4 nach Nora Held

S. 10/11: M2 nach Michaela Bold/Olga-Louise Dommel: „Was passiert, wenn es blitzt und donnert?" In: BR Kinder/ Bayern 2, 17.08.2020. Online: www.br.de/kinder/blitz-donner-gewitter-kinder-lexikon-100.html (abgerufen am 29.07.2021); M3 Klaus Mulzer, basierend auf Sven Schneider/Michael Eichinger: Mehr Sonne, mehr Hitze, mehr Regen, mehr Blitze – wie sehr der Klimawandel den Sport verändern wird und wie wir darauf reagieren können. In: Heidelberger Jahrbücher Online Band 7/2022, S. 155-178; M4 „Meteorologe: Heftige Gewitter sind ‚häufiger geworden'". dpa-Meldung vom 30.06.2021. Online: www.zeit.de/news/2021-06/30/meteorologe-heftige-gewitter-sind-haeufiger-geworden (abgerufen am 30.11.2021) © dpa-infocom

S. 12/13: M2 Dirk Gieselmann: „Das Jahr des Affen". In: Zeit online, 20,08.2017. Online: www.zeit.de/kultur/2017-08/mutprobe-sprungbrett-turmspringen-fuenfmeterturm-schwimmbad-kindheitserinnerung (abgerufen am 23.09.2021); M3 Karin Theresa Schaeffer: Filmheft „Kick it like Beckham Gurinder Chadha (Großbritannien/Deutschland 2002)". Hg. von der Bundeszentrale für politische Bildung. Bonn 2004, S. 4. Online: www.bpb.de/shop/lernen/filmhefte/34135/kick-it-like-beckham (abgerufen am 12.01.2022); M4 Klaus Mulzer, basierend auf Rainer Erlinger, Lügen haben rote Ohren, Ullstein Verlag Berlin 2004, S. 74-76

S. 14/15: M2 Bachelorstudierende der Hochschule der Medien: Fabienne Engel, Julia Fink sowie wissenschaftliche Mitarbeiter/innen des Instituts für Digitale Ethik: Nadine Hammele, Clarissa Henning; Leitung von Prof. Dr. Petra Grimm, Leitung des Instituts für Digitale Ethik, in Kooperation mit JUUUPORT. Online: www.klicksafe.de/service/aktuelles/news/detail/ab-jetzt-erhaeltlich-10-gebote-der-digitalen-ethik-im-neuen-design/ (abgerufen am 20.07.2021); M3 Petra Grimm. In: Digitale Ethik. Leben in vernetzten Welten. Kompaktwissen XL. Hg. von Petra Grimm/Tobias O. Keber/Oliver Zöllner. Stuttgart: Reclam 2019, S. 27-28; M4 Winfried Böhm

S. 16/17: M2 KuB (Kontakt- und Beratungsstelle): Hilfen für junge Menschen in Not. Anonyme Texte von Straßenjugendlichen in Berlin (Text: „Jedes mal von Innerer Schmerz"). Online: http://hoerstdumich.wordpress.com/2012/03/02/jedes-mal-von-innerer-schmerz/ (abgerufen am 30.11.2021); M3 Stephan Körnig (Originalbeitrag); M4 Mexiko: Das Totenfest. Autorin: Kirsten Wagner. Online: www.kinderweltreise.de/kontinente/nordamerika/mexiko/alltag-kinder/das-totenfest/ (abgerufen am 12.01.2022)

Über das Ich nachdenken

S. 18/19: Anna Priemer (Originalbeiträge)

S. 20/21: M2 Helmut Engels; M3 Simone Müller: Wenn Kopf und Körper erwachsen werden. In: GEOlino extra Nr. 28 (Text gekürzt). Online: www.geo.de/geolino/mensch/4408-rtkl-pubertaet-wenn-kopf-und-koerper-erwachsen-werden (abgerufen am 08.09.2020); M4 François IV Herzog de La Rochefoucauld. In: Harenberg. Lexikon der Sprichwörter & Zitate: mit 50000 Einträgen das umfassendste Werk in deutscher Sprache. Dortmund: Harenberg, S. 403

S. 22/23: M1 Anna Priemer (Originalbeitrag); M2 Erich Kästner, zitiert nach www.br.de/radio/bayern2/sendungen/radiowissen/ethik-und-philosophie/vorbild-gutes-beispiel-thema100.html (abgerufen am 09.09.2020); M3 Sarah Burkhardt: Warum wir Vorbilder brauchen. Stiftung ERF Medien: Thema des Monats, 30.01.2018. Online: www.erfsued.com/erf-journal/themen/warum-wir-vorbilder-brauchen/ (abgerufen am 04.08.2022); M4 Aussage im Vorspann basierend auf www.aocfrei.com/de/briefe/ (Führungsbrief 63 Vorbild", Cartoonist: Silvio Erni)

S. 24/25: M2 Jörg Bernardy: Denk selbst! Philosophische Gedankensprünge. Weinheim/Basel: Beltz & Gelberg 2017, S. 82; M3 B. Sukrow: Typisch Mädchen, typisch Jungs: Wenn Rollenbilder zu Denkschranken werden. Online: https://king-kalli.de/typisch-maedchen-typisch-jungs-wenn-rollenbilder-zu-denkschranken-werden/ (abgerufen am 08.09.2020); M4 Kinder erziehen ohne Geschlechterklischees. Poster des Vereins klische*esc e.V. nach einem Artikel von Dr Finn Mackay: Raising Boys/Children the feminist way. Übersetzung: Funkynotes/Nicole Funke. Online: https://rosa-hellblau-falle.de/2018/10/poster-kinder-erziehen-ohne-geschlechterklischees/ (abgerufen am 08.09.2020)

S. 26/27: M2 Wir sind Helden: Soundso. Text: Judith Holofernes © Wintrup Musikverlag Walter Holzbaur; M3 Jack Fereday: Bleiben wir dieselben, wenn wir älter werden? In: Philosophie Magazin, Februar/März 2016, S. 76

S. 28/29: M1 nach Steffi Schlicht; M2 Christina Nunez/Leticia Pfeffer: Endlich volljährig! So wird rund um den Globus gefeiert. Stand: 21.07.2016, Online: www.globalcitizen.org/de/content/13-amazing-coming-of-age-traditions-from-around-th/ (abgerufen am 09.09.2020); M3 Werner Stangl (2020): Stichwort: „Initiationsritus". Online Lexikon für Psychologie und Pädagogik. https://lexikon.stangl.eu/2569/initiationsritus/ (abgerufen am 09.09.2020); M4 Eugen Epp: Bin ich jetzt erwachsen oder was? (Und was das mit meinem

Zahnarzt zu tun hat.). In: Stern/Neon, 12.0.1.2018 Online: www.stern.de/neon/magazin/wann-ist-man-eigentlich-erwachsen---und-woran-merkt-man-es--7818658.html (abgerufen am 09.09.2020)

S. 30/31: Ich-Entwicklung/Werkstatt Anna Priemer (Originalbeiträge); M Andreas Steinhöfel: Die Mitte der Welt. Jubiläumsausgabe. Hamburg: Carlsen 2010, S. 160

Freundschaften schließen

S. 32/33: Hannelore Piehler (Originalbeiträge)

S. 34/35: M2 Beate Herkendell/Christine Knödler: zu zweit, zu dritt, zusammen: Freundschaft. München: dtv pocket reader 2002, S. 16-17; M3/M4 Wolfgang Herrndorf: Tschick. 7. Auflage: Reinbek bei Hamburg: Rowohlt Taschenbuch 2012, S. 87-88, 21

S. 36/37: M1 Anna Eifert/Stephan Körnig/Klaus Mulzer (Originalbeitrag); M2 nach Verena Schmid Blumer; M3 nach Aristoteles: Nikomachische Ethik. Übersetzung und Nachwort von Franz Dirlmeier. Stuttgart: Reclam 1994, S. 216-218 [1156a1156b]

S. 38/39: M2 nach Endre Lund Eriksen: Beste Freunde, kapiert! Deutsch von Maike Dörries. Hamburg: Cecilie Dressler Verlag 2004, S. 15-17 (Spielzeug-Firmenname im Text gekürzt); M3 nach Arthur Schopenhauer: Parerga und Paralipomena: kleine philosophische Schriften. Zweiter Band. Zweiter Teilband. Zürich: Diogenes 1977, S. 708-709; M4 Hannelore Piehler (Originalbeitrag)

S. 40/41: M2 nach Stefanie Haas (Vorspann neu); M3 Michel de Montaigne: Die Essais. Hg. von Franz, Arthur. Sammlung Dieterich, Bd. 137. Leipzig: Dieterich'sche Verlagsbuchhandlung 1953, S. 111; M4 Arthur Schopenhauer: Aphorismen zur Lebensweisheit. Hg. von Rudolf Marx. Stuttgart: Alfred Kröner Verlag 1974, S. 208f.

S. 42/43: M2 nach Sophia Gerber; M3 Kurt Kotrschal zitiert nach Rainer Harf/Sebastian Witte: Was eine gute Beziehung zu Tieren ausmacht. In: Geo Wissen Nr. 60: Geliebte Gefährten. Wie wir Hund, Katze & Co. besser verstehen – und sie uns. Online: www.geo.de/magazine/geo-wissen/17807-rtkl-mensch-und-tier-was-eine-gute-beziehung-zu-tieren-ausmacht (abgerufen am 08.09.2020); M3/M4 Kurt Kotrschal zitiert nach Markus Brauer: „Einfach beste Freunde". In: Stuttgarter Nachrichten online, 26.09.2015. Online: www.stuttgarter-nachrichten.de/inhalt.menschlich-tierische-freundschaft-einfach-beste-freunde.59822d56-2fe4-4763-b8d2-88b741634c9c.html (abgerufen am 08.09.2020)

S. 44/45: Über Freundschaften/Werkstatt: Hannelore Piehler (Originalbeiträge)

Sich selbst wahrnehmen

S. 46/47: Hannelore Piehler (Originalbeiträge)

S. 48/49: M2 Sören Olsson/Anders Jacobson: Berts romantische Katastrophen. Übersetzt von Birgitta Kicherer. Hamburg: Verlag Friedrich Oetinger 1990, S. 128f.; M3 Siobhan Curham: True Face. Sei echt. Sei furchtlos. Sei du selbst. Aus dem Englischen von Kattrin Stier. München: cbt Verlag 2016, S. 195

S. 50/51: M2 Julie Murphy: Dumplin. Go big or go home. Aus dem amerikanischen Englisch von Kattrin Stier. 2. Auflage. Frankfurt/Main: Fischer FJB 2018, S. 189-190; M3 Informationen zum Johari-Fenster u. a. basierend auf www.landsiedel-seminare.de/wissen/johari-fenster.html (abgerufen am 04.03.2021); M4 Ludwig Feuerbach: Das Wesen des Christentums, 10. Kapitel. Reclam: Stuttgart 1988. Online: www.projekt-gutenberg.org/feuerbal/wesenchr/chap012.html (abgerufen am 04.03.2021)

S. 52/53: M2 Hannelore Piehler, basierend auf Gesundheitsförderung Schweiz (Hg.): Positives Körperbild bei Jugendlichen in der Schweiz. Ein Vergleich zwischen der Deutschschweiz (2015) und der Romandie (2016). Bern 2017. Online: Faktenblatt_025_GFCH_2017-10_-_Positives_Koerperbild_bei_Jugendlichen_in_der_Schweiz.pdf (gesundheitsfoerderung.ch) (abgerufen am 04.08.2022) und Selbstdarstellung und Schönheitsideale. (Absatz: Essstörungen und übertriebener Fitnesskult). Online: www.jugendundmedien.ch/themen/selbstdarstellung-und-schoenheitsideale (abgerufen am 04.03.2021); M3 nach Peter Leusch: Die neue Lust am Körperkult. In: Deutschlandfunk, 22.08.2013. Online: www.deutschlandfunk.de/perfektion-als-schoenheitsideal-die-neue-lust-am-koerperkult.1148.de.html?dram:article_id=258874 (abgerufen am 04.03.2021)

S. 54/55: M2 Helmut Engels; M3 Klaus Hurtz: Schöpfergeist. In: Rheinische Post, 21.10.2006; basierend auf Aristoteles: Nikomachische Ethik. Übersetzt von Franz Dirlmeier. Stuttgart: Reclam 1994 (I, 13); Joscha Bach: Interview mit Dietrich Dörner. In: Zeitschrift Künstliche Intelligenz – KI. Heft 1/2008, S. 34-36. Zitiert nach: http://blog.hehl-rhoen.de/psi-oder-bauplan-fuer-eine-seele/ (abgerufen am 04.03.2021); M4 Matthias Kalle/Sascha Chaimowicz/Heike Faller/Lilith Grull/Tillmann Prüfer/Matthias Stolz und Annabel Wahba: Was ist die Seele? Auf der Suche nach ihrem Geheimnis. In: ZEITmagazin Nr. 53/2017. Online: www.zeit.de/zeit-magazin/2017/53/seele-psychologie-existenz-suche/komplettansicht (abgerufen am 04.03.2021)

S. 56/57: M2 Annika Erbach: Schönheit. In: Planet Wissen. Stand: 23.01.2020. Online: www.planet-wissen.de/gesellschaft/mode/schoenheit/index.html#was (abgerufen am 04.03.2021); M3/M4 Gaby Schuster: Verflixte Schönheit. Tipps für schlaue Mädchen. München: Kösel Verlag 2002, S. 13-15

S. 58/59: Über Schönheit und den Kult um die eigene Person: Hannelore Piehler (Originalbeitrag); M Gesundheitsförderung Schweiz (Hg.): Themenblatt Positives Körperbild – Grundbegriffe, Einflussfaktoren und Auswirkungen. Autorin: Franziska Widmer Howald. Online: https://gesundheitsfoerderung.ch/assets/public/documents/de/5-grundlagen/publikationen/ernaehrung-bewegung/Themenblatt_Positives_Koerperbild.pdf (abgerufen am 04.03.2021); Werkstatt: Hannelore Piehler, u. a. basierend auf https://cms.sachsen.schule/fileadmin/_special/gruppen/11/pdf_dateien/Unterricht/Methodenkarten/Lernplakate.pdf; http://vielfalt-lernen.zum.de/images/c/c3/Ergebnis_Wandzeitung.pdf (abgerufen am 04.03.2021)

Dem Gewissen folgen

S. 60/61: Stephan Körnig (Originalbeiträge)

S. 62/63: M2 Klaus Mulzer, basierend auf Monika Keller: Moralentwicklung und moralische Sozialisation. In: Detlef Horster/Jürgen Oelkers (Hg.): Pädagogik und Ethik. Wiesbaden: Verlag für Sozialwissenschaften 2005, S. 149-172; M3 nach Ernst Tugendhat/Celso López/María Vicuña: Wie sollen wir handeln? Schülergespräche über Moral. Aus dem Spanischen übersetzt von Reinhard Schwemmler. Stuttgart: Reclam 2000, S. 77 und S. 92; M4 nach Günther Hoegg: Vandalismus in der Schule – verstehen und eindämmen. Weinheim: Beltz 2017, S. 8

S. 64/65: M2 Erich Kästner: Emil und die Detektive. Zitiert nach: Rainer Erlinger: Lügen haben rote Ohren. Berlin: Ullstein 2004, S. 143; M3 Monika Sänger; Beispiele Stephan Körnig (Originalbeitrag); M4 Stephan Körnig, basierend auf Thomas Kroll: Mit Charme, aber ohne Gewissen. Die Psychotherapeutin Martha Stout über Soziopathen. In: Deutschlandfunk, 21.08.2006. Online: www.deutschlandfunkkultur.de/mit-charme-aber-ohne-gewissen.950.de.html?dram:article_id=134302 (abgerufen am 08.09.2021)

S. 66/67: M2 Jörg Peters/Bernd Rolf; Doris Wolf: Wenn Schuldgefühle zur Qual werden. pal Verlag, o. J., Klappentext unter www.buch-24.de/shopdirekt.cgi?id=284311&p=3&t=&h=&kid=0&klid=2&sid=12 (abgerufen am 02.09.2021); M3 Na, schlechtes Gewissen? Text zur Sendung am 21.05.2021. Online: www.zdf.de/kinder/purplus/gewissen-100.html (abgerufen am 02.09.2021); M4 Anna Eifert (Originalbeitrag)

S. 68/69: M1 Stephan Körnig, Zitat 2 dabei basierend auf Immanuel Kant: Grundlegung zur Metaphysik der Sitten. Stuttgart: Reclam 1961, S. 72; M2 Heribert Ostendorf: Ursachen von Kriminalität. In: Informationen zur politischen Bildung 306/2018. Hg. von der Bundeszentrale für politische Bildung. Online: www.bpb.de/izpb/268217/ursachen-von-kriminalitaet (abgerufen am 02.09.2021); M3 Stephan Körnig, basierend auf Arthur Schopenhauer: Preisschrift über die Grundlage der Moral. Werke in 2 Bänden. Band 1. München: Hanser 1977, S. 654ff.; Stephan Körnig, basierend auf Jean-Jacques Rousseau: Über den Ursprung der Ungleichheit unter den Menschen. In: Ders.: Schriften zur Kulturkritik. Hamburg: Felix Meiner 1971, S. 83ff., 191ff.; Stephan Körnig, basierend auf Sigmund Freud: Abriss der Psychoanalyse. Gesammelte Werke Bd. 17, S. 63-73 und Sigmund Freud: Das Unbehagen in der Kultur. Abschnitt VI. Online: www.projekt-gutenberg.org/freud/unbehag/chap006.html (abgerufen am 10.02.2022)

S. 70/71: M1 Anna Eifert, basierend auf Patrick Achilles: Namen für den Teufel: Daher kommen die Begriffe. Online: https://praxistipps.focus.de/namen-fuer-den-teufel-daher-kommen-die-begriffe_114241 (abgerufen am 06.09.2022); M3 All about Evil Das Böse. Kurzführer durch die Ausstellung. Hg. vom Überseemuseum Bremen. Redaktion: Dr. Ilka Backmeister-Collacott, Dr. Dorothea Deterts, Holger Hespen, Dagmar Klar, Nina Tatter, Silke Seybold. Bremen 2007, S. 18

S. 72/73: Über das Gewissen/Werkstatt: Stephan Körnig (Originalbeiträge); M Bundesgeschäftsstelle Landesbausparkassen: Schatz im Ofen, 25.02.2013. Online: www.lbs.de/presse/p/infodienst_recht_und_steuern/details_228352.jsp (abgerufen am 23.08.2022)

Verantwortlich handeln

S. 74/75: Stephan Körnig (Originalbeiträge)

S. 76/77: M2 Arbeitsgemeinschaft Jugend und Bildung e.V. (Hg.): Nur Mut – Zivilcourage lernen. Infos, Tipps und Übungen für Jugendliche. Autorin: Katrin Minarek. Wiesbaden 2006, S. 3. Online: https://jugend-und-bildung.de/arbeitsmaterial/nur-mut-zivilcourage-lernen/ (abgerufen am 29.11.2021); M3 Regeln der Aktion tu was der Polzei (leicht umformuliert): www.aktion-tu-was.de/zivilcourage-regeln/ (abgerufen am 29.11.2021); M4 Verlagsredaktion, basierend auf Moliere (Zitat wird ihm zugeschrieben). In: Eberhard Puntsch: Das große Handbuch der Zitate. Berlin: Signa 1997, S. 427

S. 78/79: M2 Klappentext zu Christoph Wortberg: Easy. Weinheim: Beltz 2011; M3 Thomas Vašek: Philosophie! Die wichtigsten 101 Fragen. Darmstadt: Wissenschaftliche Buchgesellschaft 2017, S. 177, 179; M4 Wilhelm Vossenkuhl: Philosophie. Basics. München/Zürich: Piper 2011, S. 22

S. 80/81: M2 Bürgerliches Gesetzbuch: § 1619. Online: www.gesetze-im-internet.de/bgb/__1619.html (abgerufen am 29.11.2021); M3 Gunhild Aiyub: Die Waisenkinder des Königreichs. Online: www.kindernothilfe.de/weltweit-aktiv/reportagen/alle-reportagen/eswatini-die-waisenkinder-des-koenigreichs (abgerufen am 29.11.2021); M4 Don Bosco Mondo e.V.: Indien – Stoppt Kinderehen! Online: www.don-bosco-mondo.de/kinderehen-stoppen (abgerufen am 29.11.2021)

S. 82/83: M2 Klaus Mulzer, basierend auf Platon: Der Staat: Übersetzt von Friedrich Daniel Ernst Schleiermacher. Berlin: Akademie Verlag 1987, 360; M3 Klaus Mulzer, basierend auf: Kurt Bayertz (Hg.): Warum moralisch sein? 2. Auflage. Ferdinand Schöningh 2006, S. 22-23 (Hobbes), 29-30 (Kant), Zitate: Thomas Hobbes: De cive. Vom Bürger. Lateinisch/Deutsch. Übersetzt von Andree Hahmann. Unter Mitarbeit von Isabella Zühlke hg. von Andree Hahmann und Dieter Hüning. Ditzingen: Reclam 2017, S. 7; Immanuel Kant: Beantwortung der Frage: Was ist Aufklärung? In: Berlinische Monatsschrift, Dezember-Heft 1784, S. 481. Online: https://de.wikisource.org/wiki/Beantwortung_der_Frage:_Was_ist_Aufkl%C3%A4rung%3F (abgerufen am 20.07.2021); M4 Klaus Mulzer (Originalbeitrag)

S. 84/85: M2 Anna Eifert, u. a. basierend auf www.weltverbesserer.de/soziales-engagement-warum-es-auch-dir-was-bringt-4567/ und www.caritas-ulm-alb-donau.de (pdf zur Konzeption Sozialführerschein) (abgerufen am 29.11.2021); M3 „Miteinander Zeit verbringen, voneinander lernen". In: Stiftung Aktive Bürgerschaft (Hg.): Praxis Service Learning: Integration von Geflüchteten. Berlin 2019, S. 22. Online: www.aktive-buergerschaft.de/wp-content/uploads/2019/07/Praxis_SL_Integration_von_Gefluechteten_2019.pdf (abgerufen am 10.02.2022)

S. 86/87: Verantwortung übernehmen: Stephan Körnig (Originalbeitrag)/Werkstatt: Stephan Körnig, basierend auf Informationen der „Aktion Mensch"; M China. Autorin: Sabine Gruler. Online: www.kinderweltreise.de/kontinente/asien/china/alltag-kinder/schule/ (abgerufen am 30.11.2021)

Mit Konflikten umgehen

S. 88/89: Anna Eifert (Originalbeiträge)

S. 90/91: M1 Zitate: Winfried Böhm; M2 nach Martina Peters; M3 Anna Eifert (Originalbeitrag)

S. 92/93: M2 Anna Eifert (Originalbeitrag); M3 Anna Eifert, basierend auf Susanne Renelt: Konfliktmanagement in der Schule. Ein Trainingsprogramm für jugendliche Schüler, S. 55. Online: http://alumni-psychologie.de/medien/verlag/trainingsmanual%20konfliktmanagement%20in%20der%20schule.pdf (abgerufen am 24.02.2022); M4 Anna Eifert (Originalbeitrag)

S. 94/95: M2 Anna Eifert (Originalbeitrag); M3 nach Winfried Böhm; M4 Paul Watzlawick: Anleitung zum Unglücklichsein. München: Piper 2007, S.37

S. 96/97: M2 Strafvollzugsgesetz: § 2 und 3. Online: www.gesetze-im-internet.de/stvollzg/ (abgerufen am 10.02.2022), Uwe Wesel: Fast alles, was Recht ist. Jura für Nicht-Juristen. 6. Auflage. Frankfurt/Main: Eichborn 2002, S. 238f.; M3 Sozialberatung Schwäbisch Gmünd e.V.: Projekt „Schwitzen statt sitzen". Autor: Dieter Strobel. Online: https://sozialberatung-gmuend.de/angebote/projekt-schwitzen-statt-sitzen/ (abgerufen am 26.02.2021); M4 Anna Eifert, basierend auf: www.br.de/fernsehen/ard-alpha/sendungen/campus/kontext-straffaellige-jugendliche-lesen-strafe-100.html und www.deutschlandfunkkultur.de/zur-strafe-lesen.954.de.html?dram:article_id=145222 (abgerufen am 26.02.2021)

S. 98/99: M2 Elie Wiesel, zitiert nach Versöhnung und Vergebung. In: Brot für die Welt (Hg.): Global lernen 02/2006 (Versöhnung), S. 7. Online: www.brot-fuer-die-welt.de/fileadmin/mediapool/2_Downloads/Jugend_und_Schule/Global_lernen/global-lernen_2006-2.pdf (abgerufen am 10.02.2022), Georg Christoph Lichtenberg: Aufzeichnungen und Aphorismen. Sudelbuch K (1793-1796) K106. Online: www.zeno.org/Literatur/M/Lichtenberg,+Georg+Christoph/Aufzeichnungen+und+Aphorismen (abgerufen am 10.02.2022); M3 Angelika Rohwetter: Versöhnung. Warum keinen inneren Frieden ohne Versöhnung gibt. Stuttgart: Klett-Cotta 2017, S. 14f.; M4 Helmut Knoblauch: Die Gewalt und ihre Opfer. In: Abenteuer Philosophie 141/2015, S. 25

S. 100/101: Über Konflikte/Werkstattanleitung: Anna Eifert (Originalbeiträge), Text Werkstatt: Winfried Böhm; M nach Klaus Draken, ergänzt um Informationen basierend auf Susanne Bauer-Schramm: Zum Umgang mit Konflikten. In: Konflikte richtig lösen! Ein Film von Susanne Bauer-Schramm. Beitrag: Volker Eklkofer/Simon Demmelhuber. Online: www.br.de/fernsehen/ard-alpha/sendungen/schulfernsehen/konfliktbewaeltigung-streit-sichvertragen100.html (abgerufen am 04.08.2022)

Gemeinschaft gestalten

S. 102/103: Anna Eifert(Originalbeiträge)

S. 104/105: M2 Anna Eifert (Originalbeitrag); M3 DemokratieWEBstatt: Sprachen und Demokratie. Wien, S. 3 (M3, Z. 1-10), 8f. (M3, Z. 11-23). Online: www.demokratiewebstatt.at/fileadmin/ebooks/pdf/eBook_Sprachen_und_Demokratie_01.pdf (abgerufen am 20.08.2021), © Parlamentsdirektion/Demokratiewebstatt)

S. 106/107: M2/M3 nach Helmut Engels; M4 Greta Thunberg: „Ich will, dass ihr in Panik geratet!" Meine Reden zum Klimaschutz. Aus dem Englischen von Ulrike Bischoff. Frankfurt/Main: Fischer 2019, S. 34

S. 108/109: M2 Anna Eifert, basierend u. a. auf Anke Thiel: Familie und Beruf vereinbaren – Wie geht das? Böckler Schule Düsseldorf. Unterrichtseinheit Sek I, S. 3 und www.wsi.de/de/wsi-genderdatenportal-14615.htm (abgerufen am 20.08.2021); M3 Malala Yousafzai, zitiert nach Dorothea Schreier: Grausam – Ehrenmorde und Säureattacken in Pakistan. In: netzfrauen.org, 27.02.2016. Online: https://netzfrauen.

org/2016/02/27/39195/ (abgerufen am 20.08.2021), Michelle Obama: „Genug ist genug". Rede. In: Rita Kohlmaier: „Ich habe etwas zu sagen." Frauen, die das Wort ergreifen. Mit einem Vorwort von Stevie Schmiedel. München: Elisabeth Sandmann Verlag 2018, S. 45, Malala Yousafzai: „Rede vor den Vereinten Nationen, 12. Juli 2013. In: Dies. mit Christina Lamb: Ich bin Malala. Das Mädchen, das die Taliban erschießen wollten, weil es für das Recht auf Bildung kämpft. Übersetzt von Margarete Längsfeld. München: Droemer Verlag 2013. S. 380-384; M4 Michelle Obama, zitiert nach Margarete Stokowski: We are Feminists! Eine kurze Geschichte der Frauenrechte. München u. a.: Prestel Verlag 2019, S. 118

S. 110/111: M2 SoVD-Landesverband Niedersachsen e.V.: Kampagne „Ich werde behindert". Zitat Betty online: www.ich-werde-behindert.de/nrw/warum-die-kampagne/betty, Miriana: www.ich-werde-behindert.de/nrw/warum-die-kampag ne/miriana, Christine: www.ich-werde-behindert.de/nrw/wa rum-die-kampagne/christine (alle abgerufen am 20.08.2021); M3 Beate Rudolf: Teilhabe als Menschenrecht – eine grundlegende Betrachtung. In: Elke Diehl (Hg.)Teilhabe für alle ?! Lebensrealitäten zwischen Diskriminierung und Partizipation. Bundeszentrale für politische Bildung, Bonn, S. 15. Online: www.bpb.de/shop/buecher/schriftenreihe/256651/teilhabe-fuer-alle (abgerufen am 20.08.2021)

S. 112/113: M1/M4 Anna Eifert (Originalbeiträge); M2 Kinderfreundliche Kommunen e. V. Verein zur Förderung der Kinderrechte in den Städten und Gemeinden Deutschland (Hg.): Gute Praxis in Kinderfreundlichen Kommunen. Text/ Konzept/Redaktion: Roland Roth, Friderike Csaki, Charlotte Steinmetz, Dominik Bär, Heide-Rose Brückner Mit weiterer Zuarbeit der Kinderfreundlichen Kommunen. Köln 2019, S. 58. Online: www.kinderfreundliche-kommunen.de/ fileadmin/kfkfiles/DOKUMENTE/1._KFK_Verein/Bilanzbroschuere-2019-DE_FINAL-komprimiert.pdf (abgerufen am 20.08.2021); M3 „What'sUp?!" – aktive Jugendbeteiligung im ländlichen Raum. Ein Projekt des Kreisjugendrings Ostallgäu zur Stärkung der Partizipation junger Menschen. Autorin: Anna Heiland. Online (Broschüre „What's Up?!", pdf): www. jugendbeteiligung-kjr-oal.de/downloads/ (abgerufen am 20.08.2021)

S. 114/115: Gerechtigkeit in der Gemeinschaft/Werkstatt: Anna Eifert (Originalbeiträge); M DemokratieWEBstatt: Wie aus Meinungen Argumente werden. Online: www.demokratiewebstatt.at/thema/thema-sag-deine-meinung/ was-meinst-du/wie-aus-meinungen-argumente-werden (abgerufen am 20.08.2021) © Parlamentsdirektion/Demokratiewebstatt)

Die vernetzte Welt

S. 116/117: Monika Rhein (Originalbeiträge)

S. 118/119: M3 Holger Dambeck: Das Jeder-kennt-jeden-Gesetz. In: Spiegel online, 02.08.2008. Online: www.spiegel. de/wissenschaft/mensch/ueber-6-6-ecken-das-jeder-kennt-jeden-gesetz-a-569705.html (abgerufen am 16.06.2020)

S. 120/121: M3 Hannah Poqué/Christina Albrecht: Was ist Kommunikation. Online: www.studienkreis.de/deutsch/ kommunikation-ueberblick/ (abgerufen am 16.06.2020); M4 Anne Wilkens: Knigge für Kids: mit Tests und vielen Beispielen. München: arsEdition 2008, S. 115f.

S. 122/123: M2 Marc Elsberg, Blackout. Morgen ist es zu spät. Blanvalet, München 2012, S. 2 (Innenseite Verlagsinfo); M3 Michael Fröhlingsdorf: Klein, aber mein. Wie wenig Platz reicht zum Leben? Zwei Pioniere probieren es aus. In. Spiegel online, 20.10.2015. Online: www.spiegel.de/spiegel/ spiegelwissen/d-139209048.html (abgerufen am 07.01.2020)

S. 124/125: M1 Monika Rhein (Originalbeitrag); M3 nach Susanne Ackermann: Digitales Ich und wahres Selbst. In: Psychologie heute online, 14.02.2018. Online: www.psychologie-heute. de/gesellschaft/38912-digitales-ich-und-wahres-selbst.html (abgerufen am 16.06.2020); Welchen Gefahren sind Kinder im Internet ausgesetzt? Gefahrenpotenzial: Das Netz vergisst nichts. Online: www.internet-abc.de/eltern/gefahren-kinder-im-internet/ (abgerufen am 04.08.2022); M4 Facebook & Co.: Mein Kind und seine Daten. Checkliste zur Sicherheit. Online: www.internet-abc.de/eltern/familie-medien/kommuni kation-handy-whatsapp-facebook/facebook-co-mein-kind-und-seine-daten/ (abgerufen am 04.08.2022)

S. 126/127: M2 Tierlexikon: Delfine. Online: www.geo.de/ geolino/tierlexikon/2082-rtkl-tierlexikon-delfine (abgerufen am 16.06.2020); M3/M4 Lena Ganschow: Sprache der Tiere. In: Planet Wissen, Stand: 21.06.2019. Online: www.planet-wissen.de/natur/tierwelt/die_sprache_der_tiere (abgerufen am 16.06.2020)

S. 128/129: Der vernetzte Mensch/Werkstatt: Monika Rhein (Originalbeiträge); M Manfred Spitzer: Kooperation. In: Lernen. Gehirnforschung und die Schule des Lebens. Heidelberg: Spektrum Akademischer Verlag 2006, S. 296

Tiere achten

S. 130/131: Anna Priemer (Originalbeiträge)

S. 132/133: M1 Anna Priemer (Originalbeitrag); M3 Britta Pawlak: Massentierhaltung – Leben für den Tod. Online: www.helles-koepfchen.de/massentierhaltung_leben_fuer_ den_tod_teil1.html (abgerufen am 04.01.2020); M4 Anna Priemer, basierend auf der Aktion „Wurst mit Gesicht": www. qiez.de/meine-kleine-farm-online-shop-fuer-bio-fleisch-und-wurstwaren-aus-artgerechter-haltung/ (abgerufen am 04.01.2020)

S. 134/135: M2 nach Jugendstiftung Baden-Württemberg: Kinderrechte. Online: www.menschenrechte.jugendnetz.de/menschenrechte/kinderrechte/ (abgerufen am 29.09.2019); M3/M4 Haben Tiere Rechte? Text: Susanne Hähnchen. Online: www.recht-kinderleicht.de/haben-tiere-rechte/ (abgerufen am 23.09.2019)

S. 136/137: M1 Supermarkt. In: Der Duden. Online: www.duden.de/rechtschreibung/Supermarkt (abgerufen am 11.02.2022); M3 Stefanie Ball: Die Amish leben freiwillig wie vor 300 Jahren. In: Welt online, 12.12.2012. Online: www.welt.de/vermischtes/article111967423/Die-Amish-leben-freiwillig-wie-vor-300-Jahren.html (abgerufen am 11.02.2022)

S. 138/139: M3 Norbert Hoerster: Haben Tiere eine Würde? Grundfragen der Tierethik. München: C.H. Beck 2004, S. 72, Jeremy Bentham, zitiert nach Peter Singer: Animal Liberation. Die Befreiung der Tiere. Deutsch von Claudia Schorcht. Reinbek bei Hamburg: Rowohlt 1996, S. 35-36, Albert Schweitzer: Die Ethik der Ehrfurcht vor dem Leben. In: Ders.: Kultur und Ethik. München C. H. Beck 1996, S. 330-331; M4 Anna Priemer (Originalbeitrag)

S. 140/141: M2 Alexandra Frank: Ach du heilige Kuh. In: Die Zeit, 16.10.2008. Online: www.zeit.de/2008/43/KI-43-Heilige-Tiere (abgerufen am 03.01.2020); M3 Anna Priemer, basierend auf Nina Jakob: In Indien gibt's McDonald's bald auch vegetarisch. In: Wirtschaftswoche, 05.09.2012. Online: www.wiwo.de/unternehmen/dienstleister/burger-ohne-fleisch-in-indien-gibts-mcdonalds-bald-auch-vegetarisch/7097742.html (abgerufen am 03.01.2020) und Burger King verkauft Burger ohne Rindfleisch. In: Welt, 11.10.2014. Online www.welt.de/wirtschaft/article134185319/Burger-King-verkauft-Burger-ohne-Rindfleisch.html (letzter Zugriff 03.01.2020)

S. 142/143: Menschen und Tiere/Werkstatt: Anna Priemer (Originalbeiträge); M nach Bund für Umwelt und Naturschutz Deutschland e.V. (BUND) – Friends of the Earth Germany: Kein Ei mit der 3. Online: www.bund.net/bund-tipps/detail-tipps/tip/kein-ei-mit-der-3/ (abgerufen am 11.02.2022)

Freiheiten wahrnehmen

S. 144/145: Anna Eifert (Originalbeiträge)

S. 146/147: M2 Rita Sandbrink; M3 Bernd Rolf, basierend auf Friedrich Schiller: Über Anmut und Würde. In: Ders.: Werke in drei Bänden. Bd. 2. München: Carl Hanser 1966, S. 405f., 408f.; M4 Fernando Savater: Tu, was du willst. Ethik für die Erwachsenen von morgen. Aus dem Spanischen von Wilfried Hof. 9., aktualisierte Auflage. Frankfurt/Main: Campus Verlag 2007, S. 87

S. 148/149: M2 Anna Eifert (Originalbeitrag); M3 nach Johannes D. Balle: Positive und negative Freiheit. Online: www.planet-schule.de/wissenspool/ich-denke-also-bin-ich/inhalt/hintergrund/freiheit.html (abgerufen am 29.09.2016); M4 Allgemeine Erklärung der Menschenrechte. Artikel 1. Online: www.un.org/depts/german/menschenrechte/aemr.pdf (abgerufen am 31.08.2021)

S. 150/151: M2 Text Klaus S.: Bernd Rolf, basierend auf Interviews von Klaus Schmidt mit verschiedenen Fernsehsendern. Online: www.nichts-geht-mehr.info (Stand: 20.06.2011), Christiane F.: Wir Kinder vom Bahnhof Zoo. Nach Tonbandprotokollen aufgeschrieben von Kai Hermann und Horst Rieck. Lizenzausgabe des Deutschen Bücherbundes GmbH&Co. Hamburg: Gruner + Jahr o.J., S. 60f., Angelika Unger: Jugendliche und Rauchen: „Affig, von 'nem Stängel abhängig zu sein". In: www.stern.de, 31.05.2007. Online: www.stern.de/gesundheit/rauchen-aufhoeren/jugendliche-und-rauchen--affig--von--nem-staengel-abhaengig-zu-sein--3356436.html (abgerufen am 15.12.2016), Zitate Jugendliche basierend auf Aussagen von 14- bis 17-jährigen Jugendliche in der ZDF-Sendung „37 Grad – Menschen hautnah – Voll im Rausch" vom 05.10.2004; M3 Sucht und Ohnmacht. In: Sucht- und Jugendhilfe e.V. Lübeck (Hg.): Sucht-Hilfe 1/17, S. 25-31; M4 Anna Eifert (Originalbeitrag)

S. 152/153: M2 Beispiele a/b: Anna Eifert (Originalbeitrag), Beispiele c-f: Melanie Heise; M3 Fernando Savater: Tu, was du willst. Ethik für die Erwachsenen von morgen. Aus dem Spanischen von Wilfried Hof. Frankfurt/Main: Campus 1993, S. 23-28; M4 Melanie Heise, basierend auf Wolfgang Huber: Meine Freiheit ist auch deine Freiheit. Wie können wir zusammenleben? Über die Ethik als Grundlage menschlichen Handelns. In: Die Zeit 35/2013. Online: /www.zeit.de/2013/35/freiheit-ethik-zusammenleben (abgerufen am 24.02.2016), Grundgesetz der Bundesrepublik Deutschland: Artikel 2. Online: www.gesetze-im-internet.de/gg/art_2.html (abgerufen am 28.01.2021)

S. 154/155: M3 All We Need: Die Welt der Bedürfnisse. Eine pädagogische Mappe. Redaktion: Sandra Britz, Birgit Engel, Heidi Grobbauer, Paul Heber, Jean-Marie Krier, Mike Mathias, Brigitte Pilz, Andrea Rainer, Jacqueline Rippert, Sonja Schachner, Karin Thaler. Luxemburg/Salzburg/Wien 2007, S. 154-155. www.brot-fuer-die-welt.de/fileadmin/mediapool/blogs/Kuestner_Johannes/all_we_need_eine_paedagogische_mappe.pdf (abgerufen am 31.08.2021); M4 Anna Eifert, basierend auf www.welthungerhilfe.de/helfen/durch-charity-shoppen-gutes-tun/ (abgerufen am 08.08.2020)

S. 156/157: Über die Freiheit/Werkstatt: Anna Eifert (Originalbeiträge); M Melanie Heise

Kindern Rechte geben

S. 158/159: Hannelore Piehler (Originalbeiträge)

S. 160/161: M2 Annaylyn nach Helga Kuhn: UNICEF-Foto des Jahres 2007. Eine Pressemitteilung von Deutsches Komitee für UNICEF e.V. Veröffentlicht am 17.12.2007. Online:

www.lifepr.de/pressemitteilung/deutsches-komitee-fuer-unicef-ev/UNICEF-Foto-des-Jahres-2007/boxid/26925 (abgerufen am 11.02.2022), Jenny nach Ulrike Meyer-Timpe: Verlierer von Geburt an. In: Die Zeit, 09.08.2007; M3 nach Heinz Hilgers/Walter Wilken: Nachwort. In: Regina Rusch: Die paar Kröten. München 2003. OMNIBUS/C. Bertelsmann Jugendbuch Verlag, in der Verlagsgruppe Random House GmbH, S. 184-187; M4 Oxfam Deutschland e.V.: 82 Prozent des weltweiten Vermögenswachstums gehen an das reichste Prozent der Bevölkerung. 22.02.2018. Online: www.oxfam.de/ueber-uns/aktuelles/2018-01-22-82-prozent-weltweiten-vermoegenswachstums-geht-reichste-prozent (abgerufen am 28.01.2021)

S. 162/163: M2 Helmut Engels; M3 Deutsches Komitee für UNICEF (Hg.): Kinderrechte in Deutschland. Unterrichtsmaterialen Köln 2011, S. 6. Online: www.unicef.de/blob/9460/ee1cd2958ed52375d2c087be67312d7d/i0014-umaterialien--kinderrechte-2011-pdf-data.pdf (abgerufen am 28.01.2021); M4 Hannelore Piehler, basierend auf https://www.makista.de/projekte/modellschul-netzwerk-fuer-kinderrechte-hessen/ (abgerufen am 28.01.2021)

S. 164/165: M1 Hannelore Piehler, basierend auf www.kindersache.de/bereiche/kinderrechte/antworten-zu-kinderrechten/ab-wieviel-jahren-darf-man-einen-ferienjob-machen (abgerufen am 29.01.2021); M3 nach Ninja Charbonneau: Kinderarbeit weltweit. In: unicef.de, 07.06.2019. Online: www.unicef.de/informieren/aktuelles/blog/kinderarbeit-fragen-und-antworten/166982 (abgerufen am 28.01.2021); M4 terre des hommes e.V.: Die kleinsten Gewerkschafter der Welt. Online: www.tdh.de/was-wir-tun/projekte/suedamerika/bolivien/die-kleinsten-gewerkschafter-der-welt/ (abgerufen am 28.01.2021)

S.166/167: M2 terre des hommes e.V.: Kinderhandel. Online: www.tdh.de/was-wir-tun/themen-a-z/kinderhandel/ (abgerufen am 28.01.2021); M3 nach Jugendstiftung Baden-Württemberg: Menschenwürde. Online: www.menschenrechte.jugendnetz.de/material-projektideen/glossar/menschenwuerde/ (abgerufen am 28.01.2021) (Zwischentitel aus didaktischen Gründen ergänzt); M4 Grundgesetz der Bundesrepublik Deutschland: Artikel 1. Online: www.gesetze-im-internet.de/gg/art_1.html (abgerufen am 28.01.2021)

S. 168/169: M2 Hannelore Piehler, basierend auf www.sos-kinderdorf.de/portal/paedagogik/angebote/stationaere-hilfen-zur-erziehung (abgerufen am 25.08.2022), terre des hommes e.V.: Straßenkinder. Online: www.tdh.de/was-wir-tun/arbeitsfelder/strassenkinder/ (abgerufen am 16.06.2020); M3 Globalisierung Fakten: UNICEF. Online: www.globalisierung-fakten.de/globalisierung-informationen/organisationen/unicef/ (abgerufen am 16.06.2020)

S. 170/171: Von Kinderarmut, Kinderarbeit und Menschenwürde/Werkstatt: Hannelore Piehler/Verlagsredaktion; M Olivia: Warum Kinderrechte ins Grundgesetz gehören. Online: www.kindersache.de/bereiche/wissen/politik/warum-kinder rechte-ins-grundgesetz-gehoeren

(abgerufen am 29.01.2021)

Einem Gott folgen

S. 172/173: Stephan Körnig (Originalbeiträge)

S. 174/175: M3 Judentum. Online: www.religionen-entdecken.de/lexikon/s/schma-jisrael. Autorin: Jane Baer-Krause (abgerufen am 29.11.2021), Christentum/Islam: Miteinander reden/Ein Gott, drei Religionen im Alltag junger Menschen. Hg. von der Bundeszentrale für politische Bildung. Bearbeitung und Herausgabe der deutschen Ausgabe: Susanne Urban/Sharon Ayalon. Übersetzung: Ursula Blank-Sangmeister. Bonn 2009, S. 113; M4 Stephan Körnig (Originalbeitrag)

S. 176/177: M1 Offenbarung 22,13. In: Die Bibel. Einheitsübersetzung der Heiligen Schrift, vollständig durchgesehene und überarbeitete Ausgabe © 2016 Katholische Bibelanstalt GmbH, Stuttgart. Alle Rechte vorbehalten; M2 Stephan Körnig, basierend auf Der Koran, Sure 6, 74-79. Übersetzt von Max Henning. Stuttgart: Reclam 1970. Online: www.projekt-gutenberg.org/henning/koran/chap006.html (abgerufen am 29.07.2021); M3 Rabbi Marc Gellmann/Monsignor Thomas Hartman: Wie buchstabiert man Gott? Die großen Fragen und die Antwort der Religionen. Mit einem Vorwort des Dalai Lama. Aus dem Englischen von Andrea Kann und Manuela Olsson. Hamburg: Carlsen 1996, S. 22f.; M4 Friedrich Nietzsche: Der Antichrist (Aph. 61). Online: www.zeno.org/Philosophie/M/Nietzsche,+Friedrich/Der+Antichrist/61-62 (abgerufen am 29.11.2021)

S. 178/179: M2 2. Mose 3, 11-13/Matthäus 26, 36-39. In: Die Bibel. Einheitsübersetzung der Heiligen Schrift, vollständig durchgesehene und überarbeitete Ausgabe © 2016 Katholische Bibelanstalt GmbH, Stuttgart. Alle Rechte vorbehalten; Text zu Mohammed nach Wolfgang Straßer und nach: Der Koran für Kinder und Erwachsene. Übers. Und erl. von Lamyar Kaddar und Rabeya Müller. C. H. Beck. München 2008. S. 86; M3 Prophet. Online: www.religionen-entdecken.de/lexikon/p/prophet. Autorin: Jane Baer-Krause (abgerufen am 29.11.2021); M4 Amos 7, 14-15. In: Die Bibel. Einheitsübersetzung der Heiligen Schrift © 1980 Katholische Bibelanstalt GmbH, Stuttgart

S. 180/181: M2 2. Mose 20, 2-17: frei nach Die Heilige Schrift. Ins Deutsche übertragen von Naftali Herz Tur-Sinai. Neuhausen-Stuttgart: Hanssler-Verlag 1993. Online: https://bibel.github.io/NHTS/ (abgerufen am 22.10.2021) (Text vereinfacht und gekürzt); M3 Walid Saleh: Sure 2 Verse 2-5 / Die Kurzfassung des Korans. In: Deutschlandfunk, 25.08.2017. Online: www.deutschlandfunk.de/sure-2-verse-2-5-die-kurzfassung-des-korans-100.html (abgerufen am 17.01.2022); M4 Deutsches Buch- und Schriftmuseum der Deutschen Nationalbibliothek: Bücherverbrennungen in der Geschichte. Online: https://mediengeschichte.dnb.de/DBSMZBN/Content/DE/Zensur/06-buecherverbrennung-allgemein.html (abgerufen am 29.11.2021)

S. 182/183: M2 2. Mose 33, 20-23. In: Die Bibel. Einheitsübersetzung der Heiligen Schrift, vollständig durchgesehene und überarbeitete Ausgabe © 2016 Katholische Bibelanstalt GmbH, Stuttgart. Alle Rechte vorbehalten; M3 Werner Fuß; M4 Stephan Körnig (Originalbeitrag)

S. 184/185: Abrahamitische Religionen/Werkstatt: Stephan Körnig (Originalbeiträge)

Mit Ritualen leben

S. 186/187: Stephan Körnig (Originalbeiträge)

S. 188/189: M1 2. Mose 3, 2-5. In: Die Bibel. Einheitsübersetzung der Heiligen Schrift, vollständig durchgesehene und überarbeitete Ausgabe © 2016 Katholische Bibelanstalt GmbH, Stuttgart. Alle Rechte vorbehalten; M3 nach Jörg Peters; M4 Christoph Hein: Der fremde Freund. Drachenblut. Frankfurt/Main: Suhrkamp 2002, S. 87

S. 190/191: M2 Stephan Körnig (Originalbeitrag); M3 Ritual. Autorin: Jane Baer-Krause. Online: www.religionen-entdecken.de/lexikon/r/ritual (abgerufen am 27.08.2021)

S. 192/193: M2 Iran – Bekleidungsvorschriften: Was kann ich anziehen – und was nicht? Online: https://taz.de/Iran/!157404/ (abgerufen am 29.07.2021); M3 Bernd Rolf, basierend auf Felix Körner: Wie ist der Koran heute zu verstehen? Online: www.sg.k12.tr/gemeinde/sg_blatt/2006/02/s7.htm (Stand: 01.10.2010)

S. 194/195: M2 Kurt Goldammer, Die Formenwelt des Religiösen. Kröner Verlag, Stuttgart 1960, S. 9; M3 nach Hans Küng: Projekt Weltethos. München: Piper Verlag 1992, S. 14, 80, 82, 84; M4 Rainer Sax, zitiert nach: Frank Kell: Gottesdienst für Atheisten: Andacht ohne Gott. In: taz, 09.03.2015. Online: https://taz.de/Gottesdienst-fuer-Atheisten/!5017499/ (abgerufen am 29.07.2021); Nick Spencer, zitiert nach: Großbritannien: „Kirche" für Atheisten. Sendung Weltspiegel, 06.07.2014. Autor: Frank Jahn. Online: www.daserste.de/information/politik-weltgeschehen/weltspiegel/sendung/br/grossbritannien-atheisten-100.html (abgerufen am 29.07.2021)

S. 196/197: M2 Hannelore Piehler, basierend auf Synopsis zu „Sieben Jahre in Shaolin". Online: https://onlinefilm.org/de_DE/film/46290 (abgerufen am 29.07.2021); M3 Heilige Orte in den Religionen. Autorin: Jane Baer-Krause. Online: www.religionen-entdecken.de/lexikon/h/heilige-orte-in-den-religionen (abgerufen am 29.07.2021); M4 Pilgern – Was ist das eigentlich? Online: www.kindersache.de/bereiche/wissen/andere-laender/pilgern-was-ist-das-eigentlich (abgerufen am 29.07.2021)

S. 198/199: Vielfalt religiöser Erscheinungen/Werkstatt Stephan Körnig (Originalbeiträge); M Lilith Becker: Uni-Streit auf dem Rücken der Muslime. Stand: 08.03.2016. Online: www.evangelisch.de/inhalte/132395/08-03-2016/uni-streit-auf-dem-ruecken-der-muslime-der-tu-dortmund-um-den-raum-der-stille (abgerufen am 29.07.2021)

Vorurteile hinterfragen

S. 200/201: Klaus Mulzer (Originalbeiträge)

S. 202/203: M2/M3 Alice Hasters: Was weiße Menschen nicht über Rassismus hören wollen aber wissen sollten. München: Hanser 2019, S. 69-70, 70; M4 Jens Förster: Schublade auf, Schulblade zu. Die verheerende Macht der Vorurteile. München: Droemer Verlag 2020, S. 82

S. 204/205: M2 nach Helmut Engels; M3 Tahar Ben Jelloun: Papa, was ist ein Fremder? Gespräche mit meiner Tochter. Aus dem Französischen von Christiane Kayser. 8. Auflage. Hamburg: Rowohlt 2018, S. 36, 76-78; M4 Michael Stang, Darum kann man nicht von Menschenrassen sprechen. Stand: 20.06.2020. Online: www.quarks.de/gesellschaft/darum-ist-die-rassentheorie-schwachsinn/ (abgerufen am 16.08.2021)

S. 206/207: M2 Alice Hasters: Was weiße Menschen nicht über Rassismus hören wollen, aber wissen sollten. München: Hanser 2019, S. 81; M3 Tanja Fieber/Julia Fritzsche: Warum wir alle Vorurteile haben. Online: www.planet-wissen.de/gesellschaft/psychologie/gewalt/vorurteile-psychologie-hass-rassismus-100.html (abgerufen am 12.05.2021); M4 Klaus Mulzer, basierend auf Emil Angehrn: Hans-Georg Gadamer - Das Projekt einer Philosophischen Hermeneutik. In: Ansgar Beckermann/Dominik Perler (Hg.): Klassiker der Philosophie heute. Stuttgart: Reclam 2004, S. 778f.

S. 208/209: M1 Gerhard Schöne: Als mein gelber Wellensittich. © Buschfunk Produktion, Berlin: M3 nach Rainer Erlinger: Passt schon? Kolumne „Die Gewissensfrage". In: Süddeutsche Zeitung Magazin 10/2011. Online: https://sz-magazin.sueddeutsche.de/die-gewissensfrage/passt-schon-77999 (abgerufen am 14.04.2021); M4 Klaus Mulzer, basierend auf Rainer Forst: Toleranz. In: Siegfried Reusch/Otto P. Obermeier/ Klaus Giel (Hg.): Der blaue Reiter. Journal für Philosophie Nr. 39: Der Andere, der Fremde. Hannover: der blaue reiter – Verlag für Philosophie 2016, S. 54

S. 210/211: M2 Slavik Junge (Mark Filatov) mit Jonas Lindemann: Vom Präsident zum Hartz IV: Roman, Bratan. München: Benevento Verlag 2021, S. 35f.; M3 Michael Schmidt-Salomon: Befreiende Knollennasen: Eine Laudatio auf Ralf König zur Ausstellungseröffnung in Frankfurt, 31.03.2014.

Online: www.giordano-bruno-stiftung.de/meldung/befreiende-knollennasen (abgerufen am 19.08.2021); René Proyer, zitiert nach Daniel Flem: Verschieben sich die Grenzen des Humors? Interview mit dem Psychologen Renè Proyer. In: Augsburger Allgemeine, 24.01.2020. Online: www.augsburger-allgemeine.de/panorama/Professor-Proyer-verschieben-sich-die-Grenzen-des-Humors-id56518611.html (abgerufen am 19.08.2021); Aurel Mertz. In: Satire: „Das nächste Mal einfach die Klappe halten". Protokoll: Katharina Meyer zu Eppendorf und Stefanie Witterauf. In: Zeit Campus 18.01.2021. Online: www.zeit.de/campus/2021-01/satire-die-partei-nico-semsrott-martin-sonneborn-humor-rassismus (abgerufen am 19.08.2021); M4 nach Jenipher Camino Gonzalez: Pünktlich, penibel, typisch deutsch – der Alman. In: Deutsche Welle, 02.08.2020. Online: www.dw.com/de/p%C3%BCnktlich-penibel-typisch-deutsch-der-alman/a-54353591 (abgerufen am 19.08.2021)

S. 212/213: Wie Vorurteile unser Leben beeinflussen/Werkstatt: Klaus Mulzer (Originalbeiträge); M Ali Can: Toleranz reicht nicht. In: Asfa-Wossen Asserate/Annette Friese (Hg.): Toleranz – Schaffen wir das? Die wichtigsten Stimmen Deutschlands zur Frage des Jahrhunderts. Asslar: Adeo Verlag 2020, S. 69; John Stuart Mill: Über die Freiheit. Aus dem Englischen übersetzt von Bruno Lemke. Ditzingen: Philipp Reclam 2010, S. 23; Achtung. Interview von Niklas Prenzel mit der Sozialpsychologin Daniela Renger. In: Fluter Heft 69. Online: www.fluter.de/wie-bekommt-man-von-anderen-respekt (abgerufen am 07.04.2021)

Digitale Welten

S. 214/215: Klaus Mulzer (Originalbeiträge)

S. 216/217: M2 Petra Grimm/Tobias O. Keber/Oliver Zöllner: Kapitel 1: Digitale Ethik: Positionsbestimmung und Perspektiven. In: Dies. (Hg.): Digitale Ethik. Leben in vernetzten Welten. Kompaktwissen XL. Stuttgart: Reclam 2019, S. 12 (Text basierend auf: Heike Klovert/Anne Martin: Emil und die nervigen Smartphones. In: Spiegel online, 07.09.2018); M3 Oliver Zöllner: Kapitel 5: Der zwanglose Zwang des ‚Always on'. In: Petra Grimm/Tobias O. Keber/Oliver Zöllner (Hg.): Digitale Ethik. Leben in vernetzten Welten. Kompaktwissen XL. Stuttgart: Reclam 2019, S. 80; M4 Klaus Mulzer, basierend auf Ulrich Stock: Tempo! Tempo! In: Zeit online, 19.09.2018. Online: www.zeit.de/kultur/literatur/2018-09/paul-virilio-nachruf (abgerufen am 18.08.2020)

S. 218/219: M3 Manfred Theisen: Nachgefragt: Medienkompetenz in Zeiten von Fake News. Basiswissen zum Mitreden. Bindlach: Loewe Verlag 2019, S. 32-33; M4 Klaus Mulzer, basierend auf Volker Schmidt: Die Außerirdischen sind da. In: Zeit online, 30.10.2013. Online: www.zeit.de/wissen/geschichte/2013-10/krieg-der-welten-radio-orson-welles (abgerufen am 13.10.2020)

S. 220/221: M2 Landesmedienzentrum Baden-Württemberg: Filterblase: Definition. Text von Ina Mangold. Online: www.lmz-bw.de/medien-und-bildung/medienwissen/informationskompetenz/filterblasen-wenn-man-nur-das-gezeigt-bekommt-was-man-eh-schon-kennt/ (letzter Zugriff 04.08.2020); M3 Philipp Hübl: Folge dem weißen Kaninchen … in die Welt der Philosophie. Hamburg: Rowohlt Hamburg 2012, S. 181; M4 Jostein Gaarder: Sofies Welt. Roman über die Geschichte der Philosophie. Aus dem Norwegischen von Gabriele Haefs. München/Wien: Hanser 1993, S. 21

S. 222/223: M2 Christina Quast: Das digitale Ich – im Blickpunkt. Broschüre des Grimme Instituts 2012, S. 2. Online: https://imblickpunkt.grimme-institut.de/wp/wp-content/uploads/2014/12/IB-Das-digitale-Ich.pdf (abgerufen am 04.08.2020); M3 Oliver Zöllner: „Wir leben zunehmend in einer Kontrollgesellschaft". In: boersenblatt.net, 12.04.2019. Online: www.boersenblatt.net/bookbytes/archiv/1640573.html (abgerufen am 15.10.2020); Petra Grimm/Nadine Hammele. In: Petra Grimm/Tobias O. Keber/Oliver Zöllner (Hg.): Digitale Ethik. Leben in vernetzten Welten. Kompaktwissen XL. Stuttgart: Reclam 2019, S. 100-101

S. 224/225: M2 Deutscher Computerspiele-Preis. Online: https://deutscher-computerspielpreis.de/kategorien/bestes-serious-game (abgerufen am 04.08.2020); M3

Christiane Eichenberg/Sarah Marx: Therapeutischer Einsatz von Computerspielen: Motiviert mit ernsten Spielen. In: Deutsches Ärzteblatt PP 13. Ausgabe Februar 2014, S. 66; M4 Johan Huizinga: Homo ludens. Vom Ursprung der Kultur im Spiel. Aus dem Niederländischen von H. Nachod. 22. Auflage. Reinbek bei Hamburg: Rowohlt 2011, S. 37, 16

S. 226/227: Zusammenleben in der digitalen Welt/Werkstatt: Klaus Mulzer (Originalbeiträge); M Matteo Riatti: Kapitel 9: Game on, Game over: Acht ethische Diskurse rund ums Videospiel. In: Petra Grimm/Tobias O. Keber/Oliver Zöllner (Hg.): Digitale Ethik. Leben in vernetzten Welten. Kompaktwissen XL. Stuttgart: Reclam 2019, S. 143-144

Methodenübersicht

Anna Eifert/Stephan Körnig/Klaus Mulzer (Originalbeiträge)

S. 231: Informationen im Hinweis zu S. 204 basierend auf Tupoka Ogette: Und jetzt du. Rassismuskritisch leben. München: Penguin Verlag 2022, S. 42ff. (E-Book)